Z 33021

Dijon
1800-1803
Bacon, François
Œuvres

janvier		Tome 8

ŒUVRES
DE
FRANÇOIS BACON,
CHANCELIER D'ANGLETERRE.

TOME HUITIÈME.

A PARIS,

CHEZ ANT. AUG. RENOUARD, LIBRAIRE,
RUE ANDRÉ-DES-ARCS, N°. 42.

FRANÇOIS BACON,

CHANCELIER D'ANGLETERRE,

TRADUITES PAR Ant. LASALLE;

Avec des notes critiques, historiques et littéraires.

TOME HUITIÈME.

A DIJON,
DE L'IMPRIMERIE DE L. N. FRANTIN.
AN 9 DE LA RÉPUBLIQUE FRANÇAISE.

SYLVA SYLVARUM,

OU

Histoire naturelle, expérimentale, et destinée à servir de fondement à la vraie philosophie.

HISTOIRE NATURELLE

DU CHANCELIER BACON.

Centurie IV.

Expériences et observations sur la clarification des liqueurs, et sur les moyens d'accélérer cette opération.

Abréger, par le moyen de l'art, le temps que la nature emploie ordinairement dans ses opérations, et en accélérer les plus heureux effets, c'est avoir pénétré dans un de ses plus profonds mystères, et saisi un de ses plus importans secrets. Et même, osons le dire, cette accélération est, parmi les actes miraculeux de la puissance divine, celui qui tient le premier rang après celui par lequel la matière fut tirée du néant. Or, tel est le sujet que nous allons traiter, en renvoyant ce que nous avons à dire sur les *moyens d'accélérer la germination*, aux centuries où nous traiterons des *plantes en général*, notre dessein, pour le moment, étant de nous occuper des autres genres d'accélération.

301. Il est beaucoup de liqueurs auxquelles les parties grossières et féculentes qui flottent çà et là à leur surface ou dans leur intérieur, donnent d'abord un œil trouble ; telles sont le *moût de vin* ou *de bière*, les *sucs* tirés par *expression* de différentes espèces de *fruits*, de *plantes herbacées*, etc. liqueurs qui, ensuite, lorsqu'on les laisse *reposer* suffisamment, *déposent* et *se clarifient* peu à peu. Mais cette clarification, on peut l'accélérer par certains moyens qui servent à ai-

guillonner, pour ainsi dire, la nature, à hâter sa marche, en la suivant, et à la surpasser en l'imitant; sans compter que ces moyens peuvent servir à préparer, d'une manière plus expéditive, différentes espèces de *boissons* ou d'*assaisonnemens*, ou mener à d'autres fins qui se rapportent à celles-là. Or, pour connoître les *moyens* d'accélérer la clarification des liqueurs, il faut d'abord connoître ses *causes*, qui, une fois bien connues, indiqueront ces moyens (1).

302. La première de ces causes est la *séparation* ou l'opération par laquelle les parties un peu grossières se séparent des parties les plus ténues.

La seconde est *l'égale distribution des esprits entre toutes les parties tangibles;*

---

(1) L'unique *méthode* pour *accélérer* une *opération*, ou *augmenter* ses *effets*, c'est d'employer, *en plus grande mesure*, chaque moyen répondant à ses causes, ou d'en *réunir* un certain nombre, ou de les faire agir *plus souvent, plus long-temps, plus immédiatement, plus directement*, etc.

cause qui peut aussi contribuer par elle-même à ôter aux liqueurs cet œil trouble qui blesse la vue.

La troisième est *l'atténuation des esprits* mêmes; ce qui donne aux liqueurs plus d'éclat et de transparence.

303. La *séparation* peut être opérée par différentes causes; savoir : le simple *poids*, comme on en voit un exemple dans ce *sédiment* que laisse au fond d'un vaisseau une liqueur qui dépose;

Par la *chaleur;*

Par le *mouvement;*

Par la *précipitation* ou la *sublimation;* c'est-à-dire, par la cause qui détermine certaines parties vers le haut, et les autres vers le bas (ce qu'on peut regarder comme l'effet d'une sorte d'*attraction*);

Par l'*adhésion*, qui a lieu lorsqu'ayant mêlé et agité avec la liqueur à clarifier une substance glutineuse ou visqueuse, cette dernière substance, lorsqu'on l'en sépare, entraîne avec elle les parties les plus grossières;

Enfin, par la *filtration*.

304. L'*égale distribution des esprits* est l'effet ou d'une *chaleur* modérée, ou du *mouvement* et de l'*agitation* (car, dans cette énumération de causes, nous ne devons point parler du *laps de temps* (ou de la longue durée) que notre principal but est *d'abréger*), ou de l'*addition* de quelque *substance* qui peut, en *dilatant* la liqueur, mettre ainsi les *esprits* en état de la *pénétrer* plus aisément en tout sens.

305. Les causes qui opèrent l'*atténuation des esprits* sont, ou la *chaleur* encore, ou le *mouvement*, ou l'*addition* de quelque *substance* qui ait la propriété d'*atténuer*.

Après cette énumération de *causes*, dont le *but* est de *généraliser les procédés* tendant à *accélérer* la *clarification* des liqueurs, et de donner plus d'*étendue* à la *pratique* en ce genre, on doit fixer son attention sur les *exemples particuliers* et les *procédés* plus *détaillés* que nous allons donner.

306. Un moyen fort connu pour dé-

barrasser le *vin* et la *bière* de la plus grande partie de leurs *fèces* (1) ou de leur *lie*, et de les clarifier plus promptement, c'est de soutirer ces liqueurs. Car, quoique la lie ait la propriété de conserver la force de la boisson, et de la préserver plus long-temps de la corruption, elle ne laisse pas de s'y décharger de certaine substance épaisse qui l'empêche de se clarifier. Ce premier exemple se rapporte à la *séparation*.

307. On pourroit aussi, dans des vues toutes opposées, essayer de mettre la *lie*, et, en général, *les fèces d'une liqueur dans une autre portion de la même liqueur*, afin de voir ce qui en résulteroit. Car, quoiqu'en général l'effet de ces parties grossières soit de donner à la liqueur un *œil trouble*, elles ne laissent pas d'*atténuer les esprits*. Ainsi, ayant

---

(1) J'emploierai souvent ce terme, qui est reçu en physique, pour embrasser, à l'aide d'un seul mot, plusieurs termes particuliers, tels que *lie*, *marc*, *sédiment*, *dépôt*, etc.

rempli de bière nouvelle deux piéces un peu grandes, soutirez l'une, tirez-en la lie, mettez-la dans l'autre, et voyez si cette opération présente quelque résultat nouveau et notable. Cet exemple se rapporte au but d'atténuer les esprits.

308. Mettez dans de la bière nouvelle une certaine quantité de bière vieille, afin de savoir s'il en résulte une plus prompte clarification ; en supposant que l'effet de cette dernière soit de dilater la première, d'en pénétrer tout le corps, de diviser ses parties les plus grossières, de les déterminer à se précipiter et à se joindre à la lie déja formée.

309. Lorsqu'on fait infuser la *drêche* (1), des herbes, ou toute autre substance de cette nature, plus l'infusion dure, plus la liqueur devient trouble et épaisse. Au contraire, plus une décoction dure, mieux elle opère la *défécation*, et plus

---

(1) L'orge, d'abord *germé*, puis *séché*, enfin moulu, qu'on fait ensuite infuser pour faire de la bière.

la liqueur se clarifie. La raison de cette différence est sensible ; la longue durée d'une infusion fait qu'une plus grande quantité de parties grossières se détachent de la substance qu'on fait infuser, et se mêlent à la liqueur ; au lieu que la longue durée de la décoction, qui, à la vérité, produit aussi d'abord le même effet, ne laisse pas néanmoins de donner à la liqueur le temps de se clarifier, en rejetant vers sa surface ces parties grossières, ou en les précipitant sous la forme de *lie*, ou de *marc* (1). Aussi la vraie méthode, pour clarifier complettement une liqueur, est-elle de commencer par l'infusion et de finir par la décoction ; c'est celle qu'on suit ordinairement pour faire la bière : on fait d'abord infuser la *drêche*, puis on la met en décoction avec le *houblon*. Ce dernier procédé n'est qu'un cas parti-

---

(1) Ce qui vient, en partie, de ce que la liqueur étant dilatée par le feu, sa pesanteur *spécifique* diminue.

culier du procédé général que nous désignons par le mot de séparation.

310. Prenez une bouteille pleine de bière nouvelle, bouchez-la exactement, et entourez-la de charbons ardens jusqu'à la naissance du col, et faites durer l'expérience pendant dix jours, en renouvellant chaque jour les charbons. Enfin, comparez cette bière avec de la bière de même qualité, placée dans le même lieu, et à laquelle vous n'aurez pas fait subir cette opération (1). Prenez une autre bouteille de la même bière, entourez-la de *chaux*, vive ou éteinte, comme vous avez entouré l'autre de charbons; et pour le reste, suivez le procédé même que nous venons de décrire. Ces deux expériences se rapportent au double but de *distribuer également les esprits*, et de *les atténuer*, par le moyen de la *chaleur*.

311. Ayant pris des bouteilles pleines

---

(1) Selon toute apparence, la bouteille éclatera, et crevera les yeux à l'observateur.

de vin, de bière, ou de toute autre liqueur fermentée, agitez-les avec la main, en faisant les mêmes mouvemens que si vous vouliez les rincer, ou mettez-les sur une charrette qui roule sur un chemin fort rude et fort inégal. Agitez cette liqueur, pendant deux jours, de l'une ou de l'autre manière ; mais ayez soin de ne pas remplir tout-à-fait chaque bouteille, afin qu'il y reste un peu d'air, et que la liqueur ayant un peu de jeu sous le bouchon, puisse aller et venir, lorsque vous l'agiterez. Après l'avoir bien remuée par l'un de ces deux moyens, versez-la dans une autre bouteille bouchée très exactement, et de manière qu'il n'y reste point de vuide ; car, s'il y restoit trop d'air, la liqueur s'éventeroit, elle perdroit une partie de sa teinte, et ne se clarifieroit pas complettement. Laissez la bouteille en cet état pendant vingt-quatre heures ; versez la liqueur dans une troisième bouteille où il reste de l'air, et que vous agiterez comme nous venons de le dire ; puis dans une quatrième, où il n'en reste point, et que vous tiendrez en repos : et ainsi de suite alternativement pendant sept jours. Mais quand vous transvaserez la liqueur, faites-le rapidement, de peur qu'elle ne s'évente. Il seroit bon de faire la même épreuve, sans transvaser, et en laissant un peu d'air, même au-dessous du gouleau (1). C'est à la double fin de *distribuer également les esprits* et de les *atténuer* par le moyen du *mouvement*, qu'on doit rapporter ce dernier procédé.

312. Quant à la *filtration*, soit intérieure, soit extérieure (ce qui est un genre de *séparation*), il faut essayer de *clarifier* la *bière* par voie d'*adhésion*, en y mêlant une certaine quantité de *lait*, et agitant ensemble ces deux liqueurs ; car il se pourroit qu'alors les parties grossières de la liqueur s'attachas-

---

(1) Faites tout cela, et, selon toute apparence, vous boirez de la bière ou du vin détestable ; mais, avant de porter un jugement, essayez ; car il y a des vins, entr'autres celui de Bordeaux, que l'agitation bonifie.

sent au lait; mais peut-être ensuite ne seroit-il pas facile d'en séparer ce lait : au reste, c'est ce qu'on peut vérifier promptement par l'expérience. On l'emploie aussi assez ordinairement pour clarifier l'*hypocras* : les parties grossières de cette dernière liqueur s'attachent au lait qu'on enlève ensuite, et la liqueur devient parfaitement claire, comme nous l'avons observé ailleurs. C'est dans les mêmes vues que, pour clarifier plus complettement la bière, en l'entonnant, on la passe à la chausse; et alors plus le filtre est fin, plus la liqueur est limpide.

Expériences diverses sur les moyens de provoquer et d'accélérer la maturation (1), *d'abord celle des boissons, puis celle des fruits.*

Il est temps de passer à une recherche

---

(1) Nous serons souvent obligés d'employer ce terme, quoiqu'il soit *trop nécessaire pour être bien reçu*. La *maturité* est l'état d'une chose *mûre*, et la *maturation* est l'*opération* qui la *mûrit*; ce qui

complette et détaillée sur les moyens de *provoquer et d'accélérer la maturation*, recherche qui *se divise* naturellement en *trois parties*, à raison de *ses trois objets;* savoir : la *maturation des fruits*, celle des *boissons;* enfin, celle des *ulcères et des apostumes*. Quant à cette dernière, nous la renvoyons à un autre lieu, et la remettons à un autre temps, nous proposant de nous en occuper, lorsque nous aurons pour objet direct et spécial les expériences propres à la médecine. Il est sans doute encore d'autres genres de maturation, comme celle des *métaux*, etc. Mais nous n'en parlerons

---

est fort différent. On dit d'une liqueur, qu'elle *se fait*, et non qu'elle *mûrit*. Convenons toutefois que ni l'un ni l'autre de ces deux termes ne nous apprennent rien, sinon qu'une certaine opération commencée sur l'arbre ou l'arbrisseau, s'achève dans la cave, ou dans le fruitier. Mais la vérité est que nous avons besoin de termes pour désigner, non-seulement les choses dont nous connoissons le méchanisme, mais même celles dont l'existence est démontrée; et la nature, inconnue.

ici que par occasion, et à mesure que nous y serons conduits par l'ordre naturel de notre sujet. Nous croyons devoir, pour le présent, commencer par la *maturation des boissons*, vu l'analogie et l'étroite relation de ce sujet avec celui que nous venons de traiter ; je veux dire avec les *moyens de clarifier les liqueurs*.

313. La *maturation* d'une *boisson* (liqueur) est opérée par la *réunion* et la *concentration des esprits*, qui est l'*effet* d'une *concoction* ou *digestion plus parfaite des parties grossières et tangibles*. Cette opération peut être facilitée et accélérée par les mêmes moyens que la clarification dont nous venons de parler. Il faut cependant observer qu'à force de clarifier les liqueurs, on finit par rendre les esprits si *obtus* (1), qu'ils perdent toute leur activité, et qu'alors la liqueur, qui doit avoir un peu de *sève*

---

(1) L'original dit, si *polis*, si *lisses*; il suppose que l'*action* des liqueurs *acides* ou *spiritueuses* dépend de la *forme aiguë* de leurs *parties*.

et de *bouquet*, perd toute sa force. Aussi, lorsqu'on emploie l'*ambre* pour clarifier plus complettement une liqueur, devient-elle tout à la fois très limpide, et d'une saveur très plate.

314. On est à même d'observer le *progrès et les différens degrés de la maturation* dans le *moût*, dans le *vin déjà potable*, et dans le *vinaigre*. Quant au moût, ses esprits ne sont pas encore bien réunis; ceux du vin sont mieux concentrés, ce qui donne à ses parties un peu d'*onctuosité;* ceux du vinaigre sont aussi assez bien réunis, mais en très petite quantité; la plus grande partie de ces esprits, sur-tout la plus ténue, s'étant déjà dissipée par l'évaporation; car on sait que la méthode la plus ordinaire pour faire le vinaigre, c'est d'exposer au soleil le vaisseau qui contient le vin. Aussi le vinaigre n'est-il plus susceptible d'être *brûlé* (1); par cette raison même que

---

(1) Il veut dire apparemment qu'avec le vinaigre on ne peut plus faire de bonne eau-de-vie.

nous venons d'indiquer ; savoir : parce que l'évaporation a dissipé et épuisé la plus grande portion des parties les plus ténues.

315. Lorsqu'une boisson éventée ayant perdu la plus grande partie de sa teinte et de sa force, est comme morte, on la *ressuscite,* en y *renforçant et y ranimant le mouvement des esprits;* c'est ainsi qu'un temps serein, et bien découvert, dilatant les esprits, leur donne plus de vie et d'activité (1). On sait que le soin de mettre en bouteilles la bière, lorsqu'étant encore nouvelle et abondante en esprits, elle mousse et pétille au moment où on ôte le bouchon, donne à cette liqueur plus de force et de piquant, et fait que l'air s'y incorpore, en plus grande quantité, ou plus complettement. On peut aussi, en mettant dans le cellier un réchaud plein de braise ou de charbon allumé, renouveller la fer-

---

(1) Les esprits *de qui* ou *de quoi?* C'est ce que l'original ne dit pas.

mentation (1). De la bière nouvelle, mêlée avec de la bière qui a déja perdu une partie de sa force, y provoque aussi une nouvelle effervescence. De plus, si nous devons croire ce qu'on nous dit à ce sujet, de la bière nouvelle, mêlée avec de la bière vieille, et déja affoiblie, occasionne dans celle-ci une nou-

---

(1) M. Maupin, qui, de son propre aveu, avoit appris dans son cabinet à faire d'excellent vin, nous recommandoit, dans le temps où on l'écoutoit, de jeter dans la cuve un seau de vin fortement chauffé, sur-tout dans les années froides et humides; et, par ce moyen si simple, il faisoit, dans ses livres, du vin de Bourgogne avec le vin de Nanterre. Je me suis assuré, par le témoignage d'un grand nombre de cultivateurs de différens lieux, que cette pratique peut être utile dans le cas spécifié. Cependant j'aimerois encore mieux du vin de *Nuits*, fait par la nature et les industrieux habitans de cette ville, que du vin de *Nanterre*, ou même de *Surène*, converti en vin de Bourgogne par la plume de M. Maupin, et mêlé avec du vin des cruches de Cana en Galilée; je craindrois toujours que ces vins miraculeux ne se sentissent de leur origine.

8. 2

velle *ébullition*. Enfin, je présume qu'il ne seroit pas inutile de mêler à la liqueur quelque substance qui pût réveiller et ranimer ses esprits; par exemple: de mettre dans les bouteilles du nitre, de la chaux, etc. (1). On n'ignore pas que la crême se forme plus vîte, et s'élève plus promptement à la surface, lorsqu'on tient le vaisseau qui contient le lait, plongé dans de l'eau très froide; il paroît qu'alors c'est le *froid virtuel* de l'eau qui précipite le petit lait (2).

316. On s'est assuré par l'expérience,

---

(1) La crême, qui est une espèce de *coagulum*, se forme plus vîte dans le cas supposé; parce que l'effet propre du froid est de rapprocher les parties, de multiplier leurs contacts réciproques, et de *coaguler*. Mais, pour mieux s'assurer de la véritable cause, il faudroit plonger un certain nombre de petits vaisseaux remplis de différentes portions du même lait, dans différentes eaux de plus en plus froides; enfin, dans un mélange de glace et de salpêtre pilés.

(2) Ou de l'*alun*, du *sucre*, etc. ce qui fait mousser la liqueur.

que le soin d'enfouir des bouteilles pleines de vin, de bière, etc. et bien bouchées, dans une terre très sèche, et à une certaine profondeur, ou de les tenir plongées dans l'eau d'un puits, ou, ce qui vaut encore mieux, de les suspendre dans un puits très profond, un peu au-dessus de la surface de l'eau; enfin, de les tenir, pendant plusieurs jours, dans l'une ou l'autre de ces situations, est une excellente méthode, non-seulement pour *boire frais*, mais même pour *donner de la force à la boisson* : effet qui au fond n'a rien d'étonnant; car il n'est pas à craindre que le froid occasionne l'évaporation et la dissipation des esprits, comme le fait la chaleur; quoiqu'il les *raréfie* (1), il ne laisse pas de les rendre plus vigoureux; et en les irritant, il fait ainsi qu'ils s'incorporent plus parfaitement avec toutes les autres parties de la liqueur.

―――――――――

(1) Il veut dire qu'il en diminue la *quantité*, ou du moins le *volume*; car l'effet du *froid* n'est pas de *raréfier*, mais au contraire de *condenser*.

317. Quant à la *maturation des fruits*, elle est opérée par toutes les causes dont l'effet général et commun est de *rappeller aux parties extérieures* les esprits, qui alors, en se portant successivement dans toutes, et s'y arrêtant en partie, à mesure qu'ils y passent, se distribuent ainsi plus également dans le tout ; à quoi il faut joindre un certain degré de *concoction* ou de *digestion des parties grossières*, qui a pour cause la *chaleur*, le *mouvement*, *l'attraction* ; enfin, *un commencement de putréfaction*, genre d'altération dont les premiers degrés ont quelque analogie avec la maturation.

318. Nous avons nous-mêmes fait autrefois quelques expériences dans cette vue, sur *un certain nombre de pommes de même espèce et de même qualité ;* nous en mîmes dans du *foin*, dans de la *paille*, dans le *fumier*, dans de la *chaux*, dans de la *cendre*, etc. quelques autres furent couvertes d'*oignons* ou de *pommes sauvages* ; d'autres enduites de *cire* ; d'autres encore simplement *renfermées*

dans une boîte; une seule enfin fut *boucanée* ou *suspendue dans la fumée.* Voici quels furent les résultats de ces expériences.

319. Au bout d'un mois, la pomme enduite de cire étoit aussi fraîche que si elle venoit d'être cueillie, et avoit conservé toute sa saveur; ses pépins étoient d'un brun fort clair et blanchâtres; tous effets qui doivent d'autant moins étonner, qu'en éloignant tout-à-fait l'air extérieur qui absorbe toujours la partie fluide des corps qu'on expose à son action, on éloigne, par cela même, tout ce qui peut consumer l'humidité du fruit et le flétrir. Cependant un inconvénient attaché à cette méthode, est que la cire donne à ce fruit un assez mauvais goût; mais, selon toute apparence, une grenade, ou tout autre fruit, armé d'une enveloppe aussi épaisse et aussi forte, ne seroit point sujet à cet inconvénient.

320. La pomme *enfumée* ressembloit à une vieille pomme conservée par les moyens ordinaires; elle étoit flétrie, ri-

dée, sèche, molle, d'une saveur très douce, et jaune à l'intérieur. La raison de ce dernier effet, est qu'une chaleur de cette espèce, qui n'est point assez forte pour *liquéfier*, ou pour torréfier, ne peut endommager le fruit ; elle est précisément ce qu'elle doit être pour hâter sa maturité ; car nous voyons qu'une chaleur beaucoup plus forte amollit les pommes au point de les rendre presque liquides, et que la peau de ces poires, qu'on soumet à l'action du feu, après les avoir coupées par quartiers, se torréfie au point de se réduire en une espèce de charbon ; effet que ne peut produire cette chaleur plus douce dont nous parlons. L'effet de cette espèce de *fuliginosité* (ou de suie) dont se couvre une pomme exposée à la fumée pendant un certain temps, contribue aussi quelque peu à la maturation. Cette pratique où l'on est de faire dessécher au four les *poires*, les *prunes*, etc. en les retirant de temps en temps, et dès que cette humidité qu'on y voit transuder commence à paroître, présente un procédé qui a quelque analogie avec le nôtre ; mais alors la chaleur à laquelle on expose ces fruits, est beaucoup plus forte.

321. Les pommes que nous avions mises dans la *cendre* ou dans la *chaux*, étoient en pleine maturité, comme le prouvoient leur couleur, qui étoit d'un jaune agréable, et leur saveur très douce ; effets qui devoient d'autant plus avoir lieu, que ce degré de chaleur qui est propre à la chaux et à la cendre, degré uniforme et constant, qui ne peut ni liquéfier, ni dessécher excessivement, approche fort de ce degré moyen qui est nécessaire pour la maturation. Vous observerez de plus que ces pommes étoient d'une saveur très agréable et très bonnes à manger. Ainsi, cette expérience, si facile à répéter, auroit aussi son utilité.

322. Les pommes *couvertes d'oignons ou de pommes* sauvages, étoient aussi parfaitement mûres. Or, ce dernier effet, ce n'est pas à la *chaleur* qu'il faut l'attribuer, mais à *l'action propre et*

spéciale *de ces substances acides ;* son véritable effet étant de rappeller à l'extérieur les esprits qui alors pénètrent toute la substance du fruit, et s'y distribuent plus également, ce qui diminue tout à la fois sa dureté et sa saveur revêche. C'est en vertu de cette même cause, que des fruits mis en tas, sur-tout les pommes à cidre, qu'on est dans l'usage d'entasser ainsi, parviennent plutôt à leur maturité : il en est de même des raisins dont on entasse les grapes ; de là cet ancien proverbe : *raisin contre raisin mûrit plutôt* (1).

323. Les pommes qui avoient été mi-

───────────────

(1) On appliquoit ce proverbe à l'amitié ; mais il faut distinguer : dans les sociétés peu nombreuses et bien choisies, les individus, en se communiquant leurs sentimens et leurs idées, se *mûrissent* réciproquement. Dans la multitude, ils ne se *mûrissent* pas, mais ils se *pourrissent* réciproquement ; car c'est presque toujours un *vice* qui les *entasse*; et si nous en croyons Jean-Jacques, de toutes les productions de la terre, l'homme est celle qui gagne le moins à être mise en tas.

ses dans du *foin*, et celles qui l'avoient été dans de la *paille*, avoient aussi sensiblement mûri, mais elles étoient un peu moins avancées que les autres (cependant nous trouvâmes que le foin avoit, à cet égard, quelque avantage sur la paille). La raison de leur effet commun, est que le foin et la paille n'ont qu'une chaleur très foible, très douce, très renfermée, et qui n'est point de nature à dessécher le fruit.

324. Enfin, celles qui avoient été simplement *renfermées dans une boîte*, étoient parvenues à leur point de maturité, ce qui peut s'expliquer ainsi : l'air renfermé et comme emprisonné, est doué d'un certain degré de chaleur, comme le prouve celle des *étoffes de laine*, *des fourures*, de la *bourre de laine ou de soie*, etc.

Nous devons avertir qu'à chacune de ces pommes mises en expérience, nous avions eu l'attention *d'en joindre une autre, de même qualité et de même espèce*, qui étoit restée *dans l'air libre*, pour servir *d'objet de comparaison*, et afin de voir si la première étoit en effet devenue *plus jaune*, d'une *saveur plus douce*, etc. ou, ce qui est la même chose, si sa *maturation* avoit été réellement *accélérée*.

325. Il n'est personne qui ne sache, d'après sa propre expérience, que si l'on *roule*, avec un peu de force, sur une table, *une poire* ou tout autre fruit de ce genre, en *s'amollissant*, il devient d'une saveur sensiblement plus douce et sur-le-champ; ce qui n'a d'autre cause que l'action des esprits qui, par ce moyen, se répandent doucement et se distribuent plus également dans toute la substance du fruit; car c'est leur inégale distribution qui est la vraie cause de cette saveur âpre et revêche qu'il avoit auparavant. Mais, en le roulant avec tant de force, on ne produit tout au plus qu'un effet moyen entre celui de la coction et celui de la simple maturation. Ainsi, il est assez probable que, si l'on rouloit plus doucement un fruit de cette espèce, sept

jours de suite, savoir, deux fois par jour, comme alors on suivroit une marche plus graduelle et plus analogue à celle de la nature, la maturation seroit plus délicate et plus complette.

326. Enlevez une petite portion de la peau d'une pomme, et serrez ce fruit, afin de voir si cette simple solution de continuité ne suffiroit pas pour accélérer un peu la maturation ; car on sait qu'un *grain de raisin*, ou tout autre fruit *piqué* par une *guêpe,* un *ver* ou une *mouche, mûrit plus vîte,* et acquiert plutôt une saveur douce.

327. *Piquez* une *pomme tout autour,* avec une pointe assez fine, et en donnant à ces trous peu de profondeur; puis *humectez* toute sa *surface* avec du *vin d'Espagne,* de *l'esprit-de-vin,* ou de *l'esprit-de-canelle,* etc. pendant dix jours de suite, une fois chaque jour, et voyez si elle perd plutôt sa crudité, en vertu de cette chaleur inhérente au vin d'Espagne, à l'esprit-de-vin, ou à ces autres eaux si actives.

N. B. Qu'à chacun des fruits sur lesquels on fera ces dernières expériences, il faudra aussi en joindre un autre, de même espèce et de même qualité, pour servir d'objet de comparaison, comme nous l'avons fait dans les précédentes expériences.

Observations diverses sur l'art de faire de l'or.

Le genre humain a été jusqu'ici indignement abusé par le charlatanisme de ces alchymistes qui, en différens temps et en différens lieux, se sont vantés de posséder le secret de la *confection* de l'or. Ce n'est pas que l'entreprise soit impossible en elle-même; mais les moyens proposés jusqu'ici sont illusoires dans la pratique; et les théories dont on a déduit ces procédés, ne sont pas moins chimériques : le tout n'est qu'un tissu d'erreurs ou d'impostures.

En effet, prétendre : *que la nature tend perpétuellement à convertir en or tous les métaux; que, si elle étoit dégagée de ses* LIENS*, et débarrassée de tous les obstacles qui arrêtent, ralentissent ou détournent son action, elle ne manqueroit jamais son but ; que les impuretés, les crudités, et l'espèce de* LÈPRE *ou de* GALLE *des autres métaux, une fois* GUÉRIE*, ils deviendroient tous de l'or, de véritable or ; enfin, qu'une très petite quantité de je ne sais quelle* POUDRE DE PROJECTION*, et de ce qu'ils appellent* LE REMÈDE*, suffiroit pour convertir en or une quantité immense des métaux les plus vils, et pour multiplier à l'infini ce précieux métal ;* toutes ces assertions sont autant de rêves, et les autres fondemens de l'alchymie (1) sont de même nature ; car, pour donner un peu de vraisemblance à cette multitude de suppositions toutes gratuites, ils allèguent les chimériques principes de l'astrologie judiciaire, ou certains dogmes un peu plus

―――――――――

(1) Entr'autres leurs notions sur l'*agent universel* et sur le principe *aurifique*. Toute l'*alchymie* n'est qu'un rêve de l'*avarice* et de la *paresse*.

spécieux de la magie naturelle, ou même de superstitieuses interprétations de certains passages de l'écriture sainte, ou encore des traditions auriculaires, ou enfin, de prétendues autorités d'anciens auteurs, etc. D'un autre côté, on ne peut disconvenir que, par un grand nombre d'expériences et d'observations utiles, ils n'aient répandu la lumière la plus vive sur certaines parties des sciences, et rendu, par ce moyen, de vrais services à l'humanité (1). Pour nous, quand il sera temps de traiter de la *transmutation* des corps, et des expériences relatives aux métaux, ou en général aux minéraux, abandonnant tous ces rêves de l'alchymie, nous marcherons dans les voies de

---

(1) Quelquefois, en courant après un lièvre, qu'on n'attrape pas, on attrape un lapin après lequel on ne couroit pas : le tout, pour attraper quelque chose, c'est de courir et sans se lasser : or, les fous courent mieux et sont plus obstinés que les sages qui profitent de tout et n'inventent rien, sinon cet art même de profiter de tout, qui vaut bien l'autre.

la nature, dans les seules qui puissent mener à ce grand but. En attendant, nous approuvons fort le judicieux parti qu'ont pris les Chinois, qui, désespérant de la confection de l'or, ont tourné toute leur attention et tous leurs efforts vers celle de l'argent, et s'en occupent avec une assiduité qui tient un peu de la folie. En effet, on conçoit, à la première vue, qu'il doit être plus difficile de composer *l'or,* celui de tous les métaux qui a *le plus de poids et de matière propre sous un volume déterminé,* que de faire de *l'argent,* par exemple, avec *du plomb* ou *du mercure, deux métaux dont la pesanteur spécifique excède celle du dernier;* car alors il s'agiroit moins d'augmenter la *densité* de ces deux métaux, que de les rendre *plus fixes.* Mais, avant que de tourner nos vues de ce côté-là, comme nous avons actuellement pour objet les *axiômes* relatifs à la *maturation* en général, nous allons donner quelques *principes* d'où nous déduirons certains *pro-*

cédés tendant à *mûrir* aussi les *métaux*, mais en vue de les *convertir tous d'une espèce en une autre*, et *quelques-uns en or*. Car notre sentiment est que la *route* qui meneroit *le plus directement* à la *confection de l'or, seroit la parfaite maturation, concoction* ou *digestion des métaux*. Et ce qui nous a mis en partie sur la voie, ce sont les vues que nous a données certain Hollandois que nous avons connu, et qui, à force de se vanter devant un personnage distingué, d'avoir découvert le secret de la *pierre philosophale*, étoit parvenu à le lui faire accroire, et à vivre avec lui dans la plus intime familiarité. Ayant été souvent en tiers dans leurs entretiens sur ce sujet, j'entendois cet homme dire avec confiance : *l'entreprise n'est rien moins qu'impossible ; mais si les alchymistes se consument en efforts impuissans et manquent toujours le but, c'est parce qu'ils emploient une chaleur trop forte : car la composition de l'or*, ajoutoit-il, *demande une chaleur modérée et entre-*

tenue à peu près au même degré; la confection des métaux, pris généralement, étant une œuvre que la nature n'exécute que dans l'intérieur de la terre, lieu où la chaleur ne parvient qu'après avoir perdu presque toute sa force (1), *et la confection de l'or exige une chaleur encore plus douce et plus réglée, que celle qui est nécessaire pour la formation des autres métaux.* En conséquence, il se flattoit de parvenir à ce but à l'aide d'une grande lampe dont la chaleur seroit suffisamment tempérée et toujours la même; enfin, que, moyennant cette condition, la confection de l'or seroit l'affaire de quelques mois. L'idée de cette lampe a je ne sais quoi d'extravagant; mais ce qu'il disoit de cette chaleur trop forte qui fait manquer l'opération, de la nécessité de

---

(1) S'il existoit un *feu central*, il se pourroit que les métaux eussent été formés à une grande profondeur, et ensuite poussés vers la surface par les éruptions, et en général par l'action expansive de ce feu.

la tempérer, et de l'entretenir toujours au même degré ; cette assertion, dis-je, n'est rien moins qu'une absurdité, et mérite de fixer l'attention.

Ainsi, revenons aux principes relatifs à la maturation et annoncés ci-dessus.

Le premier est qu'on ne doit employer *qu'une chaleur tempérée,* la seule qui puisse opérer une *concoction* ou *digestion complette;* mais on ne doit la regarder comme *tempérée,* qu'autant qu'elle est *appropriée* et *proportionnée* à la *nature du sujet;* car, tel degré de chaleur qui seroit suffisant pour les fruits ou les boissons, n'auroit pas assez d'action sur les métaux.

Le second est de *renforcer, d'animer les esprits du métal,* et *de dilater les parties tangibles, d'agrandir leurs pores;* sans ces deux adminicules, quelque modification nouvelle qu'on puisse donner aux esprits métalliques, on ne pourra les mettre en état de digérer suffisamment ces parties.

Le troisième est de faire ensorte que

les esprits se distribuent également à toutes les parties du métal, qu'ils aient une action uniforme, et ne se meuvent point comme par *sauts;* l'effet de cette distribution et de cette action uniformes étant d'unir plus étroitement les parties tangibles, et de les rendre plus flexibles; ce qui exige, non une *chaleur variable,* et tantôt plus forte, tantôt plus foible, mais une *chaleur uniforme et constante.*

Le quatrième est *de ne laisser aucune issue par où les esprits puissent s'exhaler et se dissiper;* l'effet de *leur émission* étant de rendre le *métal plus dur et plus aigre.* C'est un effet qu'on n'obtiendra qu'en soumettant le métal à l'action d'un *feu modéré,* et en le tenant dans des *vaisseaux parfaitement clos.*

Le cinquième est de n'opérer que sur *les métaux les plus convenables et les mieux préparés pour la transmutation;* choix qui facilite encore cette opération.

Le sixième est de *s'armer de patience,* de faire *durer l'opération* autant qu'il est nécessaire, en un mot, de savoir *at-*

tendre, non pour se bercer d'éternelles et chimériques espérances, en imitant la ridicule patience des alchymistes; mais pour donner *à la nature assez de champ,* et lui *accorder tout le temps* dont elle a besoin, pour se développer.

C'est de ce petit nombre de principes très fondés et très certains, qu'on doit tirer des lumières pour se diriger dans l'expérience que nous allons indiquer; principes toutefois dont il est très permis de douter, et qui ne soutiendroient peut-être pas l'épreuve d'une méditation plus profonde.

328. Dans un fourneau de petites dimensions, entretenez un feu doux, égal et suffisant pour que le métal soit perpétuellement dans l'état de fusion, sans jamais passer ce degré; condition essentielle à notre dessein. Quant à la *matière,* prenez une certaine quantité d'*argent,* celui de tous les métaux connus qui a le plus d'*affinité avec l'or* : ajoutez-y $\frac{1}{10}$ de *mercure,* et $\frac{1}{12}$ de *nitre* (poids juste); deux substances qui serviront à *renforcer*

les esprits et à *dilater le métal*, à aggrandir ses pores. Soutenez l'opération durant *six mois* tout au moins. Je voudrois qu'on jetât aussi de temps en temps dans le creuset quelque *substance huileuse*, et de la nature de celles qu'on emploie ordinairement pour *la réduction de l'or*, lorsque, fatigué par des séparations réitérées, il est devenu *aigre* ; addition dont l'effet seroit d'*unir plus étroitement les parties* du métal, de rendre *leur assemblage plus serré*, et de leur donner plus de *poli* ; condition qui n'importe pas moins à notre but. Car on sait que l'*or*, qui est le plus pesant et le plus compact (le plus dense) de tous les métaux, est aussi le plus flexible et le plus ductile. Mais, quoique le *mercure* soit, après l'or, celui de tous les métaux qui a le plus de pesanteur spécifique, on ne doit pas se flatter de pouvoir faire de l'or avec ce seul métal, qui ne pourroit long-temps résister à la force pénétrante du feu. Le métal qui, après l'*argent*, nous paroît tenir le premier rang, c'est le *cuivre*, qui en approche fort par sa constitution naturelle et son aptitude relativement à notre but (1).

Observation sur la nature de l'or.

329. Les caractères distinctifs de l'or sont sa grande pesanteur spécifique, l'étroite union de ses parties, sa fixité, sa flexibilité ou sa ductilité; la propriété qu'il a de n'être point sujet à la rouille; enfin, sa couleur jaune. La voie la plus sûre, mais en même temps la plus longue et la plus difficile pour faire de l'or, ce se-

---

(1) Nous ne doutons nullement qu'en suivant avec une scrupuleuse exactitude le procédé indiqué par l'auteur, on ne parvienne à convertir l'or en charbon, en attendant qu'on puisse convertir le charbon en or. Mais jusqu'ici, quelque ingénieuse méthode qu'on ait pu imaginer, on n'a encore trouvé au fond du creuset que l'or qu'on y avoit mis; je veux dire que les uns l'y mettent, et que les autres le trouvent; car assez ordinairement le souffleur en mange une moitié, emporte l'autre, et souffle le tout; laissant au fond du creuset l'espérance et le vuide dont se paissent les amateurs.

roit de chercher successivement les *causes* de ces *différentes qualités* ou propriétés que nous venons de dénombrer, et les *axiômes* qui s'y rapportent. Car, si l'on parvenoit à composer un métal qui eût toutes ces propriétés, on pourroit alors en toute sûreté laisser les hommes disputer pour savoir si ce seroit de l'or ou non (1).

---

(1) Cette méthode ne seroit pas plus sûre que facile et expéditive; elle ne pourroit l'être que dans le cas où l'on seroit assuré de n'avoir oublié dans cette énumération aucune des propriétés essentielles de l'or; ce qui suppose qu'on les connoîtroit toutes, et que de plus on auroit un moyen pour s'assurer qu'on n'en ignore plus aucune : actuellement pouvons-nous dire que nous connoissons toutes les propriétés essentielles de l'or, et que nous sommes certains d'avoir cette connoissance complette ? Non, sans doute. Si, ayant d'abord découvert la propriété radicale de ce métal (sa *forme* ou cause formelle), nous en eussions déduit celles d'entre ses autres propriétés qui sont connues aujourd'hui, nous pourrions espérer d'en déduire aussi celles que nous ne connoissons pas encore. Mais ce n'est point par la méthode *à priori* que

Expériences et observations sur les causes ou moyens qui provoquent ou accélèrent la putréfaction.

La putréfaction et les causes ou moyens qui peuvent la provoquer ou l'accélérer, sont un sujet qui, par ses relations avec une infinité d'autres, ouvre à nos re-

---

nous avons acquis la connoissance de ces propriétés ; nous les avons découvertes successivement par la voie de l'observation et de l'expérience, c'est-à-dire, par celle d'un tâtonnement plus ou moins aveugle. Il est donc très probable que nous ne les connoissons pas toutes, et que nous en découvrirons encore d'autres par la même voie. Ainsi, la voie la plus sûre pour découvrir l'art de faire de l'or, n'est point de faire l'énumération de ses propriétés connues, ni d'en chercher les causes. Cependant, si les hommes, voulant bien se contenter des propriétés de l'or déja connues, un alchymiste parvenoit à composer un métal qui les eût toutes, ce métal pourroit n'être pas de l'or relativement à la nature, mais il en seroit par rapport à eux, comme l'observe notre auteur : car tout est relatif, et l'essentiel est de nous donner l'or que nous demandons, ou de nous apprendre à nous en passer.

cherches le plus vaste champ; sujet d'autant plus intéressant, que la *corruption* est symmétriquement opposée à *la génération* dont elle est comme le *pendant;* ces deux modes de la matière se succédant alternativement, sont, en quelque manière, les deux termes, les deux limites entre lesquelles se trouvent circonscrites toutes les opérations de la nature qui va et revient sans cesse de l'une à l'autre; enfin, ce sont comme les deux guides (routes) qui conduisent, l'un, à la vie; l'autre, à la mort.

330. La *putréfaction* d'un corps a pour cause l'*action des esprits* qui s'agitent dans son intérieur, et font effort pour s'échapper de leur prison, afin de s'*aggréger à l'air extérieur, et de jouir librement du soleil.* Cet effort, par lequel ils tendent à se répandre dans la masse de l'air, et qui est un commencement d'*émission,* est susceptible de *plus* et de *moins,* et principalement de *cinq degrés,* qui se manifestent par *cinq différentes espèces d'effets.*

1°. Lorsque les *esprits étant retenus* dans un corps, ce *mouvement* qui les sollicite à s'en échapper, est *très violent*, son effet est la *liquéfaction* de ce corps; et tel est le cas des *métaux en fusion*, etc.

2°. Mais lorsque ce *mouvement est plus doux* et *plus régulier*, il opère la *maturation* et la *digestion* des parties tangibles du composé; tel est son effet dans les *fruits* et les *boissons*.

3°. Si les *esprits* n'étant *pas entièrement retenus* dans les limites du composé, tendent *à se porter au-dehors* avec une force médiocre, mais par un *mouvement* tumultueux, confus et *irrégulier*, le résultat de cette action est la *putréfaction*, dont l'effet propre et spécial est la dissolution ou décomposition irrégulière de l'assemblage; nous en voyons des exemples dans les *viandes* ou les *fruits* qui se corrompent, ainsi que dans *le bois pourri* et lumineux, etc.

4°. Mais si ce *mouvement* a une certaine *régularité*, et se fait avec un certain *ordre*, alors la matière du composé *se vivifie* et *prend* des *formes régulières*, comme le prouve *la génération spontanée de certains animaux* dans les substances *putrides*, et celle *des animaux plus parfaits*.

5°. Si ces *esprits* qui font effort pour s'échapper, trouvent *le passage libre*, l'effet de leur action est *la dessiccation*, le *durcissement*, la *consomption*, etc. ce dont on voit des exemples dans les *briques*, dans l'*évaporation* des *liquides* (1), etc.

331. Les différentes *causes* ou les différens *moyens* qui peuvent provoquer ou accélérer la putréfaction, se réduisent à peu près aux suivans. Le premier est

---

(1) Cette évaporation étant visiblement l'effet de la chaleur et de l'action de l'air extérieur qui balaie et lèche, pour ainsi dire, la surface de ces liquides, il ne semble pas fort nécessaire de supposer des esprits qui aient *envie de prendre l'air, et de se promener au soleil;* mais une des notes précédentes prouve cette nécessité.

l'*addition* d'un *humor crud* et *aqueux*; témoin la prompte putréfaction de la *viande*, des *fruits* ou du *bois, humectés* d'*eau*; les substances *huileuses* et *onctueuses* ayant, au contraire, la propriété de les *conserver*.

332. 2°. La putréfaction a encore lieu lorsqu'un corps *déja corrompu excite* et *invite*, pour ainsi dire, un autre corps qui ne l'est pas, *à se putréfier*; tel est le cas d'un fruit sain mis en contact avec un fruit déja gâté; et celui des substances auxquelles on mêle ou applique du *fumier*, qui a subi une complette putréfaction. Nous en voyons un exemple frappant dans les cimetières où l'on ensevelit journellement, et où la terre consume beaucoup plus vîte les cadavres qu'on y dépose, que ne le feroit la terre pure.

333. La troisième cause est tout ce qui, *en comprimant trop fortement les esprits, les resserre dans leur prison* avec une violence qu'ils ne peuvent endurer; ce qui les irrite et les détermine à faire de

plus grands efforts pour s'échapper (1). C'est un effet qu'on observe dans le *bled* et les *vêtemens* qu'on a tenus *trop renfermés* et qui ont contracté ainsi une mauvaise odeur. On en voit des exemples encore plus frappans dans les *fièvres*, dont la plupart ont pour causes des *obstructions* et le *défaut de mouvemens des humeurs* ; ce qui occasionne leur *putréfaction* (2).

―――――――

(1) Ces expressions sont trop poétiques : comme notre auteur est lui-même *plein de vie*, il *vivifie* et *personifie tout* ; ce qui est sans doute une source d'erreurs en physique. Cependant, si par hazard nos propres esprits avoient beaucoup d'analogie avec ceux-là, il ne seroit pas étonnant que leurs efforts eussent de l'analogie avec les nôtres ; l'*agent universel* est *par-tout*, puisqu'il est *universel* ; il est donc *dans les corps inanimés et en nous*.

(2) Les liquides du corps humain semblent n'être tous que des espèces d'*émulsions* qu'*entretient le mouvement*, et *que détruit le repos*. En général, nos fluides et nos solides sont des substances extrêmement putrescibles, et dont le seul mouvement peut empêcher la putréfaction. Mais, par cela même que la *stagnation* de ces humeurs les *putré-*

334. La quatrième cause est la *solution de continuité*, comme on le voit par les *pommes* ou autres fruits de ce genre, qui, étant *fendus*, *percés*, etc. se *gâtent* plus *vîte*; il en est de même du *bois* ou de la *chair* d'un animal vivant qui est *blessé* dans quelque partie.

335. La cinquième est l'*émission* ou *le mouvement inégal*, tumultueux et *irrégulier des esprits*, qui, dans un corps, sont *le vrai lien de l'assemblage, et comme l'ancre qui le maintient* (1). Car,

---

fic, elles deviennent *irritantes;* elles rendent les *oscillations* des artères *plus fréquentes;* elles accélèrent la *circulation du sang; multiplient* les *chocs* de ses globules, soit les unes contre les autres, soit contre les parois des vaisseaux : elles le rendent donc *plus fluide;* et c'est ainsi que, dans les *cures spontanées*, passé un certain point, *la cause même du mal en devient le remède*.

(1) Il a dit plus haut que les esprits tendoient naturellement à se porter *au-dehors*. Ils ont donc un mouvement *expansif* : or, comment un *mouvement expansif*, c'est-à-dire, tendant à *écarter* les unes des autres les parties du composé, peut-il être *le lien de l'assemblage?*

sitôt que cette espèce de *régime* qui maintient ensemble toutes les parties d'un composé, *est dissous*, chaque *partie* alors n'obéissant plus qu'à *sa propre tendance*, court s'*aggréger* à ses *homogènes*. C'est ainsi qu'on voit le *sang* ou l'*urine* se dissoudre et se décomposer en se refroidissant ; genre de décomposition dont on voit aussi un exemple dans la *gangrène* et la *mortification des chairs* occasionnée par les *opiates* ou par un *froid excessif*. Telle est encore l'idée que je me forme de la *peste*, maladie où la violente agitation des esprits occasionnée par la malignité de la vapeur contagieuse, les déterminant, pour ainsi dire, à secouer le joug, les humeurs alors, ainsi que la chair et les *esprits secondaires*, moins ténus et moins actifs, se décomposent et font *schisme* (1). C'est une espèce *d'anarchie*.

---

(1) A peu près comme dans une *révolution politique*, sitôt que cette *force* qui, en *comprimant* excessivement les *individus* les plus *hétérogènes*,

336. La sixième cause est celle qui agit lorsqu'un *esprit étranger*, *plus fort* et *plus actif* que l'*esprit domestique* du composé, *s'y insinue;* tel est le cas de la *morsure* d'un *serpent.* La raison générale de ce phénomène est que toute substance vénéneuse occasionne une *tumeur* qui peut aussi avoir pour cause l'*action expansive des esprits,* lorsqu'ils se portent en trop grande quantité ou avec trop de

---

les maintient ainsi dans une *apparente union*, vient à être *détruite* par *l'explosion des vices et l'inertie des vertus,* chaque individu alors ne suivant plus que l'impulsion de son propre naturel, ou de ses propres habitudes, et n'obéissant plus qu'à lui-même, les ames serviles forment une faction, et les ames fières, une autre ; tandis que des ames, plus fières encore, demeurent isolées faute d'analogues. Certains hommes, très-inutiles ou très nuisibles par eux-mêmes, ne laissent pas d'être nécessaires, par leur situation même, aux honnêtes gens : ce n'est pas leur *personne*, mais leur *fonction*, leur *nom* qui est *nécessaire*: ce sont des espèces de *signes algébriques;* il faut *dégager l'inconnue*, mais non pas *l'effacer.*

force dans une partie, ce dont nous voyons un exemple dans l'*enflure* occasionnée par une *blessure*, une *contusion*, etc. ou encore *leur excessive condensation*, comme le prouve ce genre d'enflure qui est occasionné par un froid excessif. Telle est encore l'action des *esprits engendrés* accidentellement par cette *putréfaction* qui a lieu dans les *fièvres*; esprits qui, bien que *nés dans le corps même*, ne laissant pas d'y être *vraiment étrangers*, éteignent et suffoquent les esprits naturels et la chaleur.

337. La septième cause est un *degré de chaleur* qui, étant trop *foible* pour imprimer aux *esprits* un *mouvement suffisant*, ne peut en conséquence ni *digérer* les *parties tangibles*, ni *déterminer* ces *esprits* à se porter au *dehors*. C'est cette cause qui, dans un lieu trop chaud, agit sur la *viande* et en accélère la putréfaction; au lieu qu'elle se conserve assez long-temps dans un garde-manger frais et humide. Il est également certain que la *génération* (dont la *putréfaction*

est comme la *sœur bâtarde*) est l'effet d'une *chaleur douce* et paisible, comme le prouvent assez l'effet de cette *chaleur* artificielle, qu'on emploie quelquefois pour faire *éclorre des œufs*, et celui de la *chaleur* naturelle de la *matrice*, etc.

338. La huitième cause est tout ce qui peut, en *relâchant l'assemblage* d'un composé, *provoquer* ainsi *la dilatation* ou *l'expansion des esprits*, qui auparavant étant resserrés, comprimés et retenus dans l'intérieur, par la trop grande solidité de l'enveloppe, faisoient de vains efforts pour s'échapper. Telle est la cause de cette *rouille artificielle* que produisent les eaux fortes (les acides, minéraux, végétaux et animaux) sur le *fer*, le *plomb*, etc. Aussi voit-on qu'il suffit d'*humecter* une substance quelconque, pour en *provoquer* ou en *accélérer* la *rouille* ou la *putréfaction*; l'effet de cette humidité étant d'amollir l'enveloppe ou la croûte de ce corps, et de donner une issue aux esprits qui font effort pour s'échapper.

339. La neuvième cause est *la succession alternative du chaud et du froid, de la sècheresse et de l'humidité;* vicissitude dont l'effet, comme l'on sait, est de rendre la terre *plus friable, plus meuble,* et de la résoudre en parties très fines et très déliées; ce qu'on observe sur-tout au printemps, lorsqu'après de grandes gelées, le soleil commence à prendre de la force. Il en est de même du *bois* qui se *putréfie* plus promptement lorsqu'il est *alternativement sec* et *humide.*

340. La dixième cause enfin, est le *temps* et l'action des esprits mêmes qui ne peuvent se tenir en repos et demeurer à leur poste; sur-tout lorsqu'étant, pour ainsi dire, abandonnés à eux-mêmes, ils ne sont éveillés, ranimés par aucune agitation, aucun mouvement local. C'est ce qu'on observe dans le *bled* quand on n'a pas soin de le remuer, et dans les individus qui ne font pas assez d'exercice (1).

---

(1) Ce qui ne peut servir qu'à *augmenter sa force centrifuge* et à *rester seul.*

341. Toute *moisissure* n'est qu'un *commencement*, qu'une *ébauche de putréfaction* (1) ; et de cette nature est celle qui se forme sur les *pâtés,* les *oranges,* les *citrons,* etc. et qui à la longue se change en *vers,* ou subit un genre de putréfaction encore plus dégoûtant, et qui ordinairement exhale une odeur très fétide. Mais, si le corps dont il s'agit est liquide, et de nature à ne pas se putréfier dans sa totalité, alors il pousse à sa surface, ou dépose une substance crasse et féculente ; comme on en peut juger par cette substance verte dont se couvrent les eaux croupissantes, et par le sédiment des eaux distillées.

342. La *mousse* peut être regardée comme la *moisissure de la terre et des arbres* sur lesquels elle se forme, ou même encore comme un *commencement,* une *ébauche* de *germination;* et d'après

---

(1) Les observations microscopiques nous ont appris que c'est une *vraie végétation; c'est un petit jardin.*

cette idée, nous la classerons parmi les substances végétales.

Expériences et observations sur les moyens de prévenir, d'arrêter ou de ralentir la putréfaction.

Une recherche vraiment utile, c'est celle qui a pour objet les *causes* qui peuvent *prévenir, arrêter* ou *retarder la putréfaction;* car c'est de cette *source* même qu'on doit tirer les *moyens de conserver* les corps qui sont susceptibles de *deux genres de dissolution,* dont l'un est *la dessiccation extrême,* ou *la consomption;* et l'autre, la *putréfaction.* Quant à ce genre de putréfaction auquel le corps humain, ou ceux des autres animaux, sont sujets, et qui se manifeste par les *fièvres,* les *vers,* les *pulmonies* ou *phthisies,* les *apostumes,* les *ulcères,* etc. tant à l'intérieur qu'à l'extérieur, ce sujet fait une grande partie de la *médecine* et de la *chirurgie.* Ainsi, renvoyant toutes les expériences et les observations de ce genre, au traité qui aura pour objet spécial toutes celles qui se rapportent à la *médecine*, nous nous contenterons, pour le moment, de traiter des autres genres de putréfaction ; exposé sur lequel répandront un grand jour toutes ces indications que nous venons de donner dans l'article précédent, en dénombrant et spécifiant toutes les causes qui peuvent provoquer ou accélérer la putréfaction. Car ôter *toutes les causes qui peuvent provoquer ou accélérer la putréfaction, n'est-ce pas prévenir, arrêter ou retarder la putréfaction?*

343. Le premier de ces moyens dont il s'agit, c'est le *froid*. On sait, par exemple, que les alimens tant solides que liquides, se putréfient ou s'aigrissent moins vîte durant l'hiver que durant l'été. On sait aussi que les fruits et les fleurs, gardés dans des glacières, conservent assez long-temps leur fraîcheur, leur couleur, leur odeur, leur saveur, etc. l'effet du froid, qui contracte ces corps et rapproche leurs parties tangibles, étant de re-

tenir les esprits dans leur intérieur, et d'en empêcher *l'émission* (1).

344. La seconde cause est *l'astriction;* car la dissolution et l'astriction dépendant de deux mouvemens diamétralement opposés, il est clair que la dernière doit être un obstacle à la première (2). Aussi voit-on que les *médicamens* connus sous le nom d'*astringens*, sont éminemment *anti-putrides*, et c'est en vertu d'une semblable propriété, qu'une petite quantité d'huile de vitriol (d'acide vitriolique) suffit pour prévenir ou retarder assez long-temps la putréfaction de l'eau.

345. Le troisième moyen est *tantôt l'exclusion, tantôt l'admission de l'air*

---

(1) D'ailleurs, toute *dissolution* n'étant autre chose que la *séparation des parties* du composé, et l'effet du *froid* étant de *rapprocher* ces *parties*, il est clair que son effet direct est d'empêcher, d'arrêter ou de retarder *la dissolution*. Cette vérité, ainsi présentée, devient triviale, et n'en vaut que mieux.

(2) Voyez la note précédente.

extérieur; ces deux causes, quoique de nature opposée, ne laissant pas d'avoir quelquefois les mêmes effets, qui varient à raison de la nature et de la disposition du sujet soumis à leur action. Par exemple, le *vin* et *la bière*, gardés dans des bouteilles bien bouchées, se conservent quelquefois pendant plusieurs années ; et le bled gardé dans un souterrein profond, s'y conserve mieux que dans une grange ou un grenier. En vertu de la même cause, des fruits enduits de cire ne perdent que très lentement leur fraîcheur et leur goût ; ceux qu'on tient plongés dans du *miel* ou dans la *farine*, se conservent également bien ; et il en est de même des boissons, des liqueurs et des sucs, de différente espèce, sur lesquels on répand un peu *d'huile*. Au contraire, lorsqu'on n'a pas soin de mettre à l'air les vêtemens, les teignes s'y engendrent, et ils contractent une odeur de moisi ou de renfermé. La raison de ces deux effets si opposés d'une même cause, est que l'exclusion de l'air, lorsqu'il est besoin de retenir les esprits dans l'intérieur des corps, contribue à leur conservation, et tel est le cas du bled et des boissons; au lieu que, dans tous les cas où l'émission des esprits est nécessaire pour expulser toute l'humidité superflue (tout l'humor surabondant), l'exclusion de l'air devient nuisible; et les corps qui se rapportent à cette classe, ne se conservent qu'autant qu'on les expose *de temps en temps* à l'action de ce fluide.

346. Le *mouvement*, l'*agitation* est un *obstacle* à la *putréfaction*, qui exige du *repos;* et comme ce mouvement subtil et imperceptible, qui en est la *cause efficiente*, est troublé par l'agitation, il s'ensuit, par la raison des contraires, que le *mouvement local* doit être un *moyen* pour *conserver* les corps et les préserver de la putréfaction. On voit, par exemple, que le *bled* se conserve très bien dans les greniers où on le remue fréquemment, ainsi que dans ceux où on le fait couler, par une espèce de *trémie*, de l'étage supérieur à l'étage inférieur; ce qui le garantit des

inconvéniens auxquels il est sujet, tant que la substance douce qui en fait partie est susceptible de fermentation. On sait de plus que les eaux coulantes ne sont point sujettes à la putréfaction, dont les fréquens exercices préservent aussi le corps humain; au lieu que le repos, le défaut de mouvement et les obstructions, genre d'obstacles qui arrêtent le cours des humeurs et le mouvement de la *perspiration*, provoquent la putréfaction.

347. La cinquième cause est *l'évaporation ou l'extraction* de cette *partie* de *l'humor* d'un composé, qui est venue du dehors et lui est comme *étrangère*; car, puisque l'humidité accélère la putréfaction, il s'ensuit naturellement qu'une dessiccation, convenable et suffisante, (c'est-à-dire, qui ne va pas jusqu'à enlever au composé son *humor le plus radical* (1)), doit la prévenir ou la retarder.

---

(1) Celui qui est le plus exactement combiné, et le plus étroitement uni aux autres parties du composé; car si cette extraction avoit lieu, il en

C'est ce dont on voit encore un exemple dans les plantes herbacées, ou les fleurs qui, lorsqu'on les dessèche lentement à l'ombre, ou par une insolation de courte durée, se conservent assez long-temps; car l'émission de cet humor étranger et foiblement adhérent détermine au dehors la partie la moins parfaitement combinée de *l'humor radical* qu'il entraîne après lui; puis ces deux espèces d'humor s'exhalent ensemble.

348. 6°. Tout ce qui peut *animer les esprits* et *renforcer leur action*. Car, de même qu'une chaleur forte met les corps en état de résister aux causes de putréfaction, et qu'au contraire une chaleur foible les en rend plus susceptibles, des esprits vigoureux les en préservent aussi; au lieu que des esprits sans force et sans activité les rendent plus *putrescibles*. On sait, par exemple, que l'eau salée se cor-

---

résulteroit, comme il le disoit plus haut, ce genre de dissolution qui est l'effet d'une trop grande dessiccation.

rompt moins vîte que l'eau douce; et que des huîtres saupoudrées de sel, ou des viandes et autres alimens saupoudrés de substances aromatiques, se conservent assez long-temps. Il seroit bon de faire quelques expériences dans ce même esprit; par exemple, de mettre de la chaux dans l'eau, ou dans toute autre liqueur potable, afin de savoir si elle suffiroit pour l'empêcher de se corrompre ou de s'aigrir. La bière forte, comme on sait, se soutient beaucoup mieux que la petite bière; et toute substance aromatique contribue sensiblement à la conservation des liqueurs et d'autres substances en poudre, soit en donnant à leurs esprits plus de force et d'activité, soit en s'imbibant de l'humor superflu et peu adhérent, qu'elle enlève aux corps par ce moyen.

349. Le septième moyen est *l'extraction des parties les plus crues* et *les plus aqueuses* du composé; ce qui le rend plus égal dans toute sa substance, et plus homogène. Car tout composé dont les parties sont dans un état de combinaison impar-

faite, est plus disposé à la putréfaction; et l'on voit aussi que les substances aqueuses sont plus putrescibles que les substances huileuses. Par exemple, les eaux distillées se conservent mieux que les eaux crues; et en général, les matières qui ont été soumises à l'action du feu, se conservent aussi plus long-temps que les autres; tels sont, par exemple, les *poires*, les *figues*, les *raisins*, etc. desséchés par le moyen du feu.

350. Le huitième moyen est *d'enlever à mesure la partie qui commence à se corrompre*, et qui n'est autre chose qu'un *humor aqueux et non combiné*. Or, ce qui rend cette extraction nécessaire, ce n'est pas seulement la raison exposée ci-dessus; savoir : que cet humor étranger et surabondant, à mesure qu'il se dissipe, tire au dehors l'humor foiblement adhérent et l'emporte avec soi; c'est encore parce que, si on laisse dans le composé cet humor superflu, il communique à toutes ses parties la qualité putride de celle qu'il occupe, et de proche en proche

infecte le tout. Telle est la raison du procédé qu'on suit ordinairement en embaumant un cadavre (1). Et c'est aussi en vertu de la même cause, que les fruits, les plantes herbacées et les fleurs, se conservent assez bien dans du son ou de la farine.

351. Le neuvième moyen est *le mélange d'une substance huileuse ou sucrée avec celle qu'on veut conserver;* car les substances de ces deux espèces ne sont pas très disposées à la putréfaction, l'air ayant peu de prise sur elles; et comme elles ne se putréfient pas aisément, en communiquant cette propriété ou disposition à celles auxquelles elles se trouvent mêlées, elles les conservent en se conservant elles-mêmes; aussi voit-on que les sirops et les onguens se conservent plus long-temps que les sucs naturels.

352. Le dixième moyen est *l'addition et le mélange de quelque substance sèche*

---

(1) On commence par en tirer la cervelle, les intestins, et toutes les parties les plus putrescibles.

aux corps à conserver. Car la putréfaction commence par les esprits, puis elle attaque les liquides, mais elle n'a point de prise sur les substances sèches. C'est par cette raison que les *jambons*, les *langues*, le *bœuf*, et en général toute espèce de *viandes fumées* ou *boucanées* sont plus de garde.

353. Si nous devons en croire les anciens, les corps se conservent beaucoup mieux dans un air libre et exposé au vent, que dans toute autre espèce d'air. Ce qui nous paroît d'autant plus vraisemblable, que, si cet air qui est exposé au vent est surchargé et comprimé par ce moyen, au lieu de se pénétrer de la substance qui s'exhale, il doit plutôt la repousser vers le corps. Pour vérifier cette conjecture, par notre propre expérience, nous avons mis un morceau de viande et une fleur dans une vessie enflée à l'aide du souffle; mais sans succès : ce qui n'est pas étonnant, car une vessie sèche ne s'enfle pas bien, et une vessie humide provoque la putréfaction. Ainsi, il faudroit tenter

cette expérience d'une autre manière: par exemple, condenser l'air à l'aide d'un soufflet, dans un tonneau, ou dans tout autre vaisseau où l'on auroit mis auparavant les corps qu'on voudroit conserver; puis au moment où l'on retireroit le soufflet, boucher aussi-tôt le trou auquel on l'auroit ajusté (1).

---

(1) On pourroit aussi essayer de mettre de la viande, des fruits, etc. dans l'*air déphlogistiqué*, dans le *gas méphitique*, et dans le *vuide* fait à l'aide *de la machine pneumatique*. S'il est vrai que le *contact de l'air* soit une *condition essentielle* à la *putréfaction*, il paroît que les *corps* devroient *se conserver* dans le *vuide*; à moins qu'on ne suppose que l'air même qui se trouve dans ces corps, suffit pour la provoquer. Mais, pour appliquer encore ici cette règle que nous avons si souvent observée dans les notes précédentes, et que désormais, soit pour abréger l'expression, soit pour fixer les idées, nous appellerons la *règle de gradation*, de *progression*, ou de *série*, il faudroit mettre plusieurs petits morceaux de viande tirés de la même pièce, ou plusieurs fruits de même espèce et de même qualité, etc. dans une suite de récipiens où le vuide seroit de plus en plus exact.

Expériences et observations sur le bois pourri et lumineux.

354. Nous n'avons épargné ni temps ni soins pour faire des expériences et des observations exactes sur le *bois pourri et lumineux*, qui devoit d'autant plus fixer notre attention, que de toutes les substances lumineuses qui se trouvent à notre portée, c'est celle dont la *lumière a le plus de durée*, et est accompagnée du *mouvement le moins sensible* : la flamme et le feu se dissipent continuellement ; le sucre ne luit qu'au moment où on le râpe ; l'eau de mer n'est lumineuse qu'à l'instant où elle est choquée ; les vers-luisans ne brillent qu'autant qu'ils sont vivans, ou du moins leur lumière ne subsiste que très peu de temps après leur mort ; enfin,

---

Car, si ces corps se *conservoient mieux* dans les *récipiens* où le *vuide* seroit *plus exact* que dans ceux où il *le* seroit *moins*, il s'ensuivroit que l'*exclusion de l'air* est un *moyen* de plus pour les conserver.

les écailles de poisson ne deviennent lumineuses que lorsqu'elles se putréfient; en quoi elles paroissent avoir quelque affinité avec ce bois dont nous parlons; et il est hors de doute que la putréfaction dépend d'un mouvement intestin, ainsi que le feu et la lumière. Quant au bois pourri, tels furent les résultats de nos expériences et de nos observations sur cette substance :

1°. L'intensité de la lumière n'étoit pas la même dans toutes les parties lumineuses de ce bois ; elle étoit plus vive dans les unes, et plus pâle dans les autres ; mais, quelque vive qu'elle puisse être, elle a toujours beaucoup moins d'éclat (1) que celle d'un *ver-luisant*.

---

(1) J'ai considéré avec toute l'attention nécessaire ces six espèces de lumières, celle du *bois pourri*, celle des *parties de poisson putréfiées*, celle de *la pierre de Bologne* (observée *alla specola*, cabinet de physique et d'histoire naturelle de l'institut), celle du *ver-luisant de France*, celle des *luccioles d'Italie* (observée à Rome, ainsi que sur le Pô, le Tésin et leurs rives); enfin

2º. Les *bois* susceptibles de devenir *lumineux* lorsqu'ils se *putréfient*, sont le *saule*, le *frêne*, le *coudrier*, etc. mais il se peut que d'autres espèces de bois aient la même propriété.

3º. Les *racines*, la *tige* et les *branches* indistinctement ont cette propriété de luire ; mais les *racines* l'ont à un plus haut degré.

4º. Si l'on considère, durant le jour, les parties de ce bois qui luisent dans les ténèbres, les unes paroissent blanchâtres; les autres, rougeâtres.

5º. Telles de ces parties lumineuses sont molles et même un peu *moites*, les autres sont plus solides et plus dures ; ainsi l'on pourroit donner à ces dernières telle figure qu'on voudroit; par exemple, en faire des *croix*, des *grains de cha-*

---

celle du grand scarabée lumineux de St. Domingue; et il m'a paru que, pour le degré de lumière, on pouvoit les ranger dans l'ordre même où je les place ici ; un seul de la dernière espèce, mis dans une fiole, m'éclairoit assez pour que je pusse lire un caractère plus fin que celui-ci.

pelet, etc. Cependant quelque figure qu'on puisse donner à ce bois, dès qu'il paroîtra lumineux, cette figure cessera d'être distincte ; ses contours seront mal terminés, et elle paroîtra aussi vague que celles qui se trouvent sur un chenet ou tout autre morceau de fer, le paroissent lorsqu'il est chauffé jusqu'au rouge ; les limites de la lumière et de l'ombre qui doivent être distinctes pour marquer le contour et les différens traits, devenant alors très confuses (1).

6°. Nous retranchâmes d'un morceau de ce bois toute sa partie lumineuse, la section se terminant bien précisément à l'endroit où il cessoit de luire ; mais ensuite la partie voisine de celle qui étoit lumineuse, ayant été exposée au grand

---

(1) Par la même raison qu'on ne peut tracer une figure distincte sur un papier humide ; parce que la lumière, que lance ce corps rougi au feu, se répand dans l'espace environnant, ou plutôt dans l'air ambiant *qui boit, pour ainsi dire, cette lumière.*

air et à la rosée, le devint aussi; ce qui porteroit à croire que la putréfaction avoit gagné de proche en proche, et s'étoit communiquée peu à peu aux parties restantes de ce bois.

7°. Un autre morceau de bois mort de même espèce, qui d'abord ne luisoit point quoiqu'il eût déja été exposé au grand air, ayant été mis à l'air de nouveau pendant une seule nuit, devint lumineux.

8°. Un autre morceau de bois pourri, qui étoit d'abord lumineux, mais que nous avions tenu pendant cinq ou six jours dans l'intérieur de la maison, et qui commençoit à se dessécher, avoit perdu sa propriété de luire; mais, exposé ensuite une seconde fois au grand air, il la recouvra (1).

9°. Des morceaux de ce bois, que nous avions tenus pendant sept jours dans un lieu sec, avoient aussi perdu la propriété

---

(1) Il ne dit pas si c'étoit durant le jour ou durant la nuit, ni combien de temps il l'avoit tenu à l'air.

de luire. D'autres qui étoient restés pendant le même temps dans une cave ou autre lieu obscur (1), la conservèrent.

10°. Si, après avoir fait plusieurs trous à un morceau de bois de cette espèce, on l'expose à l'air pendant quelque temps, il acquiert plutôt cette propriété dont nous parlons ; ce qu'on peut expliquer en disant que cette plus grande aptitude à devenir lumineux est l'effet de la solution de continuité qui provoque ou accélère la putréfaction, comme nous l'avons observé dans les articles précédens.

11°. Tant que ce bois est *vif* et *végète*, les morceaux qu'on en tire ne deviennent point lumineux; et le seul qui le devienne, c'est celui qui *est mort sur pied*.

12°. Un morceau de ce bois déja lumineux ayant été humecté d'huile, con-

---

(1) Il faut ajouter, *et humide*; car *l'obscurité* n'est pas *l'opposé de la sécheresse*; et d'ailleurs il paroît, d'après la totalité de ces expériences, que l'humidité de l'air auquel on expose ce bois, est une condition nécessaire pour le rendre lumineux en augmentant sa putridité.

serva sa propriété pendant une quinzaine de jours.

13°. Ayant fait macérer dans de l'eau d'autres morceaux du même bois, nous eûmes le même résultat que par le moyen précédent, et même un résultat plus sensible et plus marqué.

14°. Mais pendant combien de temps un morceau de ce bois, exposé au grand air durant la nuit, puis tenu dans l'intérieur de la maison, et arrosé d'eau durant le jour, conserveroit-il la propriété dont nous parlons? C'est une question à laquelle nous ne pouvons faire une réponse satisfaisante, n'ayant pas poussé assez loin nos expériences et nos observations sur cette substance.

15°. Mais nous nous sommes assurés par nous-mêmes que, si l'on expose à l'air pendant une forte gelée, un morceau de cette même espèce de bois, sa lumière ne souffre aucun déchet.

16°. Nous avions un morceau du même bois assez gros et tiré d'une racine; nous en retranchâmes toute la partie lumineuse; puis, ayant tenu le reste dans un lieu sec, pendant deux nuits seulement, nous trouvâmes qu'il étoit devenu lumineux (1).

---

(1) Pourquoi pendant deux nuits? Où les mettoit-il durant le jour? c'est ce qu'il ne dit pas. Au reste ce plan de recherches est un modèle précieux; car on voit qu'il tourne et retourne son sujet pour l'envisager par toutes ses faces, et saisir toutes ses relations; cependant sa description n'est pas encore assez circonstanciée, ni assez précise; et ce sujet peut être mieux approfondi. Par exemple, on pourroit encore mettre *le bois pourri* (et déjà lumineux, ou susceptible de le devenir) dans l'*eau*, le *vin*, l'*esprit de vin*, l'*huile*, etc. dans l'*air déphlogistiqué*, dans l'*air méphitique*, dans le *vuide*, dans l'*air condensé*, etc. diriger dessus un *courant d'air*; ou *l'exposer* à l'action *d'un air en mouvement*; l'exposer à un *très grand froid*, ou à *une très grande chaleur*, ou à *l'un et à l'autre alternativement*; l'*électriser*, le *frotter*, le *frapper*, le mettre dans l'*eau bouillante*, le *frire*, le *boucaner*, etc. toujours en appliquant notre *règle de gradation*; je veux dire, en employant, sur *une suite de sujets* (de morceaux de ce bois) chacun de ces moyens, *à différentes mesures;* en réi-

Observation sur les accouchemens avant terme.

355. Les accouchemens avant terme peuvent avoir deux espèces de causes ; 1°. toutes celles qui font *parvenir plutôt* l'embryon au point de *parfaite maturité ;* 2°. toute cause qui, en agissant dans le corps de la mère, peut *provoquer l'expulsion du fœtus* et la chûte du fruit. Le premier genre d'accélération est avantageux ; c'est un signe de la bonne constitution et de la force du fœtus. Il n'en est pas de même du second, qu'on doit regarder comme un symptôme fâcheux, ayant pour cause quelque maladie ou infirmité. Ainsi on peut faire fonds sur cette règle des anciens : *Que l'enfant qui vient*

---

térant ou *faisant durer plus ou moins cet emploi;* en *réitérant plus ou moins l'emploi alternatif* de ce *moyen* et de son *opposé;* soit pour s'assurer de son véritable *effet*, soit pour connoître *les limites* (le *minimum* et le *maximum*) *hors desquelles il n'a plus d'effet.*

au terme de sept mois peut vivre ; mais que celui qui vient au terme de huit, meurt ordinairement. Nous pouvons adopter le fait, en rejetant leur explication, qui nous paroît imaginaire et fabuleuse : car, selon eux, la raison de cette différence est, que *le septième mois est celui de saturne, planète maligne ; au lieu que la huitième est celui où règne la lune, planète benigne.* Une explication un peu mieux fondée, ce seroit la suivante : un accouchement très anticipé annonce la vigueur du fœtus ; et un accouchement qui l'est moins, annonce la foiblesse de la mère (1).

Expériences et observations sur l'accroissement des animaux en général, et principalement sur celui de la stature dans notre espèce.

356. L'accélération de l'accroissement,

---

(1) Cette explication ne vaut pas mieux que l'autre : si tel degré de foiblesse de la mère avance d'un mois son terme, il se peut qu'une foiblesse encore plus grande l'avance de deux.

et sur-tout de celui de la stature, dépend de différentes causes; savoir : 1°. d'une *nourriture plus abondante;* 2°. de la *qualité des alimens ;* 3°. de tout *ce qui* peut *exciter et renforcer la chaleur naturelle.*

Quant à la première cause, l'excès dans la quantité des alimens nuit beaucoup à l'accroissement des enfans, surtout à celui de la stature ; et il les rend seulement *plus corpulens;* son effet le plus ordinaire étant de *distendre* le corps, et de *l'étendre* plus en *largeur* et en *épaisseur* qu'en *hauteur.* C'est ce dont nous voyons une image dans les plantes mêmes; car l'on sait que, si un arbre ou arbrisseau encore jeune s'étend beaucoup latéralement, il monte peu et se couronne de bonne heure.

Quant à la *qualité* des *alimens,* ils ne doivent pas être de *nature trop sèche* (trop *dessiccative*). Par exemple : les enfans nourris principalement de lait, dans les pays où l'on fait grand usage de ce genre d'aliment, grandissent plus vîte, et parviennent à une plus haute taille (1), que ceux qu'on a nourris presque uniquement de pain et de viande. De plus, suivant une opinion populaire, pour avoir des chiens de très petite taille, il suffit de les nourrir de lait où l'on ait fait bouillir des racines de *marguerite*, plante éminemment *dessiccative*. Quoi qu'il en soit, il est hors de doute que les alimens de nature trop sèche retardent l'accroissement des enfans, et principalement celui de leur stature. Il faut aussi que les *substances alimentaires* soient *apéritives*; ce qui détermine les *esprits à se porter* et à *agir* avec plus de force *de bas en haut*, etc. Ce n'est pas sans fondement que *Xénophon*, parlant de l'*éducation des Perses*, recommande si fort l'usage du *cresson alénois* (qui, avec le pain et l'eau pure, étoit la principale nourriture de leurs enfans), et lui attri-

---

(1) Il paroît que les Irlandois, les Suisses et les Saxons doivent principalement à cette cause leur haute stature.

bue la propriété d'accélérer l'accroissement du corps, en le rendant plus svelte et plus agile. Cette plante n'est autre que le *nasturtium* des Latins : lorsqu'elle est encore tendre, elle est en effet très salutaire et d'une saveur très agréable. Quant à la chaleur naturelle, les vrais moyens de l'exciter et de l'augmenter, ce sont les fréquens exercices, une vie active et même un peu dure. Ainsi, cette vie sédentaire qu'on fait mener aux enfans des villes, dans les écoles où on les envoie de si bonne heure, nuit à leur accroissement ; ceux de la campagne auxquels on n'a point fait faire de telles études, étant ordinairement d'une stature plus haute. Il faut aussi avoir attention de ne pas nourrir les enfans de substances de nature froide. Par exemple, si on les *alaite trop long-temps*, une telle nourriture les rend moins ingénieux et les empêche de grandir (1). On s'est même

---

(1) Ce passage semble contredire ce qu'il a dit plus haut ; mais il parloit d'abord du lait de vache

assuré par l'expérience, que de jeunes chiens nourris de lait où l'on a fait dissoudre du nitre, ne croissent presque point, mais qu'ils sont plus *vivaces;* ce qui est d'autant moins étonnant, que les esprits du nitre sont froids par eux-mêmes ou refroidissans; et quoique cette substance, lorsqu'on n'en fait usage que dans l'âge mûr, puisse contribuer beaucoup à la prolongation de la vie, elle ne laisse pas d'être nuisible aux enfans ou aux animaux fort jeunes, et d'arrêter ou de retarder leur accroissement; toujours par la même raison, parce que c'est la *chaleur* qui est la principale *cause* de cet *accroissement;* mais lorsque l'homme est parvenu à cet âge moyen où il cesse de croître, et où la chaleur raréfie et consume trop les esprits vitaux, le nitre, dont les esprits sont froids, et qui a la propriété de condenser, peut, en ba-

---

dont la plus grande partie devoit avoir passé au feu; actuellement il parle de lait de femme et d'*a-laiter*, ce qui est fort différent.

lançant l'effet de la *chaleur, y remédier* en partie.

Observations sur le soufre et le mercure, deux des principes de Paracelse.

Les différentes espèces de corps paroissent se diviser en deux grandes familles ou classes, que nous pouvons distinguer par différentes dénominations, comme celles de *sulfureuses* et de *mercurielles* (première dénomination qu'emploient les chymistes pour les caractériser; car le *sel*, qui est leur troisième principe, n'est au fond qu'un composé des deux premiers), ou par celles d'*inflammables* et de *non inflammables*, de *mûres* et de *crues*, d'*huileuses* et d'*aqueuses*. En effet, il n'est pas douteux que, parmi les corps renfermés dans le sein de la terre, le *soufre* et le *mercure* ne soient comme les chefs de leurs familles ou tribus respectives. Dans les végétaux et les corps animés, l'*huile* et l'*eau* jouent le même rôle; dans l'ordre inférieur des substances pneumatiques, celles qui correspondent à ces deux principes, sont l'*air* et l'*eau;* enfin, leurs analogues, dans l'ordre supérieur, sont la *substance* même des *étoiles* et le *pur éther* qui remplit ces intervalles immenses qu'elles laissent entr'elles. En effet, quoique les deux substances de chacun de ces couples, par les qualités de leurs élémens primitifs, diffèrent beaucoup de celles des autres couples, elles ne laissent pas d'avoir avec elles beaucoup d'analogie, sur-tout par rapport à leur destination. Car, de même que le *soufre* et le *mercure* sont les deux principes élémentaires des *métaux,* l'*eau* et l'*huile* sont aussi les deux principaux élémens des *animaux* et des *végétaux,* et semblent ne différer l'une de l'autre que par leur degré de *maturation* et de *concoction* (1). La flamme, sui-

---

(1) Ainsi, en se prêtant un peu à ces suppositions très gratuites, on peut dire que *l'huile est une eau cuite; la terre, une eau sèche* (à force d'être *gelée); l'eau, une huile crue,* ou une *terre fondue; l'air, une eau extrêmement dilatée,* etc. etc. car, lorsqu'on marche au hazard, en s'arrêtant de bonne heure, on s'égare moins.

vant l'opinion commune, n'est qu'un *air allumé ;* en effet, ces deux substances sont très analogues par leur mobilité et leur facilité à céder aux moindres impulsions : enfin, cet éther qui remplit l'espace que laissent entr'elles les étoiles (quoiqu'on doive rejeter l'opinion de ceux qui prétendent que chaque étoile n'est que la partie la plus dense de son orbe), ne laisse pas d'avoir avec ces astres cela de commun, qu'il a aussi un mouvement de circulation, sans compter beaucoup d'autres analogies. Ainsi, celui qui auroit découvert le moyen de convertir *l'eau ou l'humor aqueux* en *huile* ou en *humor huileux,* pourroit se flatter d'avoir pénétré dans un des plus profonds et des plus importans secrets de la nature; secret qui seroit pour nous d'une toute autre utilité que celui de la conversion de l'argent ou du mercure en or.

357. Les exemples qu'on peut donner de la conversion de la substance crue ou aqueuse, en substance grasse ou huileuse, sont de quatre espèces.

La première est le *mélange de la terre et de l'eau,* qui, étant combinées ensemble par l'action du soleil, acquièrent ainsi une *onctuosité nitreuse* (1), beaucoup plus grande que celle qu'elles auroient séparément, comme le prouve la propriété qu'elles ont, lorsqu'elles sont ainsi combinées ensemble, de produire des plantes qui se nourrissent des sucs de ces deux espèces, tempérés l'un par l'autre.

L'exemple de la seconde espèce est *l'assimilation de la substance alimentaire,* dans les *plantes* et dans les *corps animés.* Car, en premier lieu, les plantes convertissent l'eau et la terre pures en une assez grande quantité de substance hui-

---

(1) Quelle physique! Toujours des suppositions! 1°. Qu'est-ce qu'une *onctuosité nitreuse*? 2°. Cette onctuosité est-elle bien réelle? 3°. Cette onctuosité ne viendroit-elle pas de ce que la matière même, émanée du soleil, se combine avec l'eau et la terre? 4°. Est-il bien certain que l'eau et la terre doivent à une onctuosité nitreuse la faculté de produire des plantes, et qu'elles ne la doivent pas à cette matière solaire?

leuse : et les animaux, quoique la plus grande partie de leur chair et de leur substance grasse soit tirée d'alimens de nature huileuse, tels que le pain et la viande, ne laissent pas de s'assimiler aussi une certaine portion de l'eau pure qu'ils boivent. Mais ces deux moyens de conversion, de la substance aqueuse en substance huileuse, je veux dire, la *combinaison* et l'*assimilation*, produisent leurs effets à l'aide d'un appareil très compliqué de couloirs et de lentes filtrations dans une infinité de canaux déliés et tortueux, par la longue durée d'une chaleur douce et presque uniforme ; enfin, à force de temps.

L'exemple de la troisième espèce, c'est *un commencement, une ébauche de putréfaction;* comme on le voit par les eaux croupies et par les fèces des eaux distillées; deux sortes de substances qui ont je ne sais quoi d'huileux et d'onctueux.

L'exemple de la quatrième espèce, c'est l'*édulcoration* de certains métaux; tels que le *sucre de saturne*, etc.

358. La conversion de l'eau en une substance de nature plus analogue à celle de l'huile, s'opère par voie de *digestion;* car *l'huile* n'est presque autre chose que de *l'eau digérée*, et cette *digestion* est opérée par la *chaleur,* qui peut être ou *extérieure* ou *intérieure;* cependant elle pourroit être l'effet d'une simple *provocation* ou *cacitation* occasionnée par l'addition et la combinaison d'une substance déja huileuse et digérée; car alors celle-ci communiqueroit un peu de sa nature à celles avec lesquelles on la combineroit. La digestion s'opère aussi très complettement par *l'assimilation directe des substances crues aux substances déja digérées;* comme dans les animaux, dont les alimens sont des substances beaucoup plus crues que les corps mêmes à nourrir. Mais, comme nous l'avons dit, ce mode de digestion est une opération fort longue et fort compliquée. Au reste, la *nature* de ces deux principes dont nous parlons, leur *mode d'action,* et les *différentes voies* par lesquelles ils peuvent *se com-*

biner, étant un sujet très difficile à éclaircir, et un des plus profonds mystères de la nature, on ne doit pas exiger que nous traitions à fond une telle matière dans cet article, où nous ne pouvons et ne devons en donner qu'une idée ; nous réservant à l'approfondir davantage dans le chapitre qui aura pour objet direct et spécial la *conversion des corps;* et nous y reviendrons aussi dans celui où nous traiterons des *premières compositions ou combinaisons de la matière, qui, semblables à une assemblée d'États généraux* (1), *donnent des loix à tous les corps de l'univers.*

Observations sur le caméléon.

359. Le caméléon est à peu près de la grandeur d'un lézard ordinaire (d'Europe) : sa tête est tout-à-fait disproportionnée : il a de très grands yeux : il ne peut tourner la tête, sans tourner en mê-

---

(1) Ou à ce que nous appellons une *assemblée primaire.*

me temps une partie du corps, son cou étant inflexible comme celui du porc : il a le dos recourbé : sa peau est tachetée et semée de tubercules, moins prominentes sous le ventre et dans la région voisine : il a la queue très longue et très menue : chaque patte est divisée en cinq parties qui ressemblent à des doigts; savoir : trois en dehors, et deux en dedans : sa langue, qui est d'une longueur excessive, a vers son extrêmité une petite cavité; il la darde fort loin, pour prendre des mouches. La couleur de cet animal est d'un verd tirant sur le jaune (le ventre et les parties voisines étant d'une couleur plus blanche et plus éclatante); couleurs pourtant qui sont interrompues par des taches bleues, rouges, etc. Lorsqu'on le met sur un corps de couleur verte, il paroît verd, toutes ses autres couleurs disparoissant aussi-tôt; mis sur un corps jaune, il devient jaune; mais, si on le met sur un corps bleu, rouge ou blanc, sa couleur naturelle subsiste, elle devient seulement d'un verd plus vif et plus éclatant. Mis sur un corps noir, il paroît d'un noir vague et semé de taches vertes. L'air n'est pas son unique aliment, comme on le croit communément, mais seulement le principal; et il se nourrit aussi de mouches, comme nous le disions plus haut. Cependant des observateurs assez attentifs, qui ont gardé pendant une année entière des animaux de cette espèce, ne les ont jamais vu avaler autre chose que de l'air. Il est bon d'observer en passant, qu'au moment où ils avalent cet air, leur ventre s'enfle, et leurs mâchoires se ferment ensuite : ils ne les ouvrent ordinairement que lorsqu'ils se tournent vers le soleil. Une tradition tirée du répertoire de la magie, et qui mérite peu qu'on s'y arrête, nous dit qu'on peut, en brûlant un caméléon sur le toit d'un édifice, exciter des orages; ce qui n'est qu'une conséquence de certaines opinions sur les sympathies; conséquence aussi imaginaire que les principes dont on la déduit : *cet animal*, disent-ils, *ne vivant que d'air, il est évident qu'il doit avoir la plus gran-*

de influence sur l'atmosphère, et par conséquent la faculté d'y occasionner les plus violentes agitations.

Observation sur les feux souterrains.

360. Au rapport d'un ancien auteur, dans certains cantons de la Médie, on voit des flammes s'élancer du sein de la terre, même dans les plaines ; mais des flammes claires, pures, et non accompagnées d'une éruption de fumée, de cendres, de pierre ponce ou de lave, comme celles qui paroissent dans les éruptions volcaniques. La raison manifeste de cette différence est, que les flammes qui s'élancent du sol de ces plaines, ne sont point d'abord comprimées, ni en partie étouffées, comme elles le sont dans l'intérieur des montagnes connues sous le nom de *volcans;* ou dans les tremblemens de terre accompagnés d'éruptions de flammes. Il y a aussi des *feux obscurs* qui couvent, pour ainsi dire, sous les roches, et qui ne produisent aucune flamme spontanée; mais, si l'on verse de l'huile sur

la terre qui est au-dessus, la flamme paroît aussi-tôt. On peut conjecturer que, dans ce dernier cas, le feu est trop étouffé et trop foible pour soulever les rochers ; c'est plutôt une *chaleur* qu'une *flamme ;* chaleur toutefois suffisante pour enflammer l'huile.

Observation sur le nitre.

361. D'autres relations nous apprennent que l'eau de certains lacs ou étangs est tellement chargée de nitre, que si on y tient plongés pendant quelque temps du linge ou des vêtemens sales, ils s'y blanchissent d'eux-mêmes et sans autre préparation ; mais que s'ils y restent trop long-temps, ils se réduisent en cendres. Cette qualité *détersive* du *nitre* mérite d'autant plus de fixer l'attention, que cette substance est de nature *très froide ;* car l'on sait que l'eau froide est moins détersive que l'eau chaude : mais la véritable cause de cette propriété du nitre, c'est la *ténuité* de ses *esprits* qui divisent et détachent des corps sur lesquels ils

agissent, toutes les saletés et les matières visqueuses qui s'y étoient attachées.

Observation sur la congélation de l'air.

362. Prenez la plus grande vessie que vous pourrez trouver; et après l'avoir remplie d'air, à l'aide de votre souffle, liez-en étroitement le cou avec un fil de soie ciré; et pour la fermer encore plus exactement, mettez-y une espèce de bouchon de cire que vous appuierez avec force : par ce moyen, lorsque le cou de cette vessie se sera desséché, l'air ne pourra y entrer, ni en sortir. Puis vous l'enfouirez à la profondeur de trois ou quatre pieds, et la déposerez dans un trou creusé auparavant en forme de voûte; ou bien encore vous la mettrez dans une glacière, après avoir fait dans la neige un trou suffisant pour la loger, et laissé tout autour un espace vuide. Enfin, après l'y avoir laissée pendant une quinzaine de jours, voyez ensuite si elle s'est désenflée et est devenue flasque. Car, si cet effet a lieu, vous pourrez en conclure que l'air

y aura été condensé par le froid *ambiant* de la terre ou de la neige, et qu'il sera devenu d'une nature un peu plus analogue à celle de l'eau. Un tel résultat, s'il avoit lieu, mériteroit de fixer l'attention, comme pouvant mener à une infinité de conséquences importantes (1).

Expériences et observations sur la conversion de l'eau en crystal, par le moyen de la congélation.

363. Des relations dignes de foi nous apprennent que, dans certaines grottes très profondes, on trouve des morceaux de crystal qui demeurent suspendus à la voûte où se forment aussi des espèces de gouttières d'où tombent de petits morceaux d'une substance qui paroît n'être qu'une sorte de crystal ébauché. On ajou-

---

(1) Mais, si l'air se contracte en pareil cas dans la boule du thermomètre de *Drebbel*, comme il l'a dit tant de fois, il est clair que, dans cette vessie, il doit également se contracter. Ainsi cette expérience n'a rien de merveilleux.

te que, dans d'autres grottes, mais plus rarement, l'eau qui se transforme ainsi venant des terres qui sont au-dessous, ces morceaux de crystal s'élèvent plus ou moins au-dessus du sol auquel ils demeurent adhérens. Quoiqu'on ne voie ici, au premier coup-d'œil, que le simple effet du *froid*, il se pourroit néanmoins que cette eau, en se filtrant ainsi à travers les terres, y contractât, par ce moyen, une qualité plus *glutineuse*, une plus grande disposition à se glacer et à acquérir, par sa congélation, une solidité dont par elle-même elle ne seroit pas susceptible (1). Pour vérifier cette conjecture, faites l'expérience suivante. Dans un temps de forte

---

(1) On pourroit décider cette question, en filtrant l'eau à travers différentes épaisseurs de la même espèce de terre. Car, si celle qui se seroit filtrée à travers une grande épaisseur de cette terre, devenoit, par sa congélation, visiblement plus solide que celle qui se seroit filtrée à travers une moindre épaisseur, il s'ensuivroit que la filtration de l'eau à travers les terres la dispose à acquérir une plus grande solidité par a congélation.

gelée, jetez une certaine quantité de terre dans un vaisseau un peu profond, après avoir mis sur son orifice une toile à laquelle vous ferez faire la poche en dedans, afin que la terre ne tombe pas au fond de ce vaisseau. Puis versez sur cette terre de l'eau en telle quantité qu'elle puisse se filtrer à travers. Enfin, après avoir donné à cette eau qui sera tombée au fond, le temps de se glacer, voyez si cette glace est plus dure et plus difficile à rompre, ou à fondre, que la glace ordinaire. Je présume aussi que si cette terre, à travers laquelle l'eau doit se filtrer, alloit en se rétrécissant depuis le haut du vaisseau jusqu'au fond de la poche de toile, et avoit à peu près la forme d'un pain de sucre ou d'un cône renversé, le résultat de l'expérience seroit plus sensible et plus marqué; car alors la glace qui se formeroit au fond du vaisseau, auroit moins d'épaisseur : or, l'on sait que toute transformation est plus facile, lorsque la quantité de la matière à tranformer est très petite.

Expérience sur la manière de conserver la couleur et l'odeur des feuilles de rose.

364. Après avoir effeuillé des *roses de Damas*, et avoir desséché ces feuilles par l'*insolation*, en les mettant sur les plombs, sur une terrasse, sur un balcon, etc. par un beau temps, entre midi et deux heures, ou à peu près, mettez-les dans une bouteille de terre qui n'ait ni humidité ni odeur, ou encore dans une bouteille de verre à goulot long et étroit : pressez-les dans cette bouteille, sans les trop fouler ; puis bouchez-la très exactement. Au bout d'un an, ces feuilles auront encore, non-seulement tout leur parfum, mais même leur couleur, qui sera assez vive. On doit observer à ce sujet, que, dans les plantes ou toute autre espèce de composés susceptibles d'être détruits par la *putréfaction*, ou par l'*extrême dessiccation*, il n'est rien qui contribue plus à leur destruction que l'humor étranger, surabondant, non combiné et comme flot-

tant dans leurs plus grands pores, lorsqu'on n'a pas eu d'abord la précaution de les en débarrasser. Car alors cet humor, à mesure qu'il se porte à l'extérieur, entraînant avec lui l'humor radical et inné de ces corps, ils s'exhalent ensemble. C'est en vertu de cette même cause, que des sueurs modérées conservent les sucs (les humeurs, les liquides) des corps animés.

N. B. Que ces feuilles de roses, lorsque l'insolation est achevée, n'ont plus ou presque plus d'odeur; que celle qu'elles ont ensuite, et qu'on ne doit point du tout confondre avec la première, paroît être le produit de l'action ultérieure des esprits, d'une nouvelle expansion.

Expériences diverses sur la durée de la flamme.

365. Un objet qui, par son importance, ne mérite pas moins que les précédens, de fixer notre attention, c'est la durée plus ou moins longue de la flamme, à raison des natures diverses des corps en-

flammés. Mais la première observation qui se présente sur ce sujet, c'est celle-ci : quoiqu'en général l'apparition de la flamme soit de courte durée, et presque instantanée, elle ne laisse pas d'être, à cet égard, susceptible de plus ou de moins. Ainsi, nous nous attacherons d'abord et principalement à la considération des substances qui s'enflamment en totalité, immédiatement et sans le secours d'une mêche. Tels furent les résultats de quelques expériences dirigées vers ce premier objet.

L'inflammation d'une cuillerée d'esprit de vin légèrement chauffé, dura une minute cinquante-six secondes (1);

---

(1) Aux *battemens de pouls* qu'il emploie pour *mesurer le temps*, nous substituerons *des secondes*; ce qui revient à peu près au même; car le pouls d'un Français, de 25 à 30 ans, de complexion moyenne, dont la situation est supportable, et qui raisonne quelquefois, bat de 60 à 70 fois par minute, comme nous nous en sommes assurés par l'expérience. Ainsi, la durée d'un battement de pouls d'un Anglois, déjà sur l'âge, philosophe et

Celle de la même quantité d'esprit de vin, mêlée avec $\frac{1}{6}$ de nitre, dura une minute trente-quatre secondes (1);

L'esprit de vin mêlé avec égale quantité de sel commun, brûla pendant une minute vingt-trois secondes;

Mêlé avec égale quantité de poudre à canon (ce qui formoit une liqueur très noire lorsqu'elle fut dissoute), une minute cinquante secondes;

Un petit morceau de cire de forme cubique ou ronde, et dont la quantité (2)

---

disgracié, est d'environ une seconde; et nous pouvons, sans erreur sensible, prendre pour des secondes les battemens de pouls de notre auteur.

(1) Si la quantité de l'esprit de vin étoit la même que dans la première expérience, la cuiller étoit pleine et le nitre n'y pouvoit tenir; il veut dire, cinq parties d'esprit de vin et une de nitre, la cuiller n'étant pas tout-à-fait pleine; car le sixième de nitre avoit moins de volume qu'un poids égal d'esprit de vin.

(2) Cette quantité fut probablement déterminée par le poids; il ne dit point si le petit morceau de cire étoit fixé, ou non, sur le fond de la cuiller.

égaloit la moitié de celle de l'esprit de vin, ayant été placé au milieu, l'inflammation ne dura qu'une minute vingt-sept secondes (1);

L'esprit de vin mêlé avec ½ de lait, brûla pendant une minute quarante secondes;

Et le lait se coagula.

Mêlé avec ½ d'eau, une minute vingt-six secondes;

Mêlé avec quantité égale d'eau, quatre secondes seulement;

Un petit caillou étant placé au milieu de la cuiller, la déflagration de l'esprit de vin dura une minute trente-quatre secondes;

---

(1) L'édition angloise met ici un *point* qui nous paroît nécessaire; mais toutes les éditions latines mettent *un point et une virgule*: cette dernière ponctuation porteroit à croire qu'il s'agit encore du morceau de cire; mais la suite du discours fera voir que le traducteur latin s'est trompé; car l'auteur, en tirant de ces expériences les conséquences qu'elles indiquent, ne parle point de la combinaison du morceau de cire avec toute autre liqueur que l'esprit de vin.

Enfin, un petit morceau de bois de la grosseur de celui d'une flèche, et de la longueur du doigt, ayant été ainsi placé au milieu, l'inflammation fut précisément de même durée (1).

Ainsi, l'inflammation de l'esprit de vin seul fut celle qui dura le plus ; et l'inflammation de cette liqueur combinée avec le sel commun, puis celle de cette même liqueur combinée avec égale quantité d'eau, furent celles qui durèrent le moins.

366. Mais une question à laquelle ces expériences donnent lieu, et qu'il importeroit fort de résoudre, c'est celle-ci : *Quelle est ici la vraie cause de la plus prompte extinction de la flamme ?* est-ce la force et l'activité même de cette flamme qui alors consume plus vîte la matière inflammable ? ou bien, est-ce la ré-

---

(1) Il paroît que ces corps solides n'avoient d'autre effet que de diminuer la quantité de l'esprit de vin, à raison de l'espace qu'ils occupoient dans la cuiller.

sistance du corps solide qu'on joint à cette matière inflammable, et qui se refuse à l'inflammation? Or, c'est une question qu'on pourra décider, en comparant les quantités d'esprit de vin restantes après l'extinction de ces différentes flammes. Il paroît que c'est la dernière des deux causes supposées, qui est la véritable : je veux dire que la plus prompte extinction de la flamme doit être attribuée à la résistance du corps non inflammable, puisque de toutes ces inflammations, les moins durables sont celles de l'esprit de vin combiné avec les matières les moins inflammables.

367. Il ne sera pas inutile d'observer que cet esprit de vin, après qu'il s'est ainsi éteint de lui-même, n'est plus susceptible de s'enflammer, et a perdu cette saveur piquante qu'il avoit auparavant : celle qu'il a alors n'est point acide comme elle le seroit, si, par l'inflammation, il s'étoit converti en une sorte de vinaigre, et comme l'est celle du vin chaud; mais c'est une saveur plate et comme *émoussée*.

368. Nous devons encore observer que, dans cette expérience où l'on joint à l'esprit de vin un morceau de cire, cette dernière substance se dissout, tandis que la liqueur brûle ; mais il ne faut pas croire pour cela qu'alors cette cire, après s'être fondue, s'incorporant avec l'esprit de vin, il ne se forme du tout qu'une seule et même flamme; mais au contraire, la cire venant à couler et à flotter sur l'esprit de vin, la flamme de cette liqueur se retire à mesure, et son volume diminue de plus en plus, jusqu'à ce que la cire, à force de s'étendre, s'emparant de tout l'espace, occasionne ainsi la totale extinction.

369. Ces épreuves sur l'inflammation de l'esprit de vin seul, ou combiné avec différentes substances, sont des *expériences lumineuses*, et non des *expériences fructueuses :* actuellement nous allons tourner notre attention vers ces autres genres de flammes que présentent à la vue les *bougies*, les *chandelles*, les *lampes*, les *flambeaux*, etc. *composés*

d'une *substance inflammable*, et d'une *mêche* qui provoque l'inflammation. Les observations de ce dernier genre n'ont pas simplement pour objet la découverte des causes, et ne sont rien moins qu'une pure spéculation. Car, si, en combinant différentes substances, on pouvoit en composer une dont la flamme donnât une lumière aussi vive que les autres, et qui fût de plus longue durée, ce seroit un grand objet d'économie.

Nous fîmes mouler d'abord des bougies de cire pure, puis d'autres bougies composées de cire mêlée avec différentes substances; savoir, les suivantes : l'*eau*, l'*eau-de-vie*, le *lait*, le *sel commun*, l'*huile*, le *beurre*, le *nitre*, le *soufre*, la *sciure de bois*; chacune de ces dernières substances étoit à la cire dans le rapport d'un à six ; chacune de ces bougies composées étoit précisément de même poids que celle de cire pure, et les mêches étoient aussi toutes égales. Tels furent, quant à la facilité à s'enflammer, et à la durée de l'inflammation, les résultats de nos expériences.

La bougie où il entroit de la sciure de bois fut celle qui dura le moins; sa lumière fut d'abord assez claire et assez vive, ce qui dura jusqu'à ce qu'elle fût en partie consumée; mais ensuite la sciure de bois se ramassant autour de la mèche, forma ainsi un lumignon fort gros et fort long, qui rendit la flamme très obscure; ensorte que la durée de cette bougie fut de moitié moindre que celle de la bougie de cire pure.

La seconde, pour la promptitude à se consumer, fut celle qui étoit en partie composée d'huile ou de beurre; elle dura d'un cinquième moins que la bougie de comparaison (celle de cire pure).

Au troisième rang fut cette bougie de cire pure.

Au quatrième, celle où l'on avoit fait entrer du sel commun, et dont la durée fut d'un huitième plus longue que celle de la dernière.

Au cinquième, celle où il y avoit de l'eau-de-vie; sa durée excéda d'un cinquième celle de la bougie de comparaison.

Viennent ensuite les deux bougies dont l'une étoit en partie composée de lait, et l'autre, en partie d'eau : leur durée fut à peu près égale à celle de la précédente ; cependant celle où il y avoit de l'eau, eut, à cet égard, un peu d'avantage sur les deux autres.

Les quatre dernières pétilloient fréquemment et lançoient des étincelles.

La bougie où l'on avoit mis du nitre, ne resta allumée que pendant douze secondes, et encore pendant ce temps si court, elle lançoit continuellement des flammèches qui se convertissoient aussitôt en vapeurs.

Celle dont le soufre faisoit partie, ne dura pas plus que la précédente ; le soufre qui se ramassa autour de la mêche y ayant bientôt formé une croûte très dure, qui l'éteignit.

Ainsi, l'addition du sel commun à la cire augmente la durée d'un huitième, et l'addition de l'eau l'augmente d'un cinquième.

370. Après avoir ainsi varié les expé-

riences relatives à la matière même des bougies ou chandelles, les mêches étant toutes égales et de même espèce, nous avons voulu faire aussi quelques épreuves sur les mêches de différentes substances; par exemple, de *coton*, de *fil à coudre*, de *jonc*, de *soie*, de *paille*, de *bois*, etc.

Ces trois dernières substances ne donnèrent qu'une flamme obscure et d'un très petit volume, qui s'éteignit dès qu'elle fut parvenue jusqu'à la cire.

Quant aux trois autres, le fil se consuma plus vîte que le coton; la différence, à cet égard, ayant été d'un sixième; et le coton, plus vîte que le jonc, qui dura au moins un tiers de plus.

Quant au volume de la flamme; celle du coton et celle du fil avoient à peu près les mêmes dimensions et la même clarté; mais celle du jonc étoit beaucoup plus petite et plus obscure.

Reste à savoir si une mêche composée en partie de cette substance, connue sous le nom même de *mêche*, et en partie de bois, comme le sont ordinairement celles des flambeaux, se consumeroit plus vîte ou plus lentement que celle qui le seroit uniquement de la première?

371. Nous n'avons jusqu'ici considéré, que par rapport à leur *espèce*, les différentes matières dont les bougies et les mêches peuvent être composées ; mais elles doivent aussi être envisagées par rapport à leurs *qualités* qui peuvent contribuer à la durée de la flamme, selon que ces matières sont sèches ou humides, dures ou molles, vieilles ou nouvelles, etc. Par exemple, les maîtresses de maison, un peu entendues, mettent les *chandelles une à une* dans du *son* ou de la *farine;* ce qui, en les *séchant* et les *durcissant,* fait qu'elles ne brûlent pas si vîte ; on dit même que celles qui ont subi cette facile préparation, durent deux fois plus que les chandelles ordinaires : ainsi deux causes peuvent contribuer à leur durée ; savoir : cette préparation même, et l'attention de n'en faire usage que long-temps après qu'elles sont faites. On sait aussi

que les *bougies* durent beaucoup plus que les *chandelles;* toujours par la même raison, parce que la *cire* est plus *sèche,* plus *ferme* et plus *dure* que le *suif* (1).

372. La durée d'une flamme est aussi, toutes choses égales, proportionnelle à la difficulté avec laquelle elle tire son aliment; comme le prouve cette lumière qu'on voit dans le palais des rois d'Angleterre, qui est destinée à durer toute la nuit (destination d'où elle tire son nom d'*all-nigt* (*toute la nuit, ou veilleuse*), et qui n'est composée que d'un large gâteau de cire, avec une mêche au milieu. C'est la largeur de ce gâteau qui produit l'effet dont nous parlons; il fait que la flamme tirant de plus loin son aliment, le consume moins vîte. Par la même raison, la lumière des lampes dure plus que toute autre, parce que le vaisseau qui contient l'huile, est beaucoup plus large qu'une

---

(1) Pour remplir cet objet, on pourroit les tenir fort long-temps dans une glacière.

chandelle, une bougie, un flambeau, etc.

373. Prenez une *lampe d'étain* dont une partie ait la forme d'une *petite tour*, et qui, prise en totalité, ait à peu près celle d'une *équerre;* que la hauteur de cette tourelle soit triple de la longueur de cette partie inférieure qui lui sert de base; que cette dernière partie ait un trou à son extrémité la plus éloignée de la tourelle. Renversez cette lampe pour la remplir d'huile par ce trou, puis remettez-la dans sa première situation; ajustez une mêche au trou, et allumez-la; l'huile de cette lampe se consumera fort lentement, et sa lumière sera de très longue durée : nous en avons déja dit la raison ; c'est parce que la flamme tire de fort loin l'huile qui est son aliment. Vous trouverez aussi qu'à mesure que l'huile se consume, et que son niveau baisse, la partie supérieure se remplit d'air ou d'une substance aériforme, qui provient de l'huile raréfiée par la chaleur. Il seroit à propos de faire un

trou au sommet de la tourelle, lorsque l'huile seroit presque toute consumée, et d'approcher aussi-tôt de ce trou la flamme d'une bougie, afin de voir si, au moment où cette substance aériforme, provenue de l'huile, s'échapperoit, elle prendroit feu. Il faudroit aussi à cette lampe d'étain en substituer une de verre, afin qu'on pût voir à l'œil l'air ou la vapeur se ramasser peu à peu dans la partie supérieure de la tourelle (1).

374. Une quatrième condition nécessaire pour augmenter la durée de la flamme, est que l'*air* où elle est plongée soit *renfermé* et *immobile*. Car on sait qu'une chandelle dont la flamme est agitée par le vent, se consume beaucoup plus vîte, et qu'elle dure plus long-temps dans une lanterne ou dans un bocal, qu'en plein air. Certaines relations nous parlent de lampes ou de chandelles, dont la lumière

---

(1) L'œil ne verroit pas cette vapeur qui est une substance aériforme ; il ne verroit qu'un vuide, c'est-à-dire, rien du tout.

a étonnamment duré dans des tombeaux ou des grottes (1).

375. Une cinquième cause qui peut aussi contribuer plus ou moins à la durée de la flamme, ce sont *les qualités de l'air* qui l'environne, et qui peut être *chaud* ou *froid*, *sec* ou *humide*, etc. Un air *très froid*, en occasionnant dans la flamme une sorte d'*irritation*, et en la rendant *plus active*, fait aussi qu'elle consume plus vîte son aliment; et c'est en vertu de la même cause que, dans un temps de forte gelée, le feu est plus âpre. Ainsi, on peut présumer qu'un air déja échauffé, diminue l'activité de la flamme dont nous parlons ici, et contribue à sa durée. L'*air sec* n'augmente ni ne diminue cette durée ; mais *l'air hu-*

---

(1) Suivant ces traditions, ces lumières s'éteignoient aussi-tôt qu'on leur donnoit de l'air; mais quelques physiciens conjecturent que ce n'étoit autre chose que des moufettes, qui, à l'approche de la lumière qu'on portoit dans ces souterrains, prenoient feu.

mide l'augmente ; il éteint, pour ainsi dire, la flamme, en partie, comme on le voit par cette propriété qu'ont les vapeurs humides d'une mine, d'éteindre les lumières (1). Quoi qu'il en soit, cet air humide, diminuant l'éclat et l'activité de la flamme, doit, par cela seul, contribuer à sa durée.

Expériences et observations sur la méthode d'enfouir simplement, ou de tenir plongés dans l'eau et au-dessous de la surface de la terre, des corps de différentes espèces.

376. La méthode de *déposer* les corps *dans le sein de la terre*, est d'une grande utilité pour les *conserver*, les *condenser*, ou *les durcir*. Lorsque vous voulez obtenir ces deux derniers effets, il faut les enfouir de manière qu'ils soient en contact avec la terre, comme on le pra-

---

(1) Selon toute apparence, ce ne sont pas des vapeurs *humides*, mais des *moufettes*, ou de l'air méphitique.

tique ordinairement pour cette espèce de terre qui est la base de la *porcelaine;* méthode qu'il faut suivre également pour conserver des corps *durs* ou du moins *solides,* tels que le *bois,* l'*argile,* etc. Mais, si ces corps que vous voulez conserver sont *mous, tendres,* il faut alors faire de ces deux choses l'une : ou les *renfermer* dans des *boîtes,* afin que la terre ne les touche pas; ou les *déposer* dans des *trous voûtés,* de manière qu'il reste un vuide au-dessus : car, s'ils étoient en contact avec la terre, elle leur feroit plus de mal en les putréfiant, par l'humidité qu'elle leur communiqueroit, qu'elle ne leur feroit de bien, par son *froid virtuel* qui tendroit à les conserver; à moins que cette terre ne fût sablonneuse et très sèche.

377. Une *orange,* un *citron* et une *pomme,* enveloppés dans un linge, et tenus pendant quinze jours à la profondeur de quatre pieds, dans une terre humide et par un temps pluvieux, ne nous présentèrent, lorsque nous les en tirâmes, aucun indice de *putréfaction* ou de *moisis-*

sure; ces fruits étoient seulement devenus un peu *plus durs;* ils n'avoient rien perdu de leur couleur, ni de leur fraîcheur; la saveur seulement s'étoit un peu affoiblie : les ayant tenus un peu plus long-temps dans le même lieu, nous y apperçûmes un commencement de putréfaction.

378. Ayant aussi enfoui une *bouteille pleine de bière* avec les mêmes conditions que ci-dessus, nous trouvâmes que cette liqueur avoit acquis un peu plus de force; qu'elle étoit plus limpide et de meilleur goût. Il en fut de même du vin sur lequel nous fîmes aussi cette épreuve. Le *vinaigre* enfoui de la même manière, étoit devenu plus fort et avoit plus de parfum; son odeur avoit même quelque analogie avec celle de la *violette*. Au bout d'un mois, ayant tiré de là ces liqueurs, nous trouvâmes qu'elles n'avoient rien perdu de leur force; il nous sembla même qu'elles avoient un peu gagné.

379. Des expériences de cette nature pourroient devenir très *fructueuses,* si

l'on parvenoit ainsi à conserver jusqu'à l'été, et même durant cette saison, certains fruits, tels que les *oranges,* les *citrons,* les *grenades,* etc. De quel prix ces fruits ne seroient-ils pas dans une telle saison ! et l'on parviendroit peut-être à ce but, en les renfermant dans des vaisseaux bien bouchés, afin de les garantir de l'humidité de la terre; ou encore en les mettant dans une glacière. Au reste, il n'est pas inutile d'avertir toute personne qui a dessein de faire des expériences et des observations sur les effets du *froid,* qu'elle aura principalement besoin de trois choses; savoir : d'une *glacière,* d'un *trou un peu grand et voûté,* à la profondeur de vingt pieds au moins; enfin, d'un *puits profond.*

380. On prétend que, si l'on enfouit de la même manière des *perles,* des *coraux,* des *turquoises* et autres pierres précieuses, qui ont perdu une partie de leur couleur ou de leur éclat, elles recouvrent l'un ou l'autre par ce moyen. Une telle expérience, si elle réussissoit,

seroit encore plus lucrative que la précédente ; mais l'ayant tentée nous-mêmes, en tenant enfouies, pendant six semaines, des pierres de cette espèce, nous le fîmes sans succès. Peut-être réussiroit-on mieux en les tenant au fond d'un puits ou dans une glacière, lieux où le froid ayant plus de force *contractive,* rapproche davantage les parties colorées, rend l'assemblage plus serré, et doit par conséquent donner à la couleur plus d'intensité.

Observation relative aux effets que produisent sur le corps humain les vents qui soufflent des différentes parties du monde.

381. Lorsque le *vent* est au *midi,* on éprouve une sorte de pesanteur ; on se sent plus paresseux et moins agile que lorsqu'il est au *nord.* La raison de cette différence est que le vent de midi fond, pour ainsi dire, les humeurs qui, alors devenues plus fluides, se répandent dans toutes les parties du corps, pèsent davantage sur elles et les surchargent, à peu

près comme le bois et autres substances analogues se gonflent et se renflent dans un temps humide. En second lieu, la vigueur des mouvemens, l'activité et l'agilité dépendent principalement de l'état des nerfs (1), qu'un vent de midi relâche excessivement.

Observation sur les maladies propres aux différentes saisons, principalement à l'été et à l'hiver.

382. Suivant une opinion très com-

---

(1) Et de celui de *la fibre musculaire*, qui, dans un temps humide, est *plus lâche*; *l'humidité aqueuse* ayant le double effet *d'accourcir les cordes végétales* et *d'alonger les cordes animales*. De plus, *l'air humide* est *an-électrique*, ou conducteur d'électricité. Le corps humain, dans un temps humide, est, en quelque manière, *une bouteille de Leyde mal isolée*, et qui se décharge continuellement de son fluide électrique dans l'air environnant. L'homme est alors *un mauvais ouvrier qui travaille avec un mauvais outil;* ce qui *diminue* doublement le produit de son travail, relativement à la *qualité* et à la *quantité*.

mune, il y a *plus de maladies* durant l'*été;* mais elles sont *plus mortelles* durant *l'hiver;* à l'exception de la *peste*, qui règne ordinairement en *été* on en *automne*. La raison de cette différence est que la plupart des maladies ont pour cause *la chaleur* (1) ; et pour remède les *sueurs* ou les *purgations*, que provoque, augmente ou facilite la chaleur de l'été. Quant aux maladies contagieuses, si elles sont plus mortelles dans cette dernière saison, c'est par la raison toute simple, qu'elle est plus féconde en maladies de cette nature; car d'ailleurs, ces maladies, lorsqu'on en est atteint durant l'hiver, n'en sont que plus dangereuses.

---

(1) *La plupart des maladies* ont pour *cause la suppression de quelque évacuation nécessaire*, d'une ou de plusieurs espèces; et par conséquent le *froid*, sur-tout *le froid subit, après une grande chaleur*, soit que ce froid ait pour cause les *variations* de *l'atmosphère*, celles des *passions*, ou celles des *exercices*, des *occupations*, du *régime alimentaire*, etc.

Observation sur les années et les températures pestilentielles.

383. On croit communément que les années où la température dominante est *chaude* et *humide*, recèlent un *principe pestilentiel;* mais ce n'est qu'un préjugé populaire, fondé sur ce principe très hazardé : qu'à la surface de la terre, la cause la plus ordinaire de la *putréfaction* est *la combinaison de la chaleur et de l'humidité;* cette assertion est démentie par ce qu'on a souvent observé en Angleterre, où, durant certains étés d'une sécheresse extraordinaire, ce fléau a fait de si grands ravages. La véritable raison du phénomène à expliquer, pourroit être que la *sécheresse* agissant avec plus de force sur le corps des *insulaires* accoutumés à un *air humide* et *exaspérant* leurs humeurs, les rend ainsi plus disposés à la *putréfaction* et à l'*inflammation*. De plus, assez ordinairement les *températures* extrêmement *sèches infectent* les *eaux* et les rendent moins salubres; sans compter

que, dans la partie septentrionale de l'Afrique, la saison où les maladies dont nous parlons se manifestent le plus souvent, c'est l'été ; temps où, comme l'on sait, la température est *chaude et sèche*.

Observation relative à une erreur commune sur les maladies épidémiques.

384. Il est beaucoup de maladies, soit épidémiques, soit d'une autre classe, qui ont leurs temps propres et déterminés ; mais c'est sans fondement qu'on les impute à la constitution, ou à la disposition que l'air a au moment où elles se font sentir ; leur véritable cause est dans le temps antérieur qui en recèle le principe, et qui étend son influence jusqu'à celui où elles paroissent ; en vertu de cet enchaînement des saisons qui fait que chacune n'est qu'une conséquence et un développement des précédentes (1). Aussi

---

(1) *Le temps présent est gros de l'avenir*, suivant l'expression de notre auteur. Quelquefois, comme nous l'avons observé ailleurs, *l'hiver donne*

voyons-nous qu'Hippocrate, dans ses *Pronostics*, donne de judicieuses observations sur les maladies dont la nature est analogue à celle des saisons précédentes, et qui en sont les effets.

Expériences et observations sur l'altération et la conservation des liqueurs, au fond des puits, ou dans des souterrains profonds et voûtés.

385. Après avoir bouché bien exactement un certain nombre de bouteilles remplies de différentes liqueurs, nous les avons fait descendre dans un puits de la profondeur de vingt brasses au moins; les unes étant plongées dans l'eau, et les autres suspendues à une brasse au-dessus de sa surface. Les liqueurs soumises à cette épreuve étoient la *bière*, non pas

---

à un individu un coup mortel dont il meurt en été; cependant la température régnante durant cet été-là, n'est pas pour cela cause de sa mort. Elle peut ou y contribuer, ou être insuffisante pour l'empêcher; mais certainement elle agit d'une manière ou de l'autre, son effet ne pouvant être nul.

tout-à-fait nouvelle, mais déja bonne à boire, le *vin* et le *lait*. Tels furent les résultats de cette expérience.

La *bière* et le *vin*, placés, soit au-dessous, soit au-dessus de la surface de l'eau, n'avoient rien perdu de leur teinte, ni de leur force; mais ces liqueurs étoient aussi bonnes, et même un peu meilleures, un peu plus faites que d'autres portions de liqueurs de même espèce, de même qualité et de même date, mises aussi en bouteilles et tenues dans la cave. Cependant les liqueurs des bouteilles suspendues au-dessus de l'eau, étoient sensiblement meilleures que les liqueurs respectives des bouteilles plongées : de plus, la *bière* tenue hors de l'eau moussoit un peu ; au lieu que celle qui avoit été tenue dans l'eau, ne moussoit pas; celle-ci pourtant avoit aussi acquis de la force. Le *lait* s'étoit aigri et commençoit à se gâter. Nous savons néanmoins que, dans certain village auprès de *Blois*, on est dans l'usage de faire cailler le lait dans des caves très profondes ; ce qui lui donne une saveur très agréable. C'est même en partie la connoissance de ce fait qui nous a donné l'idée de suspendre dans un puits le vaisseau qui contient cette liqueur. Nous ignorons si, dans ce village dont nous venons de parler, on met le lait sur le feu avant de le mettre à la cave. Il seroit donc à propos de tenter cette même expérience sur du *lait* qui eût *bouilli*, et sur de la *crême*; car le lait étant par lui-même une substance très composée; savoir : de *crême*, de *caillé* et de *petit-lait* (d'une partie *butireuse*, d'une *caséeuse*, et d'une *séreuse*), il tourne et se décompose aisément. Il ne seroit pas non plus inutile de faire une semblable épreuve sur le *moût de bière*, afin de voir si cette méthode de suspendre dans un puits des bouteilles remplies de cette liqueur, peut contribuer à en *accélérer la maturation* et *la clarification*.

Observation sur le bégaiement et ses causes.

386. Le *bégaiement* est un défaut assez commun; défaut qui peut avoir pour cause

le *refroidissement* excessif de la *langue ;* car on sait que l'effet naturel du *froid* est de *diminuer l'aptitude au mouvement.* Aussi voit-on que les *imbécilles* sont ordinairement *bègues,* ou du moins balbutient fréquemment. On sait aussi que les bègues ont la prononciation plus facile après avoir bu un peu de vin, liqueur dont l'effet est d'échauffer. On observe encore que ceux qui ont ce défaut, l'ont beaucoup plus en commençant à parler, que dans la suite de leurs discours, leur langue s'échauffant peu à peu par l'effet naturel de son mouvement. La véritable cause du *bégaiement,* dans certains sujets, pourroit être *la sécheresse* de la langue ; sécheresse qui, ainsi que le froid, diminue l'aptitude au mouvement. En effet, l'histoire parle de personnages illustres et d'une profonde sagesse, qui étoient bègues : tel fut entr'autres Moyse, qui, suivant le langage de l'*écriture sainte, avoit la langue embarrassée* (1); enfin,

---

(1) Il suppose, comme les anciens et quelques-

l'on sait que les begues sont ordinairement très colères et très bilieux ; l'effet de la colère, et en général de la bile, étant de rendre la langue sèche (1).

---

uns de leurs disciples, qu'il existe une relation entre ces deux choses, *sécheresse* de la *complexion* et *sagesse;* opinion qui n'est pas tout-à-fait dénuée de fondement. Chacun sait, par sa propre expérience, qu'un rhume rend presque entièrement incapable d'une méditation soutenue; il semble qu'un *imbécille*, un *sot*, soit un homme dont le *cerveau* est habituellement *surchargé d'humidité*, et dont *l'esprit est toujours enrhumé:* mais, pour donner de la *solidité* à ce *principe*, qui n'est rien moins que général, il faut le *limiter ;* car l'effet ordinaire d'une complexion extrêmement sèche, est la turbulence de l'esprit et la violence du caractère.

(1) Le bégaiement paroît avoir deux causes principales: la *mauvaise conformation des instrumens de la parole*, et la *confusion des idées*, qui peut aussi être produite par deux causes opposées; savoir : au *physique*, une *chaleur*, ou un *froid excessif;* et au *moral*, la *colère*, la *joie*, etc. ou la *crainte*, la *honte*, etc.

Expériences et observations sur les odeurs.

387. Les parfums et autres odeurs de ce genre sont plus agréables dans un air libre et à une certaine distance, que lorsqu'on approche excessivement des narines la substance odorante, ou réciproquement. Cette différence a deux causes : l'une est une combinaison plus parfaite des parties odorantes qui, dans le premier cas, s'incorporent mieux les unes avec les autres : c'est ainsi que l'harmonie flatte davantage l'oreille, quand toutes ses parties se fondant, pour ainsi dire, les unes dans les autres, on n'entend pas distinctement les sons élémentaires, mais un son unique et composé de tous. La seconde cause est que toute odeur agréable se trouve naturellement combinée, dans les substances odorantes, avec quelque odeur crue et terrestre, qui disparoît à une certaine distance; la première, qui est inhérente à des esprits plus subtils et plus ténus, se faisant, par cela même, sentir

beaucoup plus loin ; tandis que la partie la plus grossière et la moins pénétrante reste, pour ainsi dire, en chemin.

388. Les substances sèches et d'odeur agréable étant piquées, pressées, pilées, broyées, etc. exhalent une odeur plus suave, comme on l'éprouve en piquant ou en pressant avec force une *écorce d'orange, de citron*, etc. En général, le simple *mouvement* et la simple *agitation, sans aucune solution de continuité*, suffit pour développer dans un corps de cette espèce, par exemple, dans un coussinet ou sachet de senteur, la partie la plus suave de la substance odorante, et pour donner à l'odeur plus d'intensité. Cet effet a deux causes : 1°. un *effluve plus abondant des esprits odorans* auxquels on donne une *issue*, et dont on facilite l'*émission* par la *trituration, la ponction, la compression*, et jusqu'à un certain point aussi, par la *simple agitation*. Mais, dans le second cas, il y a une cause de plus; savoir : l'impulsion donnée à l'air, véhicule naturel des odeurs,

et qui, étant ainsi agité, doit porter l'odeur plus loin.

389. Les plantes, dont les feuilles sont sans odeur, sont ordinairement celles dont les fleurs exhalent l'odeur la plus suave. De ce genre sont la *violette*, *la rose*, la *pariétaire*, la *giroflée*, de la grande ou de la petite espèce ; l'*œillet*, le *chèvre-feuille*, la *fleur de vigne*, de *pommier*, de *tilleul*, de *fèves*, etc. La raison de ce phénomène paroît être que, dans les plantes qui ont assez de force et de chaleur pour que leur partie odorante pénètre dans les feuilles, la fleur qui doit perdre d'autant, ne peut plus donner qu'une odeur foible, en comparaison de celle des feuilles ; mais lorsque la plante a moins de chaleur, ses esprits ne sont suffisamment digérés, atténués et séparés des sucs grossiers, que dans la floraison, et non plutôt.

390. Il est, comme nous l'avons dit, des substances odorantes qui, étant brisées, pilées, broyées, etc. exhalent une odeur plus suave : au contraire, les fleurs

étant foulées, pilées, battues, etc. perdent une grande partie de leur parfum. La cause de cette différence est qu'en écrasant ces fleurs, on détermine les émanations les plus grossières et les plus terrestres à sortir en même temps que les esprits les plus ténus; ce qui, en les mêlant ensemble, et en combinant ainsi la mauvaise odeur avec la bonne, doit être au détriment de cette dernière; au lieu que, dans les substances dont l'odeur a plus de force, ce mélange n'a pas lieu; ou, s'il a lieu, la partie suave prédomine.

Expériences et observations relatives au choix des eaux destinées à servir de boisson.

391. Une recherche vraiment utile, c'est celle qui a pour objet le *choix* des *eaux destinées à servir de boisson*. On peut, jusqu'à un certain point, s'en rapporter, pour ce choix, au simple goût des buveurs d'eau; moins pourtant qu'aux autres genres d'expériences.

1°. De deux eaux, la meilleure c'est d'abord *la plus légère :* on trouve à cet égard quelque différence entre telle eau et telle autre ; mais elle est peu sensible, et n'indique que très foiblement leur degré de salubrité.

392. 2°. De deux eaux différentes soumises à l'action du même feu, ou de deux feux égaux, on peut regarder comme la meilleure celle qui se consume et s'évapore le plus vîte.

393. 3°. De plusieurs eaux mises dans des bouteilles, ou d'autres vaisseaux ouverts et parfaitement égaux en tout, la meilleure sera celle qui sera le plus long-temps à se corrompre et à contracter une mauvaise odeur.

394. 4°. Faites de la bière forte ou de la petite bière avec différentes eaux, en mettant dans toutes une égale quantité de *drêche ;* celle de ces eaux qui donnera la liqueur la plus généreuse et la moins crue, sera la meilleure ; elle pourra toutefois être inférieure aux autres par ses propriétés médicales. On trouve ces

conditions dans celles que fournissent les grands fleuves, les rivières navigables, les lacs, les grands étangs, lorsque le fond n'est point fangeux : toutes eaux sur lesquelles le soleil peut agir plus que sur celles des fontaines ou des petites rivières. L'eau qui approche le plus de ces dernières, pour la salubrité, c'est celle qui se trouve sur un fonds de *craie;* substance qui contribue à sa concoction. Par la même raison, lorsqu'on fait usage d'eau de puits, il faut que ce puits soit très profond. Cependant l'*eau de craie* qu'on trouve fort près de la surface de la terre, est un peu *trop mordante*, comme on le voit par la propriété qu'elle a de nettoyer les vêtemens; et à la longue, de les corroder, de les user.

395. Les maîtresses de maison distinguent la qualité des différentes eaux *par le plus ou moins de facilité* avec *laquelle elles prennent le savon* : selon toute apparence, ce sont les eaux les plus onctueuses qui le prennent le mieux; les eaux crues détruisant l'onctuosité de cette substance.

396. On peut encore juger de la qualité des eaux par la *nature des lieux où elles prennent leur source;* et, en général, de ceux d'*où elles viennent*. L'*eau de pluie* est celle qu'on préfère en *médecine*, à cause de sa *ténuité*. On dit pourtant qu'elle se putréfie aisément ; ce qui peut venir de cette ténuité même de ses esprits. Ces eaux de pluie qu'on recueille dans des cîternes, telles qu'on en voit à *Venise* et dans d'autres lieux, n'en sont pas plus salubres ; ce qui vient sans doute de ce que les toits des maisons empêchent que le soleil n'agisse dessus. L'eau de neige fondue doit être d'autant plus suspecte, que les peuples qui habitent au pied des montagnes à neige, ou sur leur pente, sur-tout les femmes, sont sujets, à cause de ces eaux de neige qu'ils boivent, à avoir des *goîtres* (1). L'eau de puits, à moins qu'elle ne soit sur un fonds de

---

(1) Grosse tumeur qu'ont au cou quelques habitans du Valais, et quelques femmes de Semur, ville où les eaux sont crues et séléniteuses.

craie, ou qu'elle ne vienne d'une source très élevée, cuit mal la viande, et lui donne une couleur rouge qui décèle son insalubrité. L'eau des sources qui se trouvent au sommet des montagnes élevées, est la meilleure : par cela même qu'elle se trouve là, il semble qu'elle soit plus légère, et qu'elle ait une tendance à s'élever. D'ailleurs, elle est plus pure et moins mêlée avec d'autres eaux ; enfin, elle s'est mieux filtrée à travers une grande étendue de terre. Car les eaux des vallées se mêlent dans l'intérieur de la terre avec d'autres eaux qui se trouvent au même niveau, et qui, de différens points, se rendent dans ces fonds. Au lieu que celles dont la source est très élevée, traversant une grande épaisseur de terre pure, se mêlent beaucoup moins avec d'autres eaux (1).

---

(1) Cette explication ne laisse pas de souffrir quelques difficultés. Si ces sources sont précisément au sommet d'une montagne, et ne viennent point d'une autre, elles ne traversent aucune terre ;

397. On peut encore juger de la qualité des eaux par la *nature du sol* sur lequel elles coulent; en un mot, par celle de leur lit. Au premier rang, pour la limpidité, la saveur et la salubrité, est celle qui coule sur de petits cailloux; au second rang, celle qui coule dans un lit dont les parois sont revêtues d'argile ou de terre glaise; au troisième, celle qui est sur un fonds de craie; au quatrième, celle qui se trouve sur le sable: la pire est l'eau bourbeuse et dormante sur un fonds de vase ou de limon. Il ne faut pas non plus trop se fier à celles qui ont une saveur douce; car on en trouve ordinairement de telles au-dessous des grandes villes, d'où elles entraînent et charrient beaucoup d'immondices.

---

si elles sont près du sommet, l'épaisseur de terre qu'elles traversent est très petite; et si elles viennent d'une autre montagne, elles traversent une épaisseur de terre beaucoup plus grande, et elles se mêlent beaucoup plus avec d'autres eaux, que celles qu'on trouve dans les vallées.

Observation sur la chaleur tempérée qui règne en certains lieux situés sur la zône torride.

398. Au *Pérou* et dans quelques autres contrées, quoique situées sur la *zône torride*, la chaleur n'est pas aussi insupportable qu'en *Barbarie* ou dans les régions qui se trouvent sur la limite de cette zône, un peu en dedans. Cette différence est l'effet composé de plusieurs causes ; savoir : 1°. *La grande brise (le vent alisé)* produit par le mouvement de l'air dans les plus grands cercles qui répondent au milieu de cette zône ; vent qui doit y diminuer la chaleur (1). Aussi voit-on que, dans toutes les contrées où ce vent

___

(1) Cette partie de son explication est à contre-sens ; car le vent alisé règne non-seulement dans le milieu de la zône torride, mais aussi dans les parties plus septentrionales ou plus méridionales, jusqu'aux tropiques et même fort au-delà. D'ailleurs, plus on va au nord (dans notre hémisphère), plus ce vent s'approche du nord-est, et plus il doit être frais.

souffle, lorsque la brise est un peu forte, il fait moins chaud à midi qu'à neuf ou dix heures du matin.

A cette première cause il faut joindre la longue durée des nuits durant lesquelles l'effet de la rosée qui est abondante, balance celui de la chaleur du jour.

La troisième cause est la durée du séjour du soleil au-dessus de l'horizon; non pas celle qui se rapporte à la succession alternative du jour et de la nuit, et dont nous parlions plus haut; mais celle qui se rapporte aux saisons; car, le soleil qui décrit, par son *mouvement annuel*, *l'écliptique*, cercle oblique à l'équateur, allant et revenant d'un tropique à l'autre, passe deux fois au-dessus de chaque lieu situé sur la zône torride; avec cette différence qu'il s'écoule six mois entre ses deux passages au-dessus des lieux situés au milieu de la zône torride, ce qui y produit deux étés et deux hivers; au lieu qu'après avoir passé au-dessus des lieux situés vers la limite de cette zône, il y repasse presque aussi-tôt;

ce qui n'y produit qu'un seul été fort long (1).

---

(1) J'ai été obligé de changer totalement le texte original qui s'exprime ainsi : *car, sous la ligne, le soleil croise ou traverse la ligne; ce qui y produit deux étés et deux hivers: mais, sur les limites de la zône torride, il passe deux fois et revient sur ses pas, ce qui n'y produit qu'un seul été fort long.* Au reste, les trois causes indiquées se combinent avec beaucoup d'autres, dont quelques-unes ne sont que la même agissant de différentes manières : mais, pour abréger, nous nous bornerons à six.

1°. Au milieu de la zône torride, les *crépuscules* sont *plus courts*; parce que les *parallèles* à l'équateur que le soleil y *paroît* décrire par son *mouvement diurne*, étant *perpendiculaires* à l'horizon, cet astre s'éloigne plus promptement de ce grand cercle.

2°. Le *Pérou* dont il s'agit, est un pays *fort élevé*.

3°. Il est situé près de *montagnes à neige et à glace*.

4°. Ces mêmes *montagnes* font que le *soleil y paroît plus tard, disparoît plutôt*, et demeure moins long-temps sur l'horizon.

5°. Le *Pérou* est *entre deux grandes mers*; savoir : la *mer atlantique* et la *mer pacifique*.

6°. Plus on s'avance vers le midi, plus on trouve

Observation sur la couleur noire de certaines nations.

399. Dans certaines contrées, telles que l'*Ethiopie* et la *Guinée*, le soleil teint les hommes d'une couleur sombre et tirant sur le noir. Mais ce qui semble prouver que cette couleur n'est pas l'*effet de la seule chaleur*, c'est le teint de nos verriers qui travaillent continuellement au feu, et qui néanmoins ne sont pas noirs; la raison de cette différence peut être que la chaleur du feu, qui est très forte, pompant et *léchant*, pour ainsi dire, le sang et les esprits, les détermine ainsi à s'exhaler; de là ce teint *pâle* et *blafard* des verriers; au lieu que l'effet de la chaleur du soleil, qui est plus douce, est seulement de tirer le sang aux parties extérieures, et de le *cuire* plutôt

---

d'eau, et le Pérou est fort méridional relativement aux contrées dont il parle. Aussi fait-il beaucoup plus chaud dans toutes les régions situées sous le tropique du Cancer, que dans toutes celles qui se trouvent sous le tropique du Capricorne.

que de le *pomper* et de l'*absorber*. Aussi voit-on que les nègres sont ordinairement très charnus et très corpulens, mais en même temps très mal faits et très laids; ayant, par exemple, les lèvres excessivement grosses, etc. ce qui prouve assez que, dans les sujets de cette classe, l'humidité est retenue au dedans, et non déterminée au dehors. Nous voyons de plus que les contrées dont les habitans sont de cette couleur, abondent en eaux, comme rivières, lacs, etc. par exemple, *Méroë*, qui étoit la capitale de l'*Éthiopie*, étoit bâtie au milieu d'un grand lac; et le *Congo*, région habitée par des nègres, est aussi arrosé par de grands fleuves. On en peut dire autant des rives du *Niger*, ainsi que de la contrée située au-delà du *Cap-Verd*, et où l'excessive humidité occasionne fréquemment la peste. Mais l'*Abyssinie*, la *Barbarie* et le *Pérou*, dont les habitans sont de couleur tannée, olivâtre ou blafarde, sont, généralement parlant, des régions sablonneuses et sèches. Quant à ce qui regarde des *Éthio-*

piens ou ces autres *nègres* si charnus et si bouffis dont nous parlions, il se pourroit qu'ils fussent *très sanguins*, et fussent à l'intérieur d'une couleur rouge que leur peau noire déroberoit à la vue (1).

---

(1) Un paysan qui voudroit résoudre cette question, considérant, d'un côté, la couleur des nègres ; de l'autre, l'extrême chaleur qui règne dans leur pays, diroit tout simplement : *ce sont des hommes rôtis par le soleil;* car, après tout, on ne voit *point de nègres dans les pays froids,* ni *d'hommes fort blancs dans les pays chauds.* Ainsi la *grande chaleur* est la *cause nécessaire* de cette couleur noire ; mais il ne s'ensuit pas de là qu'elle en soit la *cause suffisante;* puisque les habitans de *Sumatra,* qui sont presque sous *la ligne,* et qui habitent un pays fort bas, ne sont pas *très noirs.* De plus, un nègre qui a peur, pâlit sensiblement ; mais il ne devient pas blanc pour cela. Cette couleur dépend donc en partie du *sang,* en partie de la *peau.* Leur sang est d'une couleur beaucoup plus sombre que le nôtre. Cette couleur combinée avec celle d'une peau très basanée, paroît être la cause de leur couleur noire. Quelques physiologistes prétendent qu'à ces deux causes il faut ajouter la nature et la constitution de leur *tissu cellulaire;*

Observations sur le plus ou moins de durée des mouvemens que font, après leur mort, les différentes classes d'animaux.

400. Certains animaux, assez long-temps après qu'on leur a coupé la tête, ne laissent pas de faire encore quelques mouvemens ; de ce genre sont les oiseaux : d'autres (tels que l'homme et les autres animaux terrestres), après l'amputation de cette partie, font aussi quelques mouvemens, mais qui durent fort peu ; d'autres enfin, tels que les serpens, les anguilles, les vers et les mouches, quoique coupés par morceaux, ne laissent pas de frémir et de palpiter. Au fond, ces différens faits n'ont rien d'étonnant ; car, en premier lieu, la mort a pour cause immédiate la dissolution et l'extinction des esprits ; la destruction ou la putréfaction des organes n'en étant que la cause

---

toutes causes qui ne sont peut-être que des effets de la chaleur agissant pendant plusieurs milliers d'années.

médiate. Mais certains organes sont tellement nécessaires à la vie de l'animal, que de leur destruction s'ensuit infailliblement la prompte extinction des esprits; il y a pourtant un certain intervalle de temps entre l'une et l'autre. C'est ainsi qu'au rapport d'un auteur ancien, regardé comme classique, et dont la foi ne peut être suspecte, un bœuf ayant été immolé en sacrifice, on l'entendit mugir, quoique le cœur lui eût été arraché. Une relation également digne de foi nous dit, qu'après qu'on eut ouvert le crâne à un jeune porc, et tiré la cervelle, quelqu'un l'ayant mise sur sa main, on la vit palpiter; mais le cerveau n'avoit souffert aucune lésion, et tenoit encore à la moëlle épinière. Pendant tout ce temps, l'animal paroissoit tout-à-fait mort; on n'y appercevoit plus le moindre mouvement: mais ensuite la cervelle ayant été remise en sa place, et les os du crâne parfaitement réunis, il marcha un peu (1). On

---

(1) Puis il courut jouer à la fossette.

sait aussi qu'un homme à qui, en vertu de la loi du talion, on avoit arraché un œil, mais de manière qu'il pendoit encore au nerf optique, fut privé de la faculté de voir tant que son œil fut en cet état; mais qu'ensuite l'œil ayant été remis à sa place, il recouvra la vue. Pour expliquer ces différens faits, observons d'abord que le principal siége des esprits vitaux est dans la tête; savoir : dans les ventricules du cerveau, qui, dans l'homme et les animaux terrestres, ont beaucoup d'ampleur et de capacité. C'est par cette raison que les animaux de cette classe, après l'amputation de la tête, n'ont plus, ou presque plus de mouvement. Il n'en est pas de même des oiseaux : ces derniers animaux ayant la tête fort petite, leurs esprits sont plus répandus dans les nerfs; différence qui les met en état de faire encore, après cette amputation, quelques mouvemens qui subsistent un peu plus long-temps; durée même quelquefois assez longue, comme le prouve le fait suivant, rapporté par Suétone : certain Empereur, pour faire montre de son adresse à tirer de l'arc, ayant pris une longue flèche à deux pointes bien acérées, ajusta une autruche au moment où elle traversoit le théâtre, et adressa si juste, qu'il lui coupa la tête ; mais cet oiseau ne laissa pas de continuer sa course pendant quelques instans (1). Quant à ce que nous disions des serpens, des anguilles, des vers et des mouches, les esprits vitaux étant répandus et distribués plus également dans la totalité de leur corps, il n'est pas étonnant qu'après qu'ils ont été coupés en un

---

(1) J'ai vu plusieurs fois des poulets, auxquels on avoit tranché net la tête, à l'aide d'un rasoir, parcourir un espace de plusieurs pieds, revenir sur leurs traces, et tomber enfin. C'étoit une jeune fille, fort jolie, qui faisoit cette expérience ; au moment où elle jouoit ainsi, elle me paroissoit horrible. Une triste et cruelle nécessité, fille de l'habitude et mère de presque tous nos vices, nous oblige d'égorger les animaux pour nous en nourrir ; mais gardons-nous de jouer avec leur existence et de rire de leurs souffrances; ils sont nos frères par la douleur et la mort.

grand nombre de morceaux, ces morceaux frémissent et palpitent.

Centurie V.

Expériences et observations diverses sur les causes ou moyens qui peuvent accélérer la germination.

Les plantes, et, en général, les végétaux, feront le sujet de cette centurie et des trois suivantes ; sujet vraiment intéressant, et sur lequel nous fixerons d'autant plus volontiers notre attention, que c'est ce règne qui fournit les matières à la médecine, à l'art de nourrir notre espèce, et à une infinité d'arts méchaniques.

401. Nous fîmes semer du *froment*, des *pois* et des *graines* de *navet*, de *raifort*, de *concombre*, etc. sur une couche à laquelle, vu ses puissans effets, nous donnions le nom de *couche chaude*, et qu'on avoit formée par le procédé suivant. On prit du fumier vieux et bien consommé : sur une terre relevée d'un demi-pied, on en forma une couche de hauteur raison-

nable, soutenue à l'aide de planches, et sur laquelle on jeta deux doigts de bonne terre bien tamisée, puis on y sema les graines après les avoir fait macérer, pendant une nuit entière, dans de l'eau où l'on avoit délayé de la bouze de vache : le froment et la graine de navet germèrent presque aussi-tôt sans être arrosés, et au bout de deux jours, avoient la hauteur d'un demi-pouce; les autres graines ne levèrent que le troisième jour. Cette expérience fut faite au mois d'octobre : selon toute apparence, si elle l'eût été au printemps, la germination auroit été encore plus prompte (1). Quoi qu'il en soit, elle présente un très-beau résultat; le concours de tous ces moyens rendant la germination quatre fois plus prompte qu'à

---

(1) Elle auroit pu être plus prompte, absolument parlant, et l'être moins à proportion; car il se peut que l'avantage des graines macérées, sur les graines non macérées, soit plus grand dans la saison où les semences ont besoin de ce secours, que dans celle où elles germent spontanément.

l'ordinaire. Mais je ne vois pas trop quel profit l'on pourroit tirer de cette accélération, sinon relativement aux *petits pois*, qui, en *hiver*, sont d'un prix exorbitant. On pourroit encore employer cette méthode pour avoir plutôt des *cerises*, des *fraises* et autres fruits semblables, dont la primeur se vend aussi extrêmement cher.

402. Nous fîmes aussi macérer différentes portions du même bled dans différentes liqueurs (soit pures, soit mêlées avec d'autres substances), dont nous donnons ici l'énumération.

Eau de fumier de vache;
Eau de fumier de cheval;
Eau de fiente de pigeon;
Urine d'homme;
Eau de craie;
Eau de suie;
Eau de cendres;
Eau chargée de sel commun;
Vin clairet;
Vin de Malvoisie;
Esprit de vin.

La proportion de l'*eau* avec les différentes matières qu'on y mêloit, étoit celle de 4 à 1; mais elle étoit au sel dans le rapport de 8 à 1 : l'*urine*, les *vins* et l'*esprit de vin* furent employés seuls et sans eau. La macération dura douze heures : cette expérience fut encore faite au mois d'octobre. Nous semâmes aussi du bled non macéré, mais que nous arrosions d'eau chaude deux fois par jour. Enfin, nous semâmes d'autre bled à la manière ordinaire et sans préparation, afin qu'il pût servir d'objet de comparaison. Tels furent nos résultats.

Les portions de ce grain, macérées dans l'urine ou dans les eaux de fumier, de suie, de craie, de cendres, de sel, levèrent au bout de six jours. Ce bled l'emportoit visiblement par sa hauteur, sa grosseur et sa beauté, sur celui qui avoit été semé sans préparation (1); et l'avan-

---

(1) Ces expériences et leurs résultats peuvent faire naître quelques doutes; mais, pour ne pas

tage plus ou moins grand qu'eurent à cet égard ces différentes portions de bled, peut être marqué par l'ordre suivant.

---

enfler excessivement cette note, nous nous bornerons à six.

1°. L'avantage de ces graines macérées sur les graines non macérées, se conserveroit-il jusqu'à la fin, je veux dire jusqu'à la parfaite maturité, jusqu'à la récolte; et la plante se sentiroit-elle, durant tout le temps de son accroissement, de cette force que la macération auroit donnée à sa graine? ou l'effet de cette macération n'auroit-il lieu qu'au commencement, qu'au moment même de la germination?

2°. L'effet de cette macération, qui humecteroit et ammolliroit peut-être trop, ou trop promptement la semence, ne seroit-il pas au profit de la tige, de la feuille, de la balle, mais au détriment du grain et de la farine? N'obtiendroit-on pas, par ce moyen, la *vitesse*, aux dépens de la *quantité* ou de la *qualité* du grain; ou aux dépens de l'une et de l'autre; ou la *quantité*, aux dépens de la *qualité*; et réciproquement; ou la diminution de l'une de ces deux choses, l'autre restant égale; ou, ou, ou, etc.?

3°. S'il est vrai que l'effet de la macération se fasse sentir jusqu'à la fin, la plante alors pompant

Le bled macéré dans l'urine, leva le premier, puis le grain macéré dans les eaux de fumier, de craie, de suie, de

---

avec plus de force les sucs de la terre, ne l'épuisera-t-elle pas plutôt?

4°. Je soupçonne que l'effet de cette macération ne doit pas être attribué à ces substances qu'on met dans l'eau, mais *uniquement* ou principalement *à l'eau pure qui ammollit la semence*. Et, ce qui me porteroit à le croire, c'est la promptitude avec laquelle germe hors de terre l'*orge*, d'abord humecté, puis mis en tas, qu'on destine à faire de la bière; genre de préparation dont la totalité ou une partie seroit peut-être avantageuse au *froment*.

5°. Cette accélération de la germination, comme nous le disions dans la note précédente, ne viendroit-elle pas de ce que l'expérience ayant été faite au mois d'octobre, la macération a suppléé à la chaleur qui manquoit alors à l'air, à la terre et à la graine? Lorsque cette chaleur est suffisante, ce supplément ne seroit-il pas de trop?

6°. De tel bled ne donneroit-il pas plus de prise aux vers, aux insectes, à la rouille, et à différentes maladies?

Or, si nous avons de tels doutes, nous, simples raisonneurs, qui ne labourons que sur le papier,

cendres, et dans l'eau chargée de sel.

Ensuite le bled non macéré et non arrosé.

Immédiatement après, le bled arrosé d'eau chaude deux fois par jour.

Enfin, le grain macéré dans du vin clairet.

Le bled macéré dans ces trois dernières liqueurs, leva moins vîte que le bled non préparé, et il paroît que cette macération lui fut plus nuisible qu'utile.

Le bled macéré dans la malvoisie ou dans l'esprit de vin, ne leva point du tout (1).

Ces expériences judicieusement appli-

---

et ne plantons que des idées, les cultivateurs en auront bien d'autres. Au reste, sur de telles questions, il ne faut s'en rapporter ni aux raisonneurs qui ne font point d'essais, ni aux praticiens qui ne veulent pas qu'on en fasse, et qui prennent la routine pour l'expérience; mais à l'expérience même faite d'abord en petit, puis en grand.

(1) Il auroit dû faire aussi quelque épreuve sur l'eau-de-vie, pure ou mêlée avec l'eau, en différentes proportions.

quées à la culture en grand, pourroient devenir très fructueuses; la plupart des matières employées pour ces macérations, étant à vil prix, et de telles préparations n'étant rien moins que dispendieuses; ce qui suppose qu'on se seroit assuré par des expériences en petit, et suffisamment réitérées, que cette accélération artificielle de la germination n'ôte rien à la qualité du grain, comme il est naturel de l'espérer; ces deux effets, l'accélération de la germination, et la bonne qualité du grain, n'ayant au fond qu'une seule et même cause; savoir : la force de la semence, et comme il semble qu'on puisse le conclure de nos premières expériences.

On pourroit faire la même épreuve sur d'autres grains, sur d'autres semences; enfin, sur des pepins, des noix, des noyaux (1), etc. car il se pourroit que

---

(1) Au lieu de faire macérer des noyaux ou des cailloux, ce qui reviendroit quelquefois au même, *cassez le noyau et plantez l'amende*; car ce n'est certainement pas le noyau qui germe; et faites

cette macération fût plus avantageuse à certaines espèces de semences, qu'à d'autres.

Enfin, on pourroit la tenter sur des racines, des plantes bulbeuses, etc. mais en faisant durer plus long-temps la macération, sans compter qu'il faudroit faire toutes ces expériences dans les différentes saisons, et sur-tout au printemps.

403. Si l'on arrose des fraisiers de temps en temps, par exemple, de trois jours l'un, avec de l'eau où l'on ait fait macérer du crotin de mouton, ou de la fiente de pigeon, ils végètent plus vigoureusement, et le fruit est plus précoce.

Il est assez probable que cette pratique seroit également avantageuse aux autres

---

tremper dans l'eau pure, et même un peu chauffée, toutes vos semences, avant de les mettre en terre. Comme la nature amollit toute semence, avant de la faire germer, peut-être seroit-il avantageux de lui épargner cette peine, en amollissant cette semence, avant de l'abandonner à sa seule action, et de casser pour elle ce noyau qu'elle a tant de peine à ouvrir.

fruits du même genre, aux plantes herbacées, aux plantes à fleurs, aux racines, charnues ou bulbeuses, et même aux arbrisseaux, arbres, etc. L'expérience n'est rien moins que nouvelle relativement aux fraisiers; mais on n'a pas encore pensé à généraliser cette méthode, en l'appliquant à toutes les autres plantes, grandes et petites; car on est dans l'habitude d'employer le fumier même pour amender la terre, ou d'en mettre de temps en temps sur les racines, pour les restaurer et les ranimer; mais cette méthode d'arroser la terre avec de l'eau où l'on ait fait macérer le fumier, ce qui auroit sans doute de plus puissans effets, n'est pas encore adoptée, du moins généralement.

404. Le fumier, la craie et le sang, appliqués à propos, et tels qu'ils sont, aux racines des arbres (1), rendent leurs fruits

---

(1) On peut le faire de trois manières.

1°. Otez peu à peu et avec précaution une grande partie de la terre qui est autour de l'arbre, et mettez les racines à nud; puis jetez du fumier dans le

plus précoces. Mais peut-être ces substances, appliquées ainsi telles qu'elles seroient et sans mélange d'eau ou de terre, aux racines ou au pied des plantes her-

---

trou ; remettez la terre et buttez au pied de l'arbre celle qui se trouve de trop.

2°. Après avoir ôté la terre, mêlez-la avec du fumier suffisamment consommé, et remettez-la.

3°. Si la plante est petite et un peu forte, enlevez-la avec le plus de terre que vous pourrez ; mais de manière que le chevelu des racines déborde ; mettez du fumier dans le trou ; puis remettez la plante, et buttez aussi au pied la terre qui se trouve de trop.

On pourroit encore, après avoir mis une seule fois à nud les plus grosses racines d'un arbre, marquer leur direction à la surface de la terre, puis diriger le long de ces lignes les arrosemens avec des eaux de fumier. Enfin, on pourroit essayer d'arroser de petites plantes avec du sang chaud, une fois par jour, pendant un mois ou deux.

De toutes ces méthodes, la meilleure nous paroit être de remuer la terre autour du pied de l'arbre, et de la mêler avec du fumier. Quant à la troisième, guidés par l'instinct, nous l'avons tentée nous-mêmes, et avec succès, sur des pieds d'œillet et de giroflée.

bacées, ou des autres plantes foibles, y exciteroient-elles une chaleur trop forte.

405. Tous les moyens d'accélérer la germination, exposés jusqu'ici, ont pour but de procurer aux plantes une nourriture plus abondante et de meilleure qualité; ou encore de fortifier leurs esprits pour les mettre en état d'attirer plus aisément, plus promptement et avec plus de force, la substance alimentaire. Les suivans se rapportent aussi au dernier de ces deux buts, quoiqu'ils ne soient pas applicables aux racines ou aux semences. Des arbres plantés dans un lieu chaud, en espalier et à l'exposition du sud, ou du sud-est, végètent plus vigoureusement, croissent plus promptement et rapportent plutôt. L'expérience prouve que l'exposition du sud-est vaut mieux que celle du sud-ouest, quoique celle-ci donne plus de chaleur. Dans la première, à la fraîcheur de la nuit, succède immédiatement la chaleur du jour (1); sans

---

(1) C'est aussi la plus périlleuse, par cette raison même.

compter que le soleil venant du sud-ouest, qui est quelquefois trop ardent, grille et dessèche tout (1). Par la même raison, les arbres plantés en dehors et près d'une cheminée où l'on fait continuellement du feu, croissent plus vîte et rapportent plutôt. On obtient le même effet en retirant leurs branches dans l'intérieur d'une cuisine ou d'une chambre fort chaude. C'est ce qu'on a essayé sur des branches de vignes, et elles ont rapporté un mois plutôt que les autres.

406. Outre ces deux genres de moyens d'accélérer la germination, et tendant, l'un à leur procurer une nourriture plus substantielle ou plus abondante ; l'autre, à fortifier leurs esprits, il en est un troisième dont le but est d'ouvrir aux sucs alimentaires un plus grand nombre de passages et de canaux, afin qu'ils puissent parvenir plus sûrement et plus promptement aux plantes à nourrir, et qu'elles

---

(1) Le temps où le soleil est au sud-ouest, est celui de la plus grande *chaleur du jour*.

puissent se les approprier. Par exemple, l'attention de fouiller et de remuer de temps en temps la terre au pied des arbres, pour l'ameublir (1), ou de transplanter, tous les deux ans, les petits végétaux, comme plantes herbacées, plantes à fleurs (2), etc. (moyen qui, jusqu'à un certain point, équivaut au premier, une terre nouvelle étant ordinairement plus meuble et plus poreuse), est aussi un moyen d'accélérer leur accroissement, de les rendre plus précoces, et, en général, de les faire prospérer (3).

---

(1) Cette opération peut avoir deux bons effets: l'un, de rendre la terre *plus poreuse et plus perméable;* l'autre, d'ôter, d'auprès des racines, les portions de terres qu'elles ont déja épuisées à force d'en pomper les sucs, et de les remplacer par d'autres qui ne le sont pas.

(2) La plupart ne vivent pas assez, pour que cette méthode soit praticable; il veut dire sans doute qu'il faut les semer dans une terre différente.

(3) On pourroit aussi faire l'opération inverse de la transplantation; c'est-à-dire, au lieu de por-

407. Mais ce qui est fait pour exciter l'admiration, c'est la facilité avec laquelle une plante peut se nourrir, vivre d'*eau seule;* comme nous nous en sommes assurés par notre expérience. Nous avions mis das une chambre sans feu un rosier (de *Damas*), qui avoit toutes ses racines; nous l'avions placé bien droit dans une terrine un peu profonde, remplie d'eau pure et sans mélange d'aucune autre substance. Il y étoit plongé d'un demi-pied, et s'élevoit de deux pieds au-

ter les plantes dans une nouvelle terre, porter de nouvelle terre aux plantes, et faire faire, par exemple, à deux arbres de différente espèce, un échange, un troc de ce genre, en portant à l'un la terre de l'autre; et réciproquement. Or, si l'expérience réussissoit, ce ne seroit peut-être pas parce que la nouvelle terre qu'on donneroit à chaque arbre, seroit *meilleure* que celle qu'on lui auroit ôtée, mais parce qu'elle seroit *autre;* car non-seulement un changement *en mieux*, mais même *un changement quelconque* est nécessaire aux plantes, ainsi qu'aux animaux; les uns et les autres *vivant surtout de mouvement.*

dessus. Il poussa des feuilles d'un beau verd et des boutons, au bout de dix jours; ce qui en dura sept, pendant lesquels il végéta assez vigoureusement, et ne donna aucun signe de dépérissement, puis ses feuilles tombèrent; mais ensuite il reprit de la vigueur; les nouveaux boutons s'ouvrirent, et ils se couvrirent une seconde fois de jolies feuilles; ce qui dura trois mois; après quoi, ayant été obligés de partir, nous ne pûmes suivre plus longtemps cette expérience. Mais il faut remarquer que ses feuilles étoient blanchâtres et plus pâles que celles des rosiers ordinaires (1) qu'on laisse en plein air, et que ses premiers boutons ne parurent qu'à la fin d'octobre. On peut présumer que, si l'expérience eût été faite au printemps, il auroit végété encore plus vigoureusement, et peut-être jusqu'au point de fleurir; et alors on pourroit, par ce moyen, se procurer des roses au milieu d'un étang; en y tenant ces rosiers, en

---

(1) Il se contredit un peu.

partie plongés, et les appuyant des deux côtés opposés, à l'aide de deux petites fourches ; genre d'expérience dont le résultat, il est vrai, ne seroit pas d'une fort grande utilité, mais formeroit du moins un spectacle aussi nouveau qu'agréable. Le succès de celle dont nous venons de parler, est d'autant plus étonnant, qu'un autre rosier, de la même espèce, ayant été mis dans de l'eau où l'on avoit fait macérer du fumier, dont la quantité étoit à celle de l'eau comme 1 à 4, ce rosier, dans l'espace de six mois, ne poussa aucune feuille, mais seulement quelques boutons, et durant le premier mois.

408. Une plante à fleur, à racine bulbeuse, et tirée de Flandres, ayant été entièrement plongée dans l'eau qui la couvroit au-dessus de deux ou trois doigts, germa au bout de sept jours, et, pendant un temps assez long, prit un continuel accroissement. Des racines de bete, de bourache et de raifort, plantes dont les feuilles avoient été tout-à-fait rasées,

que nous avions aussi entièrement plongées dans l'eau, germèrent de même; et au bout de six semaines, elles avoient de très grandes feuilles, ce qui dura jusqu'à la fin de novembre (1).

409. Si cette expérience pouvoit être tentée avec succès sur les plantes à racines, charnues ou bulbeuses; sur les pois et les plantes à fleurs, et de manière à accélérer sensiblement la germination et la maturation, ce seroit une nouvelle source de gain. Car, ces productions, lorsqu'elles sont fort précoces, sont d'un prix excessif. Et de plus, il seroit peut-être possible de doubler la récolte par ce moyen; car, dans telle terre qui a beau-

---

(1) On pourroit aussi essayer de tirer de terre une plante un peu forte, de tenir, pendant deux ou trois jours, ses racines plongées dans l'eau pure, ou chargée de quelque autre substance, comme fumier, sel, ou encore dans du sang, etc. et de la remettre ensuite en terre; cette espèce de révolution, lui seroit peut-être avantageuse.

coup de force, au bout d'un mois, vous aurez des raves; au lieu que, dans une autre terre, il en faudra deux.

410. Du bled, mis aussi dans l'eau, ne leva point du tout. Il faut apparemment que la semence ou la plante qu'on y met, ait un certain volume et un peu de consistance; ce qui est le cas des racines, et non celui des grains et des petites semences, que le froid de l'eau fait mourir. Cependant, une portion de ce grain qui, étant tombé sous la terrine, avoit été humecté par l'eau qui en dégoûtoit, et qui paroissoit tout-à-fait moisi, comme nous l'avons dit plus haut, ne laissa pas de germer, et de croître de la longueur d'un demi-doigt.

411. De ces différentes expériences sur la faculté nutritive de l'eau, il semble qu'on puisse conclure qu'elle est le principal aliment des plantes, et qu'à cet égard, elle fait presque le tout : qu'en conséquence, la terre ne sert qu'à tenir la plante dans une attitude droite, et à la garantir du chaud ou du froid exces-

sif (1) : conséquence fort encourageante pour les grands buveurs (2), et qui confirme aussi ce que nous avons avancé dans un des articles précédens ; savoir : que la bière et la viande, ou les racines incorporées ensemble, comme elles le

---

(1) Cette conséquence est trop générale; celle-ci paroît mieux fondée : puisqu'on peut faire *croitre une plante plutôt avec de l'eau sans terre, qu'avec de la terre sans eau, l'eau est donc plus nécessaire que la terre à la nourriture des plantes.* Mais, puisque la combinaison de ces deux substances leur est plus avantageuse que l'emploi de l'une des deux, on en peut conclure qu'elles sont toutes deux, sinon nécessaires, du moins utiles. Il paroît que l'eau pompée par les plantes charrie des parties terrestres, qu'elle y insinue en y pénétrant elle-même, et qui entrent ainsi dans leur composition. Il se pourroit qu'une plante tirée de terre, et qui auroit déja, pour ainsi dire, un fonds de substance terrestre, fût, par cette raison même, en état de végéter à l'aide de l'eau pure, et que sa première, seconde, ou troisième, etc. génération ne fût pas susceptible d'une telle végétation.

(2) De quoi ? est-ce de vin ou d'eau ? c'est ce qu'il ne dit pas.

sont dans cette boisson dont nous avons donné la composition (n°. 46), nourrissent mieux que ces substances prises séparément.

412. Je me persuade aisément que, si, dans les années ou les saisons trop froides, on avoit soin de mettre les plantes à l'abri dans les maisons ou dans des serres, leur germination et leur accroissement étant accélérés par ce moyen, elles donneroient plus sûrement, ou plus promptement, des fleurs, des fruits, et ensuite d'autres plantes de même espèce. Et de même que nous mettons à l'abri dans des serres, les plantes exotiques, comme *orangers, citronniers, myrthes,* etc. pour les garantir de l'action nuisible d'un air auquel elles ne sont pas accoutumées : on pourroit aussi mettre à l'abri les plantes indigènes, pour les faire germer, croître, fleurir et fructifier plus sûrement et plutôt, dans les années ou les saisons qui leur sont contraires. Par ce moyen, l'hiver auroit ses *violettes,* ses *fraises,* ses *pois,* etc. ce qui suppose qu'on auroit soin de les semer, planter et mettre à l'abri dans les

temps convenables. Ce dernier genre d'expériences se rapporte au but de fortifier les esprits des plantes, soit par le moyen de la chaleur, soit en retirant leurs branches dans l'intérieur des cuisines, chambres, etc. où l'on fait du feu.

Ainsi, les *différens moyens d'accélérer la germination*, forment *trois genres et huit espèces* (1).

---

(1) Comme la méthode sert à fixer les idées, nos lecteurs nous sauront peut-être gré de leur avoir donné ici une espèce de tableau qui montre le plan de cet article, et qui peut servir de modèle pour en dresser d'autres à la fin de chacun des articles suivans ; ce que nous aurions fait nous-mêmes, si nous n'eussions craint de grossir excessivement nos volumes.

GENRES.	ESPÈCES.
I. Procurer aux plantes une nourriture plus abondante et plus substantielle.	1°. Couches. 2°. Macération des graines, semences, racines, etc. dans l'eau imprégnée de différentes substances, dans l'urine, levin, etc. 3°. Arrosemens avec de l'eau de fumier, etc. 4°. Matières appliquées au pied des arbres et aux racines des plantes.

Expériences et observations sur les causes ou les moyens qui peuvent retarder la germination.

413. Il est agréable de pouvoir se pro-

II. Fortifier les esprits dans les plantes.	1°. Mettre les plantes à une exposition chaude, sud, sud-est, sud-ouest; en espaliers, dans des fonds, dans des lieux où il y ait des reflets. 2°. Mettre la totalité ou une partie de la plante à l'abri, dans les maisons, serres, lieux chauds, etc. durant les années ou saisons très froides.
III. Faire que l'aliment soit plus aisément, plus directement et plus promptement transmis à la plante.	1°. Remuer la terre autour du pied et des racines des plantes; 2°. Les transplanter; 3°. Leur apporter de nouvelle terre; 4°. Plonger leur partie inférieure dans l'eau pure ou imprégnée de différentes substances.

Pour tirer tout le parti possible d'un ouvrage, il faut, après l'avoir lu, en lire aussi la table; cette petite attention sert à lier plus fortement en-

curer à volonté des fleurs dans l'arrière-saison, sur-tout des roses tardives, qui, chez les anciens, étoient fort estimées ; préférence d'autant mieux fondée, que la rose de novembre est d'une odeur beaucoup plus suave que celle du printemps ; parcequ'en automne, le soleil ayant moins de force, et l'évaporation étant moins prompte, la partie odorante de la fleur se dissipe moins. Or, il est plusieurs moyens pour parvenir à ce but : le premier est de raser le sommet de l'arbrisseau, après qu'il a rapporté ; par ce moyen, au mois de novembre de la même année, il rapportera de nouveau, et se couvrira de fleurs comme au printemps. Cependant ces fleurs ne viendront point à la partie restante du sommet, où le fer a passé, mais sur les branches latérales et basses, qui étoient comme autant de

---

semble dans son esprit toutes les parties de cet ouvrage, et à se mettre en état de les rappeler les unes par les autres : tel est l'esprit de ce tableau.

rejetons inutiles. La raison de cette germination tardive est que la sève qui auroit servi à nourrir les branches et les feuilles du sommet, après le temps de la floraison, refluant, par cette amputation, dans les branches basses et latérales, leur donne ainsi plus de nourriture qu'elles n'en auroient eu sans cela; en conséquence elles rapporteront aussi, mais beaucoup plus tard.

414. La seconde méthode est d'enlever au printemps les premiers boutons à fleurs, dès qu'ils commencent à paroître; ces boutons ôtés, les branches latérales (1) donneront encore des fleurs dans l'arrière-saison. La raison de ce phénomène est précisément la même que celle du précédent; l'effet de l'amputation du sommet, et celui de la soustraction des premiers boutons, étant également d'arrêter ou de ralentir, pendant quelque temps, le mouvement de la sève,

―――――――――――――――

(1) Ce mot semble avertir que ce sont les boutons du sommet qu'il faut enlever.

et de la déterminer, par une sorte de *révulsion*, vers les branches latérales et les bourgeons qui étoient moins avancés.

415. Le troisième moyen est de retrancher au printemps quelques branches ou quelques bourgeons du sommet, en ne touchant point aux branches basses, etc. ce qui fera prendre à ces dernières un plus grand, mais plus lent accroissement ; car les branches les plus élevées servent à faire monter la sève avec plus de force. Aussi, lorsqu'on étête un arbre, a-t-on soin de laisser au sommet deux ou trois branches, pour provoquer et faciliter cette ascension. L'on prétend même que, si, après avoir fait une greffe sur une branche d'arbre, on retranche quelques-unes des vieilles branches, le scion adoptif meurt.

416. Le quatrième moyen est de mettre à découvert les racines pendant quelques jours, vers le temps de noël, ce qui arrête aussi pendant quelque temps le mouvement de la sève et l'empêche de monter. Ensorte que si, remettant ensuite la

terre et recouvrant les racines, on ôte ainsi la cause qui arrêtoit le mouvement de cette sève, elle monte de nouveau; mais il en résulte nécessairement un retard.

417. Le cinquième est de mettre l'arbrisseau hors de terre, quelques mois (1) avant le temps de la floraison; car, lorsque cet arbrisseau qui a été tiré de terre, est replanté, il faut alors un certain temps pour que la sève puisse se remettre en mouvement, et remonter dans les branches; ce qui retarde d'autant la floraison.

418. Le sixième est de greffer les rosiers dès le mois de mai, ce que les jardiniers ne font pas ordinairement avant juillet; leur greffe tardive ne promet des fleurs que pour l'année suivante; au lieu que cette greffe hâtive dont nous parlons, les assure pour l'année même où on la fait,

---

(1) Je crois qu'au lieu de quelques mois, il faut dire un mois; car, si l'arbrisseau étoit trop longtemps hors de terre, selon toute apparence, il ne reprendroit plus.

mais elles seront fort tardives; ce qui est notre but actuel.

419. Le septième est de lier la tige de l'arbrisseau, à l'aide d'une ficelle qui fasse plusieurs tours dessus, et la serre étroitement; ce qui arrête aussi, jusqu'à un certain point, le mouvement de la sève, et la fait monter plus lentement.

420. Le huitième est de planter le rosier à l'ombre d'un mur ou d'une haie; car ôter le soleil à l'arbrisseau, c'est ôter la cause qui accélère l'ascension de la sève, sans compter que la haie qui le domine, lui dérobe une partie des sucs dont il profiteroit sans ce voisinage. Ce même moyen peut être employé pour d'autres végétaux, soit arbres, soit plantes à fleurs; en y faisant toutefois les changemens qu'exigeront les différences des sujets et des circonstances.

421. Il est une opinion spécieuse qui fait illusion à certaines personnes; elles s'imaginent que, si l'on greffe une branche d'un arbre à fruits tardifs sur le tronc d'un arbre à fruits précoces, par exem-

ple, un pêcher sur un cerisier, l'*ente* donnera ses fruits plutôt que l'arbre d'où elle est tirée ; et que, si, au contraire, on greffe une espèce hâtive sur une espèce tardive, par exemple, le cerisier sur le pêcher, l'ente donnera des fruits plus tard que les arbres de son espèce : mais c'est se repaître de chimères, et cette assertion est démentie par l'expérience ; la vérité est que la branche adoptive prévaut toujours sur le tronc qui l'a adoptée ; tronc, qui alors étant purement *passif*, à son égard, ne lui fournit que l'*aliment*, et non le *mouvement*.

Expériences et observations diverses sur l'amélioration des fruits, fleurs, arbres, arbrisseaux, plantes herbacées, plantes à racines, charnues, bulbeuses, etc.

Nous traiterons, dans cet article, des moyens d'augmenter la récolte en fruits, fleurs, grains, semences, racines, etc. de donner à ces productions plus de volume, une saveur plus agréable, une odeur plus suave, etc. de faire croître à volonté, en hauteur ou latéralement, les arbres ou autres plantes ; enfin, de rendre plus précoces, ou les plantes mêmes, grandes et petites, ou leurs fruits, fleurs, semences, etc. Cependant, comme, parmi les différens moyens qui peuvent également produire ces deux espèces d'effets, il en est qui produisent plus sensiblement et plus directement ceux d'une espèce, que ceux de l'autre, pour éviter les inconvéniens attachés à la confusion, nous avons cru devoir les distinguer et les exposer séparément.

422. On s'est assuré par l'expérience, que, si l'on entasse au pied et autour d'un arbre de forêt, tel que chêne, orme, frêne, etc. et nouvellement planté, des cailloux ou d'autres pierres, il croît deux fois plus vîte.

Il paroît que cette espèce de couverture retient l'humidité que l'arbre reçoit par le haut, et empêche qu'elle ne soit dissipée par la chaleur du soleil. De plus, cette enveloppe entretient la chaleur de l'arbre en le garantissant des vents froids et de la gelée ; elle le met à l'abri comme il y seroit dans une serre. Il faut peut-être compter aussi pour quelque chose, cette espèce d'appui qui le tient ferme, et dans une attitude droite, au commencement de sa pousse. Il se pourroit qu'on obtînt le même effet, en l'enveloppant de paille jusqu'à une certaine hauteur; et c'est une expérience à tenter : car, quoique ce soit la racine qui fournit la sève, cette sève toutefois doit être pompée par tout le corps de l'arbre, et s'y distribuer. Cependant, si l'on entouroit ainsi de pierres le pied de quelque plante très molle et très foible, par exemple, celui d'une laitue, il seroit à craindre qu'elle ne fût suffoquée par la trop grande abondance d'humidité, et sujette à être rongée par les vers.

423. Avant qu'un arbre nouvellement planté ait pris pied, il faut avoir soin de ne pas trop l'ébranler; et au contraire, imiter la précaution de certains cultivateurs qui soutiennent le jeune arbre,

par le bas et des deux côtés, à l'aide de deux petites fourches, afin qu'il monte droit. Mais, lorsqu'il est bien affermi sur ses racines, ces secousses peuvent lui être avantageuses ; elles relâchent la terre, et la rendent plus meuble autour du pied : peut-être même, en donnant un peu plus de mouvement à la sève, sont-elles pour un arbre, ce que l'exercice est pour les animaux.

424. Lorsqu'on a soin d'élaguer un arbre, en retranchant à mesure tous les rejetons qui naissent de la racine ou de la tige, il monte davantage et plus droit. Au contraire, lorsqu'on rase le sommet, il s'étend latéralement, et devient touffu, comme on le voit dans les jardins, par la forme que prennent les arbres *étêtés*.

425. On prétend que, pour former promptement un *taillis épais et fourré*, il faut prendre de jeunes plants de *saule*, de *peuplier*, d'*aune*, etc. et au lieu de les planter *droit*, comme on le fait ordinairement, les planter *obliquement*, et à la profondeur convenable ; ce qui *multiplie* les *racines* et les *rejetons*.

426. On peut se procurer de nouveaux pieds d'arbres par le procédé suivant. Choisissez un *arbre-nain* ; courbez toutes ses branches avec précaution ; couchez-les à plat, et après les avoir assujetties dans cette situation, couvrez-les de terre ; chacune de ces branches prendra racine. Ce procédé, appliqué aux arbres à fruit d'un certain prix, tels que l'*abricotier*, le *pêcher*, l'*amandier*, le *cornouiller*, le *mûrier*, le *figuier*, etc. deviendroit fort utile : car on pourroit se procurer, *sans dépense*, de nouveaux pieds de ces différentes espèces d'arbres, par ce moyen si simple qu'on emploie ordinairement pour la *vigne*, les *roses ordinaires*, les *roses muscades*, *etc*. (1).

---

(1) Durant mon enfance, guidé par le seul instinct, j'ai souvent fait reprendre des branches de différens arbres, entr'autres, de *prunier* (*perdrigon*) par le procédé suivant : Je coupois une branche au hazard ; je la faisois tremper pendant deux ou trois jours dans une eau un peu croupie ; puis je la fendois en quatre ou en huit sur la longueur d'un pouce ou deux ; j'insérois dans la fente

427. Du mois de mai au mois de juillet, choisissez une branche d'arbre un

---

de petites graines, comme de *millet*, de *navette*, du *chenevis* même et de l'*orge*; enfin, je la mettois en terre, et quelquefois elle reprenoit. Mais avois-je coupé la branche *loin ou près d'un œil*? Je ne fis point alors cette distinction. Cette expérience date de quarante-deux ans; je me vois encore plantant mes branches, y touchant à chaque instant, comme certaine nation asiatique, à sa constitution politique; et réussissant quelquefois, quoique je fisse tout ce qu'il falloit faire pour échouer. Il faudroit choisir sur un arbre à fruit une branche qui eût deux ou trois yeux bien sains et bien vifs; n'en conserver que cette partie en retranchant tout le reste; la mettre en terre, couchée à plat, les yeux en haut; l'arroser de temps en temps, et voir ce qu'elle deviendroit; ou encore, détacher les yeux avec précaution, comme on le fait pour la *greffe en écusson*, et les mettre en terre. L'*œil* renferme une sorte de *germe* qui se développeroit peut-être dans la terre comme il le fait sur l'arbre. Peut-être aussi telle branche qu'on ne peut faire reprendre *par le gros bout* qui est trop *dur*, reprendroit-elle par *le petit bout* qui est beaucoup plus *tendre*.

peu grosse (1); dépouillez-la circulairement d'une partie de son écorce; couvrez la partie nue, de terre grasse, bien mêlée avec du fumier; et soutenez cette terre à l'aide d'un morceau de toile et d'une ligature. Vers la Toussaint, coupez cette branche à l'endroit dépouillé, et mettez-la en terre, elle reprendra; et, au bout d'un an, vous aurez un beau pied d'arbre : ce qui peut s'expliquer ainsi. En dépouillant la branche d'une partie de son écorce, on empêche la sève de descendre dans sa partie inférieure, aux approches de l'hiver, et on la retient dans la partie supérieure (2).

---

(1) Le texte original dit, trois ou quatre pouces de grosseur; pourquoi la prendre si grosse? plus elle sera menue, plus aussi elle sera tendre, et mieux elle reprendra.

(2) Nous avons vu à *Paris*, dans le jardin des *Tuileries*, végéter fort long-temps, et avec assez de vigueur, deux arbres, dont l'un étoit *totalement réduit à l'écorce*, et l'autre *en étoit totalement dépouillé*; deux faits dont on a tiré cette conséquence fort naturelle : *donc la sève peut cir-*

Il se peut aussi que la terre grasse et le fumier, appliqués sur l'endroit dépouillé, l'humectent, l'amollissent, et lui donnent ainsi plus d'aptitude à pousser des racines. Il est bon d'observer en passant, qu'on pourroit tirer de là un moyen général pour retenir la sève dans les branches, ce qui pourroit avoir d'autres usages.

428. Lorsqu'un arbre de belle apparence est *stérile*, il suffit de le *percer* jusqu'à la *moëlle*, pour le rendre *fécond* : c'est une épreuve qu'on a faite. Il paroît qu'avant cette opération l'arbre étoit attaqué d'une sorte de *réplétion*, et comme suffoqué par la surabondance de la sève : or, l'on sait que la *réplétion* est ennemie de toute *génération* (1).

---

culer par le bois et par l'écorce; mais on peut dire, pour appuyer l'explication de l'auteur, que *la sève circule plus difficilement et plus lentement,* lorsqu'elle n'a plus qu'*une voie de circulation,* au lieu de *deux.*

(1) D'un côté, et non de l'autre, le mâle ne pouvant *engendrer* sainement et solidement qu'à

429. On a fait sur des arbres stériles l'expérience suivante. Après avoir fendu deux ou trois des plus grosses racines, on a mis une pierre dans chaque fente, pour empêcher les deux parties séparées de se rapprocher, et l'arbre a recouvré sa fécondité. Il se pourroit qu'avant l'opération, la racine de cet arbre fût, pour ainsi dire, *coriagineuse* (1), comme le tronc l'est quelquefois. Quant à cette pierre, il est visible qu'elle est nécessaire pour tenir écartées l'une de l'autre les *deux* parties de la racine.

---

l'aide de la partie *surabondante* de sa substance ; il n'a cette faculté qu'à l'âge et dans les momens où il a un superflu.

(1) Je suis obligé de forger ce mot, faute d'équivalent. Il vient du mot latin *coriago* (en anglois, *hide-bound*) : ce mot désigne une maladie à laquelle les bœufs sont sujets, et qui vient de ce que leur peau est tellement adhérente à leurs côtes, qu'ils peuvent à peine se mouvoir. Il paroît que celle dont il parle a pour cause une écorce trop adhérente et trop serrée contre le bois ; car l'*écorce* est, pour ainsi dire, la *peau* de l'*arbre*, comme la *peau* proprement dite est l'*écorce* de l'*animal*.

430. On plante ordinairement près d'un mur, et l'on met en espalier, à l'exposition du midi, les arbres à fruit qui demandent beaucoup de soleil, comme l'*abricotier*, le *pêcher*, le *prunier*, la *vigne*, le *figuier*, etc. d'où l'on tire deux principaux avantages : l'un est la *chaleur* produite par la *réverbération* du mur ; l'autre est de mettre *toutes les parties* de l'arbre à portée de *profiter également* de l'action du *soleil*. Car, dans un arbre de plein-vent, et qui fait la pomme, les branches supérieures font ombre aux branches inférieures ; au lieu que, lorsque l'arbre est en espalier, et fait l'éventail, les rayons solaires agissent également sur les branches hautes et sur les branches basses.

431. Ainsi, lorsqu'un arbre s'étend trop latéralement et est trop touffu, il est utile d'ôter çà et là quelques feuilles, afin que les branches et les fruits auxquels ces feuilles donnent trop d'ombre, puissent profiter de l'action du soleil. On a essayé, par simple curiosité, de mettre un arbre

en espalier, à l'exposition du *nord*, mais de manière que sa *partie supérieure* débordant le mur, fût ainsi exposée au *midi*. On espéroit que, par ce moyen, les racines et le bas de l'arbre jouissant de l'ombre et de la fraîcheur, tandis que les branches et les fruits seroient frappés par les rayons solaires, l'arbre et ses fruits y gagneroient; mais cette tentative n'a point été heureuse : ce qui devoit être; car, quoique la racine soit renfermée dans le sein de la terre, l'action du soleil ne lui est pas moins nécessaire qu'au corps extérieur de l'arbre; et les parties basses de ce corps ont encore plus besoin de cette chaleur que les parties hautes ; comme nous le voyons par la précaution qu'on a quelquefois d'envelopper de paille le bas de la tige de certains arbres.

432. Ce sont ordinairement les fruits des branches les plus basses, qui grossissent le plus, et qui mûrissent le mieux (1). C'est ce dont on voit la preuve dans

---

(1) On voit assez souvent des arbres-nains qui

les *abricots*, les *pêches*, etc. dont les plus gros et les meilleurs fruits pendent ordinairement aux branches les plus basses. En France, les vignes dont le raisin est employé à faire du vin, sont fort basses; et on les soutient à l'aide d'échalas, autour desquels elles s'entortillent. En Italie et dans les autres contrées où le soleil est plus ardent, on les fait monter le long des ormeaux, ou d'autres arbres de ce genre (1). Je me per-

portent des poires ou des pommes d'une grosseur prodigieuse; à peu près comme certaines petites femmes ont des enfans énormes. Mais cela vient-il de ce que le fruit se trouve nécessairement fort bas, ou de ce que la sève, dans ce petit arbre, ayant peu de bois et de feuilles à nourrir, se jette presque toute dans le fruit? question qui semble s'appliquer aussi aux arbres vivans.

(1) Entre *Capoue* et *Naples*, pays où, suivant l'expression des poëtes, on est dans l'usage de *marier la vigne à l'ormeau*, les branches de ces vignes, qui vont d'un arbre à l'autre, formant des espèces de guirlandes, tous ces ormeaux ont l'air de se donner la main, et tout le pays semble prêt à danser; ce qui plaît d'abord à la vue, et paroît ensuite trop monotone.

suade aisément que si, dans ces pays chauds, on tenoit les vignes fort basses, comme en France, le vin en auroit plus de force et une saveur plus douce (1). Il faudroit voir si un arbre qu'on grefferoit plus près de terre, en n'y laissant que les branches inférieures, et coupant les branches hautes à mesure qu'elles repousseroient, ne donneroit pas des fruits plus gros et de meilleure qualité.

433. Si l'on vouloit avoir beaucoup de fruits, il faudroit, au lieu de greffer sur des troncs de jeunes arbres, comme on le fait ordinairement, greffer sur plusieurs branches d'un arbre un peu vieux; le produit de toutes ces dernières greffes seroit beaucoup plus abondant que celui de la première (2).

---

(1) En Savoie, les vignes rampent, les hommes grimpent, le moral est doux, et le vin fort aigre. Au contraire, à Naples, le vin est doux, le moral est aigre, les vignes grimpent et les hommes rampent, quand ils ne sont pas assez forts pour obliger ceux qui ne vont point à la messe, d'aller à vêpres.

(2) En multipliant les greffes, et greffant *en*

434. Une pratique fort utile, c'est celle de *remuer* et d'*ameublir* la terre tous les ans autour du pied des arbres; ce qui a le double effet d'améliorer les fruits et d'augmenter la récolte. Mais c'est ce qu'on ne fait encore que pour la vigne : il faut étendre et généraliser cette méthode, les arbres à fruit ne pouvant qu'y gagner ; et même les arbrisseaux ou arbustes, tels que les rosiers, etc.

435. On a vu un arbre qui avoit été fortement ébranlé et presque déraciné par le vent, mais ensuite raffermi sur ses racines, rapporter prodigieusement l'année d'après ; fait d'autant moins étonnant, que l'effet naturel de ces secousses violentes est de relâcher et d'ameublir la terre autour du pied ; ce qui est

---

couronne sur le tronc du sauvageon, on remédie à l'inconvénient dont il parle ; d'ailleurs, est-il bien certain que toutes ces grosses branches qu'on laisseroit, que tout ce bois que la sève auroit à nourrir, ne feroient point de tort aux branches adoptives ? Quand on greffe sur un tronc fort bas de sauvageon, la sève va presque toute aux entes.

toujours avantageux à un arbre : cet effet purement accidentel indique un procédé qu'on pourroit tenter sur différentes espèces d'arbres à fruit, et qui suppléeroit en partie à la transplantation; ces grands arbres n'étant pas susceptibles d'être transplantés aussi aisément que des plantes à fleur, ou herbacées.

436. Le vrai moyen de ranimer un arbre mourant, est de fouir et de remuer la terre autour du pied et des racines, et d'y mettre ensuite du fumier neuf. On sait que les bestiaux qu'on mène dans de nouveaux pâturages, semblent y rajeunir, et que leur chair devient plus tendre; ce qui ne peut être autrement; car il n'est point d'être, soit animal, soit végétal, qu'une *nourriture meilleure* qu'à l'ordinaire ne restaure, ne *refasse*, et ne rende *comme tout neuf*. Mais cette nourriture, ce n'est pas assez qu'elle soit *meilleure* dans la *même espèce*, il faut de plus qu'elle soit d'une *autre espèce*; car il s'agit moins ici du *mieux* que du *changement*.

437. Si, après avoir coupé jusqu'aux racines une plante herbacée, au commencement de l'hiver, et jeté de la terre dessus, on a soin de *battre* et de *fouler* cette *terre*, soit avec le pied, soit avec la bêche, l'été suivant, ses racines s'étendront et se multiplieront prodigieusement. La raison de ce grand accroissement est qu'en foulant ainsi la terre, on empêche la sève de monter dans le corps extérieur de la plante, ce qui la fait séjourner plus long-temps dans la racine, et lui donne plus de force pour la dilater et la développer au printemps suivant. Aussi voit-on que les jardiniers, après avoir semé de la graine d'oignon ou de navet, ont soin de fouler la terre lorsqu'elle leur paroît trop lâche et trop meuble.

438. Si l'on met du *panis* ou du *millet* au-dessous et autour de la racine d'une plante, cette racine grossit considérablement; car, le panis, qui est une substance fort spongieuse, pompant avec force le suc de la terre, procure ainsi à la

grosse plante une nourriture plus abondante. Ce moyen paroît excellent pour donner plus de volume aux *oignons*, aux *navets*, aux *panets*, aux *carottes*, etc.

439. Le *changement de terre* (1) est aussi très avantageux aux arbres et à leurs fruits, mais pourvu qu'on n'oublie point cette règle : que toute plante, ou tout animal prospère davantage, lorsqu'on améliore sa situation. Ainsi, la terre où l'on transplante les arbres, doit toujours être meilleure que celle de la pépinière d'où on les tire. Aussi voit-on que ceux qui font métier d'engraisser des bestiaux, ont soin de les faire passer de pâturages médiocres à de meilleurs. Par la même raison, une vie dure, laborieuse et même dure pendant la première jeunesse (ce qui donne au corps de la consistance et de la solidité), contribue à la prolongation de la vie; parce qu'elle le met en état d'être affecté d'une manière

---

(1) Soit qu'on les transplante, ou qu'on leur donne de nouvelle terre.

plus avantageuse par les changemens qu'il éprouvera dans le progrès de l'âge. De même, en fait d'exercices, il faut toujours commencer par les plus difficiles et les plus pénibles (1), par exemple,

---

(1) Je suis obligé de réformer un peu le texte original. Cette opinion présentée comme elle l'est dans ce texte, paroît une trivialité; cependant, sous cet obscur et défectueux énoncé, se cache une grande vérité : tâchons de l'en tirer en remontant à un principe plus élevé. *Un être organisé, soit animal, soit végétal, ne pouvant être affecté que par le changement, ne l'est plus par les degrés auxquels il est depuis long-temps accoutumé, et par conséquent il ne peut l'être par un bien qui demeure toujours le même et au même degré.* Ainsi, une *plante*, un *animal*, un *homme*, un *empire* ne peuvent *prospérer long-temps que dans* un *état d'accroissement, et en passant par degrés du mal au bien et du bien au mieux.* Ainsi, pour rendre sa prospérité durable, il faut le placer d'abord dans une situation telle qu'on puisse toujours le faire changer en mieux. Mais, si nous le plaçons *au haut de l'échelle*, il nous sera ensuite impossible *de le faire monter*; et s'il avance encore, il ne pourra plus que descendre. Tel étoit le cas du magnifique infortuné qui bâilloit sur le trône de

danser avec des souliers fort pesans (1).

440. Si l'on fait à l'écorce d'un arbre

---

l'univers, et brûloit Rome pour se désennuyer. Un roi est presque toujours malheureux, parce qu'il est trop haut, et ne sait pas se ménager, en descendant quelquefois volontairement, le plaisir de remonter. Ainsi, pour faire prospérer un *empire*, un *lapin*, un *roi* et un *navet*, il faut le placer d'abord, sinon *au plus bas*, du moins *fort bas*, afin de lui laisser presque toute l'échelle du mieux à monter. D'où nous tirerons en passant cette conséquence morale : plus la situation où l'on se trouve habituellement est heureuse en elle-même, plus il est nécessaire d'en descendre quelquefois, pour ne pas se rassasier de son bonheur et de soi-même.

(1) Et s'exercer, en commençant chaque journée, dans un genre beaucoup plus difficile que celui dont on est habituellement occupé, afin que ce travail habituel paroisse un repos : tel étoit encore l'esprit de l'institution de Lycurgue ; persuadé qu'il ne peut exister entre les nations de véritable égalité, et qu'il faut absolument être le plus fort pour n'être pas le plus foible, commander pour ne pas obéir, et être courageux pour n'être pas esclave, il leur assura la supériorité en les rendant guerriers, et il les rendit guerriers en leur rendant la paix plus pénible que la guerre.

un grand nombre d'ouvertures, tant longitudinales que transversales, mais de manière que ce soient plutôt de petites hachures, que des incisions et des fentes continues, cette opération produit deux effets avantageux : l'un, de les garantir de cette maladie dont nous parlions plus haut, et qui a pour cause une écorce trop adhérente, trop serrée contre le bois ; l'autre, de faire périr la mousse qui croît sur cette écorce.

441. Il y a des plantes auxquelles l'ombre est plus avantageuse que le soleil, et qu'elle fait prospérer : de ce genre sont le *fraisier*, le *laurier*, etc. Ainsi, il faut semer parmi les *fraisiers* de la *bourrache*, plante qui pousse de larges feuilles, à l'ombre desquelles se trouvent ordinairement les plus belles fraises. Par la même raison, plantez le laurier à l'exposition du nord, ou près d'une haie qui puisse lui donner de l'ombre et de la fraîcheur. Lorsque vous semez ou plantez des fraisiers, n'arrachez pas d'abord les mauvaises herbes qui s'y trouvent mê-

lées, et qui sont nécessaires pour les garantir du soleil.

442. Pour augmenter le produit d'une plante et la proportion de la récolte aux semis, il ne suffit pas d'augmenter la force de la terre et celle des plantes, il faut de plus tâcher d'épargner une partie de la semence qui se perd ordinairement. Dans cette vue, on a essayé de planter le froment au lieu de le semer ; mais on a été obligé d'abandonner cette méthode à cause des soins qu'elle exigeoit, et de la perte de temps qu'elle occasionnoit. Cependant, si cette méthode étoit praticable, elle serviroit à mettre à profit toute cette partie de la semence qui est la proie des oiseaux, ou qui, tombant trop bas, ne peut prendre racine.

443. Un auteur ancien prétend que, si l'on tient couverts de fumier, depuis l'automne jusqu'au printemps, un petit *figuier*, ou tout autre arbre à fruit qui ne rapporte pas encore, et qu'ensuite profitant de quelque temps un peu chaud, on le replante, un arbre de l'année pré-

cédente, régénéré, pour ainsi dire, par ce moyen, commencera à rapporter, tandis que des arbres de même espèce et de même âge, ne donneront encore que des fleurs ; mais le succès d'une telle expérience nous paroît fort douteux.

444. On nous dit encore que si, après avoir fait dissoudre du nitre dans de l'eau, jusqu'à ce qu'elle ait acquis la consistance du miel, on s'en sert, après la taille de la vigne, pour oindre les boutons, au bout de huit jours, elle bourgeonnera vigoureusement. Si cette expérience a quelque réalité, on peut assigner pour cause de cette pousse si hâtive, la dilatation et le développement du bouton et des parties voisines, opéré par l'action puissante du *nitre*, qui est comme *la vie, l'ame des végétaux*.

445. Prenez des semences de différentes espèces, ou des pepins de *pomme*, de *poire*, d'*orange*, etc. ou encore des noyaux de *pêche*, de *prune*; insérez-les dans une *squille marine* (plante analogue à un gros *oignon*), ils y germeront

beaucoup plus vîte qu'ils n'eussent fait dans la terre même. On peut regarder cette opération comme une espèce de *greffe dans la racine*. En effet, comme, dans la greffe ordinaire, le tronc du sauvageon fournit à la branche adoptive une nourriture mieux préparée et mieux atténuée que celle qu'il auroit pu tirer immédiatement de la terre, la *squille* rend le même service à cette semence qu'on y a insérée. Je puis supposer qu'on réussiroit également en insérant un pepin, une graine, etc. dans quelque autre plante à racine bulbeuse, ou charnue, telle que le *navet*, la *carotte*, le *raifort*, etc. (1), avec la différence toutefois que la *squille* a plus de chaleur et de force. Il se pourroit aussi qu'en insérant de la graine d'oignon dans une tête d'oignon même, on eût, par ce moyen, des oignons plus gros et plus précoces.

---

(1) Ou dans un trognon de chou (comme je l'ai vu faire avec succès); dans une incision un peu profonde faite à la peau humaine, etc.

446. Voici une petite expérience qu'on a souvent tentée avec succès. Piquez, avec une pointe un peu fine, et sur toute sa circonférence, un fruit, tel qu'une *pomme*, une *poire*, etc. au moment où il a acquis toute la grosseur qu'il doit avoir, et est presque mûr. Ces piquures sont comme autant de *stimulans* et d'*aiguillons* qui accélèrent la maturation ; effet assez analogue à celui qu'on observe dans un fruit piqué par une *guêpe*, ou un *ver*.

447. On prétend que l'*algue* (1), mise sous la racine d'un chou, et peut-être aussi de quelques autres plantes, peut accélérer leur accroissement. Cette propriété, si elle est réelle, doit être attribuée au *sel* que contient cette plante *marine*, et qui est un grand principe de *fertilité*.

448. On s'est encore assuré par l'expérience, que, si on coupe jusqu'aux

---

(1) Plante à laquelle les marins donnent le nom de goémond, sans en distinguer les espèces.

racines la tige d'un *concombre*, après qu'elle a rapporté, et qu'on jette sur la partie restante autant de terre qu'il en faut pour la couvrir entièrement, elle rapportera, l'année suivante, beaucoup plutôt qu'à l'ordinaire; accélération dont la cause est sensible : car, l'effet de cette amputation est que la sève, qui se seroit distribuée dans la tige et dans les feuilles, si on les eût laissées, après avoir cueilli le fruit, et dont une partie se seroit dissipée, descend plutôt dans la racine, et s'y concentre davantage; d'où l'on peut tirer cette conséquence, que, si l'hiver fait mourir les racines des plantes *annuelles*, leur courte durée doit être attribuée à l'excessive consommation de la sève qui se distribue dans les parties supérieures : ensorte que, si l'on trouvoit moyen d'empêcher cette distribution, ces plantes, pourvu qu'on les garantît du froid, vivroient peut-être plus d'une année.

449. Lorsqu'on enlève à un arbre fruitier une partie de ses fleurs, les fruits qui

succèdent à celles qu'on a laissées, en deviennent plus beaux et plus précoces, ce qui vient manifestement de ce que la sève alors ayant moins de parties à nourrir, n'en nourrit que mieux celles qui restent. D'ailleurs, on sait que, si l'on n'ôte pas à un arbre une partie de ses fleurs, la première fois qu'il fleurit, il s'épuise et meurt bientôt (1).

450. Il faudroit voir encore ce qui arriveroit, si l'on ôtoit, deux années de suite, à un *arbre à fruit*, toutes ses *fleurs*; à un *chêne*, tous ses *glands*; et en général, à un *arbre de forêt*, tous ses *embryons*; selon toute apparence, il donneroit, la troisième année, ou de plus gros fruits et en plus grand nombre, ou

---

(1) Si cette assertion étoit fondée, les arbres à fruits que l'homme ne cultive pas, et dont la première floraison a lieu dans un temps calme, mourroient tous. Or, ces arbres ne meurent pas. Cette assertion est donc dénuée de fondement, à moins qu'on ne suppose que la culture produit dans les arbres de jardin une surabondance, un *luxe* de sève.

pousseroit de plus grandes feuilles, vu qu'en ôtant ces fleurs, ou ces *embryons*, on auroit ménagé la sève au profit des fruits restans, ou des feuilles.

451. On pense communément qu'une plante arrosée d'eau chaude décroît beaucoup plus et plus rapidement, que lorsqu'elle est arrosée d'eau froide comme à l'ordinaire, ou seulement humectée par les pluies. Cependant le bled que nous avions arrosé d'eau chaude, ne leva point, comme nous l'avons dit plus haut (1). Mais il se peut que ce mauvais

---

(1) Cette eau étoit peut-être trop chaude. Ce n'est pas assez de dire, en général, que l'eau chaude vaut mieux pour les arrosemens que l'eau froide; il faut de plus dire à peu près quel doit être ce degré de chaleur, dans les différentes saisons : il faudroit arroser avec des portions de la même eau chauffée à différens degrés, une suite de plantes de même espèce et de même âge; expérience d'autant plus facile, qu'elle n'exige d'autre instrument qu'un thermomètre et une chaudière. Selon toute apparence, l'eau tiède, en tout temps, vaut mieux que l'eau très froide.

succès ait eu pour cause la saison même où nous avons fait cet essai (car c'étoit à la fin d'octobre); et que, dans une telle saison, la plante, trop amollie par l'eau chaude, n'ait plus été en état de résister à un froid rigoureux.

452. Il est certain qu'en général, la greffe est un moyen d'améliorer les fruits; ce qui est d'autant moins étonnant, que la nourriture fournie à la branche adoptée par le tronc sur lequel on greffe, est plus atténuée et mieux préparée que celle qu'elle pourroit tirer de la terre immédiatement; règle toutefois qui doit être limitée par une distinction fondée sur l'expérience; savoir : que certaines espèces d'arbres à fruit réussissent mieux, lorsqu'ils proviennent de pepins ou de noyaux, que lorsqu'on se les procure par la greffe; et de ce genre sont le *pêcher*, et ses analogues, etc. La raison de cette différence est que les arbres de ce genre ont besoin d'une plus grande quantité de nourriture, d'un *humor* plus abondant : or, quoique la nourriture fournie

par le tronc sur lequel on greffe, soit plus atténuée et mieux digérée que celle qui seroit fournie par la terre même, cependant elle est moins abondante et moins humide. Nous voyons en effet que les fruits de ce genre sont de nature très froide; et les sucs dont ils se nourrissent, doivent être de même nature.

453. On pense aussi assez généralement, que, si l'on greffe un sujet qui ne donne que de petites poires, sur un sujet qui en donne de plus grosses, l'ente donnera de plus gros fruits que l'arbre d'où elle est tirée. Mais cette opinion ne nous paroît pas mieux fondée que celle dont nous parlions plus haut; savoir: que, si l'on greffe une espèce à fruits tardifs sur une espèce à fruits précoces, l'ente rapportera plutôt que les arbres de son espèce; opinion que nous avons rejetée, par la raison que le *scion adopté prévaut toujours sur le tronc adoptant.* Cependant il est assez vraisemblable que, si l'on greffoit une espèce qui eût peu de sève sur une espèce qui en eût beaucoup,

l'ente donneroit des fruits plus gros que ceux des arbres de son espèce (1); mais,

---

(1) Toutes choses égales, la grosseur du fruit doit être proportionnelle à la quantité de sève fournie à la branche qui le porte : or, la sève est fournie à l'ente par le tronc qui l'a adoptée : ainsi plus ce tronc a de sève, plus les fruits que donne l'ente, doivent être gros. Ce raisonnement paroît d'une rigueur géométrique, et n'en vaut peut-être pas mieux. Il est exact, si, en raisonnant, j'ai eu égard à toutes les causes qui peuvent faire grossir le fruit. Or, ne connoissant pas toutes ces causes, je n'ai pu y avoir égard dans mon raisonnement. Je ne puis donc savoir s'il est exact, qu'après avoir vu l'expérience y apposer son sceau; il en est de même de tous les autres. Toutes les conjectures du plus puissant génie ne valent pas un grain de bled; cependant, comme on ne se détermine à tenter une expérience qu'après avoir conjecturé que le moyen qu'on veut employer peut produire l'effet qu'on veut obtenir, des conjectures immédiatement déduites de l'expérience sont non-seulement utiles, mais même nécessaires. L'analogie est le guide qui mène de l'expérience qu'on a, à celle qu'on n'a pas; et quoiqu'il y ait de mauvais guides, il ne s'ensuit pas qu'il ne faut point de guides : mais, pour arriver, il faut faire le voyage ; et la carte du pays n'est pas le pays même.

selon toute apparence, ces fruits perdroient un peu de leur qualité. Généralement parlant, on choisit pour la greffe une espèce qui a moins de sève que celle de l'ente; par exemple: on greffe le *pommier franc* sur un sauvageon de la même espèce, le *poirier* sur l'*épine*, etc. Cependant j'ai ouï dire que, dans les pays-bas, on s'étoit avisé de *greffer un rejeton de pommier sur un trognon de chou* (1), et qu'on avoit obtenu, par ce moyen, des pommes fort grosses, et d'une saveur très fade, dont les pepins, mis en terre, donnèrent, non des pommes, mais des choux (2); il faudroit essayer aussi de greffer le *pommier,* le *poirier,* etc. sur le *saule*, le *peuplier,* l'*aune,* et même sur l'*orme,* ou sur le

_____

(1) D'insérer un scion de pommier dans un trognon de chou.

(2) Puis la graine de ces choux donna des ortolans, qui, étant greffés sur une huitre à l'écaille, donnèrent une trompette marine. Quand on ne greffe pas sur l'expérience, on ne cueille que des sottises.

prunellier; tous arbres de nature très humide (1). J'ai appris qu'on avoit tenté cette greffe sur l'orme, et qu'elle avoit réussi.

454. Il est prouvé par l'expérience, qu'on obtient des fleurs plus grandes et plus belles, en transplantant le pied qui les donne; car, toute terre nouvellement remuée, étant plus poreuse et plus perméable, la nourriture arrive ainsi plus aisément à la plante. Peut-être suffiroit-il, pour obtenir de plus gros fruits, de réitérer souvent la greffe des mêmes rejetons. Je veux dire que si, après avoir pris un rejeton bien sain, et l'avoir greffé la première année sur un tronc, on le coupoit la seconde année, pour le gref-

---

(1) Une autre greffe à tenter, ce seroit celle des petites plantes; par exemple, celle des plantes à fleur, dont la tige et les branches ont un peu de consistance; on obtiendroit peut-être par ce moyen des variétés fort curieuses. Mais, selon toute apparence, nous dira-t-on, une telle greffe ne réussira pas : sans doute, répondrons-nous, sur-tout si on ne l'essaie point.

ter sur un autre tronc, et ainsi de suite, jusqu'à la quatrième année, où l'on cesseroit d'y toucher, lorsque l'ente rapporteroit, elle donneroit de plus beaux fruits qu'elle n'en eût donné par une seule greffe (1).

Nous aurions beaucoup d'autres expériences et d'autres observations à donner sur ce sujet; mais nous croyons devoir les renvoyer au lieu qui leur est propre, et où nous traiterons cette matière *ex-professo*.

455. En étêtant un figuier (2), au mo-

---

(1) On pourroit aussi tenter la greffe sur greffe; je veux dire qu'après avoir greffé *en fente* sur un tronc une branche un peu forte, on pourroit greffer *en écusson* sur cette branche. Par la même raison que la sève modifiée par le sauvageon, vaut mieux que la sève tirée immédiatement de la terre; cette sève, modifiée par la première ente, vaudroit peut-être mieux que celle qui est immédiatement fournie par le sauvageon. Du moins, ce raisonnement n'ayant rien d'absurde, son résultat mérite d'être vérifié par l'expérience.

(2) En rasant la sommité seulement.

ment où ses feuilles commencent à pousser, on se procure des fruits de meilleure qualité. La raison de cet effet est sensible : lorsqu'on a ainsi rasé le sommet de l'arbre, la sève a moins de parties à nourrir, et moins de chemin à faire pour s'élever jusqu'au haut. Mais on doit s'attendre à voir l'accroissement ralenti par cette amputation, comme nous l'avons déja observé. Au reste, on pourroit tenter aussi cette expérience sur des arbres d'une autre espèce.

456. Si nous devons en croire certaines relations, en faisant plusieurs trous au tronc d'un *mûrier*, et y insérant des *coins* faits avec le bois de quelque arbre de *nature chaude*, tels que le *térébinthe*, la *lentisque*, le *gayac*, le *genevrier*, etc. on aura d'*excellentes mûres*, et l'arbre sera aussi d'un plus grand rapport ; effet qu'on peut attribuer à cette chaleur de surcroît qui fomente, anime et renforce la sève et la chaleur native de l'arbre.

457. D'autres écrivains prétendent que si l'on applique aux racines et au pied

d'un arbre *du sel, du marc de raisin, de la lie* ou *du sang* (1), il prendra un accroissement plus sensible, rapportera plutôt, et donnera de meilleurs fruits. Ces substances, à ce qu'il paroît, ranimant et renforçant les esprits de la racine, font qu'elle pompe avec plus de force ; car elles sont beaucoup plus actives que celles qu'on emploie ordinairement dans les mêmes vues.

458. Un auteur ancien dit que pour se procurer des artichauds plus tendres, et qui aient moins d'aspérités, il suffit de rabattre avec un caillou celles de leurs semences, ou de les enlever en les frottant sur une pierre.

459. Les plantes herbacées deviennent plus belles et plus tendres, si, dès qu'elles commencent à lever, on a soin de les transplanter ; mais, d'une année à l'au-

---

(1) On n'a que trop fait, depuis dix ans, cette terrible expérience : que d'arbres l'ambition a engraissés de sang humain ! Mais, à mesure que ces arbres s'engraissent, les empires maigrissent.

tre, disions-nous; au lieu qu'ici il s'agit de le faire sur-le-champ : ce dernier genre de transplantation produisant son effet par les mêmes causes que ceux dont nous avons déja parlé, il seroit inutile d'en donner une nouvelle explication.

460. Un auteur ancien nous apprend que, pour se procurer des choux plus gros et de meilleur goût, il suffit de les *arroser* de temps en temps avec de l'*eau salée,* sur-tout avec une eau chargée de *nitre,* sel dont les esprits brûlent moins que ceux du sel commun.

461. On dit aussi que, pour se procurer des *concombres* plus tendres et plus délicats, il faut en faire *macérer* la semence dans du *lait.* Il paroît que la semence ainsi amollie par le *lait,* n'a plus assez de force pour pomper les sucs les plus grossiers de la terre, mais seulement les plus atténués. Il seroit peut-être possible, en faisant aussi macérer dans du lait la graine d'*artichauds,* ou d'autres *semences, pepins,* etc. de dépouiller les artichauds, les fruits et autres produc-

tions respectives, de leur saveur âpre ou amère. D'autres prétendent qu'on peut obtenir le même effet, en faisant macérer les semences dans une eau où l'on ait délayé du *miel*, ce qui nous paroît beaucoup moins vraisemblable, les esprits de cette substance étant beaucoup trop actifs pour produire l'effet dont il s'agit.

462. On dit aussi que, pour rendre les *concombres moins aqueux*, et plus semblables à des *melons*, il suffit de les mettre dans un *trou* à moitié rempli de *sciure de bois*, de *raclures d'érable*, de *paille hachée*, etc. et de les recouvrir de terre. Car l'on sait que les *concombres* aiment l'*humidité;* mais quelquefois ils l'attirent en si grande quantité, qu'ils en sont *saturés* et comme noyés; inconvénient auquel on obvie par le moyen de la *sciure de bois*, des *raclures* d'*érable*, etc. (1); mais cet ancien auteur auquel

---

(1) L'expression du texte original est tellement équivoque, qu'on ne peut distinguer si ce qu'il faut mettre dans ce trou est le *concombre* même, ou

nous devons la connoissance de ce procédé, va beaucoup plus loin : il prétend que, si l'on place *près d'un concombre* qui commence à germer et à croître, *un pot rempli d'eau*, il poussera si vigoureusement de ce côté-là, que dans l'espace de vingt-quatre heures il remplira tout l'intervalle, et atteindra jusqu'au pot (1). Si cette expérience a quelque

---

sa *semence*; il paroît que c'est la *semence*; car, si l'on mettoit des concombres dans un trou un peu profond, et rempli de sciure de bois dont ils fussent totalement enveloppés, on les conserveroit peut-être fort long-temps ; mais on ne les rendroit pas moins aqueux.

(1) Il n'est pas probable que de l'eau renfermée dans un pot puisse agir sur ce concombre, et par conséquent rien ne nous excite à tenter cette expérience ; cependant ce qui n'est *pas probable* est quelquefois *vrai*. Car nous ne qualifions de probables, que les conjectures qui se lient par quelque analogie aux loix physiques que nous connoissons, et nous qualifions d'absurdes, de ridicules, toutes celles qui ne peuvent s'y lier par aucune relation de cette espèce. Mais nous ne connoissons pas toutes les loix physiques. Il y a donc beaucoup de phé-

réalité, elle est d'une nature trop relevée, pour que sa véritable place soit dans un article tel que celui-ci ; car elle porteroit à croire que cette plante *sent et cherche ce qui peut lui être utile,* quoi-

---

nomènes qui ne peuvent s'expliquer par les loix que nous connoissons. Ces faits se lient sans doute par quelques rapports à ces dernières loix ; mais nous ne connoissons pas ces rapports. Ainsi notre prétendue règle tend à nous confiner éternellement dans le cercle étroit où notre scientifique et bavarde ignorance nous a circonscrits. Cette règle est donc elle-même souverainement ridicule. Il faut donc, pour ne pas l'être soi-même, tenter quelquefois des expériences qui le paroissent. Ainsi, je voudrois, en rougissant, tenter celle-ci, non pour voir si les rameaux du concombre rempliroient en vingt-quatre heures tout l'intervalle compris entre lui et le pot, mais pour voir si le voisinage d'une grande quantité d'eau auroit quelque influence sur cette plante. Notre physique ne traite que des fluides qui tombent sous les sens, et la nature fait tout à l'aide de fluides qui leur échappent. Ces fluides, que l'œil du corps ne voit pas, la raison les voit dans leurs effets ; et pour les voir de plus près, il faut quelquefois s'éloigner des routes battues.

qu'elle en soit à une distance assez grande. Il est même tel auteur ancien qui prétend que, si l'on pique un *échalas* à quelque distance d'un *cep de vigne*, la pousse de cette vigne se dirige avec force de ce côté là, et qu'elle semble chercher l'appui dont elle a besoin (1) ; fait encore

---

(1) Ces facultés, que la nature a mises au plus haut degré dans certains animaux, et à un moindre degré dans d'autres animaux, pourquoi ne les auroit-elle pas mises à un degré encore plus foible dans certaines plantes, les végétaux étant composés du même fonds matériel que les animaux? Certaines parties de l'animal végètent; il se peut que certaines parties des plantes dont l'organisation a plus d'analogie avec les parties végétales de l'animal, aient aussi un foible degré de sentiment et de perceptions analogues à celles d'où dépendent nos mouvemens automatiques. Lorsque l'inanition de mon corps y fait naître le besoin d'alimens, mon corps cherche machinalement de la nourriture, et je n'ai pas besoin de réflexion pour cela. Il se peut qu'une semblable inanition occasionne dans la plante des mouvemens analogues et moins sensibles ; mais la plupart des naturalistes ont dit : la faculté de sentir et de percevoir n'existe que dans

plus étrange que le premier; car on peut, jusqu'à un certain point, expliquer le premier, en supposant que *l'eau* agit sur le *concombre* par une espèce d'*attraction*, qui a pour cause leur grande *affinité;* au lieu que le dernier fait suppose *une sorte de raisonnement.*

463. Nous avons dit dans un des numéros précédens, qu'en perçant le tronc des arbres, on peut accélérer leur accroissement. Mais l'expérience prouve également qu'on peut, par ce moyen, obtenir des fruits plus doux et de meilleure qualité; double effet qu'on peut expliquer ainsi. Cette opération n'empêche pas que l'arbre ne reçoive toute la nourriture qui peut lui être nécessaire, et elle fait de plus, qu'il ne conserve de la substance alimentaire que cette portion qu'il peut

---

les êtres où je l'apperçois : or, je la vois dans les animaux, et je ne l'apperçois pas dans les végétaux : donc elle n'est que dans les premiers. Voilà pourtant le pitoyable argument d'après lequel on refuse totalement aux végétaux la faculté de percevoir.

digérer complettement et s'assimiler, en rejetant toute celle qui peut lui être inutile ou nuisible. C'est ainsi que, dans les animaux, une constitution saine et vigoureuse est l'effet d'un certain *milieu entre l'excès et le défaut*, par rapport aux *sueurs*, aux *alimens* et aux *exercices*.

464. Comme on peut, en perçant le tronc des arbres fruitiers, améliorer leurs fruits, on peut obtenir le même effet, en faisant aux plantes plus petites des espèces de *saignées* ; par exemple : en faisant des ponctions à la vigne, ou à d'autres arbrisseaux ou arbustes lorsqu'ils *ont déja pris un certain accroissement; opération* qui détermine l'émission de la gomme et des larmes (1); bien entendu que cette dernière opération ne doit pas

---

(1) Ces trous, grands ou petits, sont des espèces de *cautères* faits sur un membre de bois. Les arbres sont sujets à certaines maladies de l'écorce, analogues aux maladies de la peau dans les animaux, et qui semblent exiger des remèdes également analogues.

être *continue*, comme la première, mais qu'elle ne doit être que *momentanée*, et qu'on ne doit la faire que dans *certaines saisons*. On dit que, par ce moyen, les *amendes amères* deviennent *douces*.

465. Les anciens recommandent souvent d'employer le *fumier de porc*, comme un moyen pour se procurer des fruits de saveur plus douce. Si ce fumier a réellement cette propriété qu'ils lui attribuent, c'est sans doute parce que l'extrême humidité de la substance, des animaux de cette espèce, émousse l'acrimonie naturelle de leurs excrémens ; car on sait d'ailleurs que la chair de porc est fort humide (1).

466. Quelques agricoles nous disent que, pour donner aux plantes herbacées une odeur et une saveur plus agréables,

---

(1) D'une humidité onctueuse, et non d'une humidité aqueuse ; ce qui est fort différent. Aussi est-elle très indigeste, comme toutes les substances fort grasses, et peu convenable aux estomacs foibles, sinon en très petite quantité.

il faut, après les avoir laissé croître jusqu'à un certain point, retrancher tous les rejetons, hors un seul, et ne faire usage que de ce dernier ; amélioration qu'on peut attribuer au plus long séjour de la sève dans la racine et dans la tige, d'où résulte une plus longue élaboration et une concoction plus parfaite. Car, si les grains, les semences et les fruits sont des substances plus nourrissantes que les feuilles, c'est sur-tout à la plus longue durée de leur maturation qu'elles doivent cette plus grande faculté nutritive. D'où il suit que, si l'on pouvoit imaginer quelque moyen pour ralentir le mouvement de la sève dans certaines plantes herbacées, et pour retarder leur maturation jusqu'à la fin de l'été, cette saison pourroit peut-être, en les digérant et les mûrissant plus complettement, les rendre plus nutritives.

467. Les arbres qu'on obtient par la greffe, donnent des fruits plus précoces et de meilleure qualité que ceux qui proviennent de pepins ou de noyaux, par-

ce que, dans le premier cas, la concoction est plus parfaite. Mais on obtiendra plus sûrement le même effet et par la même raison, en ayant l'attention de choisir pour cette greffe, un tronc de qualité inférieure à celle du scion à greffer; autrement l'action de l'ente pourroit être émoussée et affoiblie par celle du tronc qui l'auroit adoptée.

On prescrit ordinairement de greffer le *poirier* et le *pommier* sur le *coignassier*.

468. Outre les moyens d'amélioration exposés jusqu'ici, on prétend que le *fumier de porc*, mêlé avec de la *sciure de bois*, des *raclures d'érable*, de *la paille hachée*, etc. (sur-tout si l'on a soin de les laisser en tas pendant un mois, pour leur donner le temps de se putréfier et de se consommer), fournit un très bon engrais, et un vrai restaurant pour les arbres à fruit.

469. On prétend aussi que, pour se procurer de plus gros oignons, il faut les mettre hors de terre; les laisser ainsi se dessécher en partie pendant une ving-

taine de jours, puis les repiquer; surtout si l'on a soin de leur enlever la cuticule la plus extérieure.

470. Nous avons quelquefois ouï dire que, si l'on prend sur un arbre-nain une branche portant un fruit déja noué, et que, l'ayant courbée avec précaution, pour ne pas l'endommager, on l'introduise dans un pot de terre, pour la faire passer par un trou pratiqué au fond, de manière qu'elle déborde en dessous, et qu'ensuite on jette par-dessus assez de terre pour que ce pot en soit entièrement couvert, cette branche donnera un fruit extrêmement gros au-dessous du pot (1). Au fond, cette expérience est analogue à celle qui consiste à mettre les plantes dans des pots; avec cette différence, toutefois, qu'ici il n'y a point de

---

(1) Cette description n'est rien moins que claire : il paroît qu'il faut courber la branche pour la faire entrer dans le pot avec le fruit noué; puis assujettir cette branche à l'aide d'un petit échalas piqué auprès, de peur que l'élasticité de cette branche ne puisse la relever et la faire sortir du pot.

transplantation, et que le fruit reste dans la terre. Les mêmes auteurs ajoutent qu'on obtiendra le même effet, si ce pot qui enveloppe le fruit, étant vuide, on a seulement l'attention de le soutenir avec un échalas lorsqu'il pend de l'arbre (1); et qu'en faisant quelques trous à ce pot, on sera encore plus assuré du succès; phénomène qu'on explique ainsi. D'abord, le fruit est garanti par ce pot, de l'ardeur excessive du soleil, et des trop grandes variations de la température : puis, ce fruit, tendant naturellement à jouir du contact immédiat de l'air libre, et à profiter de l'action du soleil, est excité, par le moyen de ces trous, à s'approcher de l'un et de l'autre, autant qu'il

---

(1) Une autre épreuve à faire, ce seroit d'envelopper d'un petit sac de papier huilé les fruits, un peu avant qu'ils soient tout-à-fait mûrs, et en les laissant sur l'arbre : l'effet de cette enveloppe seroit-il d'augmenter ou de diminuer leur volume et leur qualité? C'est l'expérience seule qui peut répondre à ces deux questions d'une manière satisfaisante.

est possible; ce qu'il ne peut faire sans s'étendre selon toutes ses dimensions et sans grossir beaucoup (1).

471. Des arbres mis dans une terre sabloneuse et élevée, doivent être plantés plus profondément, et beaucoup moins dans un sol humide. De plus, quand on transplante des arbres, sur-tout des arbres à fruit, il faut, en les replantant, avoir soin de les mettre dans une situation tout-à-fait semblable à celle où ils étoient auparavant; c'est-à-dire, tourner encore vers le nord le côté qui étoit tourné vers cette partie du monde. On prétend qu'il faut aussi placer les pierres employées pour la construction d'un édifice, dans une situation semblable à celle où elles étoient dans la carrière;

---

(1) Ne seroit-ce pas plutôt parce que le contact de l'air libre, tendant à dessécher et à durcir l'enveloppe la plus extérieure du fruit, et à la rendre moins extensible, ce pot qui le couvre, le privant, en totalité, ou en partie, du contact de l'air extérieur, tend ainsi à l'amollir et à le rendre plus extensible?

que cette attention contribue à leur durée : ce qui nous paroît d'autant moins vraisemblable, qu'une pierre dans la carrière n'est pas exposée à l'action du soleil, comme l'est un arbre, tant qu'il est sur pied (1).

472. Les arbres qui fournissent les *bois de charpente* ou *de menuiserie*, montent plus droit et viennent mieux dans une *forêt* qu'en *pleine campagne*. C'est d'abord parce que, dans une forêt, n'ayant pas la liberté de s'étendre *latéralement* comme en *hauteur*, presque tout leur accroissement est au profit de cette dernière dimension ; c'est encore parce que, dans le premier cas, ils sont mieux garantis de la grande ardeur du

---

(1) On pourroit cependant donner à cette assertion qu'il combat, quelque probabilité, en raisonnant ainsi : les mêmes causes qui concourent à la formation d'une chose, peuvent contribuer à sa conservation. Or, la situation où cette pierre étoit dans la carrière, relativement aux quatre points cardinaux, a pu être, à notre insu, une des causes concourantes à sa formation.

soleil, et de l'action des vents trop froids ou trop violens ; deux choses très nuisibles à tous les végétaux. C'est en vertu de la même cause que les fruits des arbres plantés près d'une muraille exposée à l'action du soleil, ou près des angles rentrans d'un édifice, ou entre des pilastres, ou enfin entre des monceaux de pierres, mûrissent plutôt et plus parfaitement qu'en plein champ, ou dans tout autre lieu trop découvert.

473. On dit que des *patates* mises dans des pots remplis de bonne terre, enfouies à la profondeur de quelques pouces et entièrement recouvertes de terre, deviennent d'une grosseur prodigieuse. Voici quelle en peut être la raison : ces patates trouvent dans ce pot autant de terre qu'il leur en faut pour se nourrir ; et le fond du pot, qui leur fait obstacle, les empêchant de jeter leurs fibres vers le bas, elles doivent s'étendre selon leurs autres dimensions, et grossir d'autant. Peut-être d'autres espèces de racines, charnues ou bulbeuses, et en général

toute autre espèce de semence, mises ainsi dans des pots et recouvertes de terre, grossiroient-elles de même.

474. Si, après avoir entièrement coupé les feuilles d'une rave, ou de toute autre espèce de racine, à l'entrée de l'hiver, et avant qu'elle soit tout-à-fait flétrie, on la couvre d'une quantité suffisante de terre, elle se conservera tout l'hiver, et au printemps suivant, grossira beaucoup, comme nous l'avons déja observé. Cette pratique a un double avantage. En premier lieu, comme elle fait grossir la racine, elle augmente ainsi le produit des plantes où cette partie est celle qui sert d'aliment; telles que les raves, les navets, carottes, panais, etc. *et il en seroit de même* des oignons. En second lieu, comme elle fortifie les racines des plantes dont on mange le fruit ou la semence, elle les rend aussi d'un plus grand rapport.

475. Un autre avantage qui n'est pas à mépriser, c'est de pouvoir se procurer *de plus grandes feuilles* sur les arbres

destinés à donner *de l'ombre :* or, l'on s'est assuré par l'expérience que, si l'on greffe sur le tronc d'un *orme ordinaire* un scion de *l'orme à large feuilles*, ou *de montagne*, les nouvelles feuilles seront aussi larges que le bord d'un chapeau ; et de même qu'en *greffant* les *arbres fruitiers*, on obtient *de plus gros fruits*, si l'on tentoit *la greffe des arbres qui* ne portent *point de fruits*, on obtiendroit probablement de *plus grandes feuilles*. Ce seroit donc une expérience à tenter sur les arbres de cette dernière classe, et principalement sur le *bouleau*, le *tremble*, le *saule*, spécialement sur celui dont les feuilles ont beaucoup d'éclat ; ce qui lui a fait donner le nom de *queue d'hirondelle*.

476. La stérilité accidentelle des arbres à fruit (abstraction faite de certaines causes, telles que le peu de force du sol, de la semence, ou des racines, ou enfin les intempéries de l'air), vient ou de l'excessive quantité de mousse qui croît sur leur écorce, ou de ce que cette écorce

est trop adhérente et trop serrée contre le bois, ou de ce qu'ils sont plantés trop profondément, ou enfin, de ce que la sève se perd presque toute en feuilles (1). On peut prévenir ces trois derniers inconvéniens, ou y remédier par les moyens exposés dans cet article.

Expériences et observations diverses sur la composition ou combinaison des fleurs et des fruits de différente espèce.

Dans cette classe d'êtres vivans, où l'on trouve *la distinction des sexes*, lorsque des individus de différentes espèces s'accouplent, il en résulte de nouvelles espèces, qu'on peut, en quelque manière, regarder comme de *nouveaux composés*, de *nouveaux mixtes* dans le *règne animal*; par exemple : le *mulet* provient de l'accouplement du *cheval* avec *l'ânesse*, ou réciproquement. Il est encore d'autres espèces qui, en se croisant ainsi, en-

---

(1) Ou en bois.

gendrent d'autres individus mixtes auxquels on donne le nom de *monstres*; mais ces combinaisons sont plus rares. Quant à ce proverbe si ancien, qui dit : *que l'Afrique fut toujours féconde en monstres*, le fait qu'il suppose peut s'expliquer ainsi : la rareté des eaux dans ces contrées, où une chaleur excessive et continuelle dessèche tout et excite une soif ardente, forçant tous les animaux indistinctement à se rassembler dans le petit nombre de lieux où elles se trouvent; ces animaux qui, en étanchant leur soif, recouvrent toute leur vigueur, se mêlent ensuite avec des individus d'espèce différente qu'ils trouvent à leur portée ; de là cette multitude de monstres qu'on y voit. Mais jusqu'ici on a rarement tenté de combiner et de croiser ainsi des plantes d'espèce différente ; et nous n'avons que très peu d'observations sur ce sujet. Cependant, si des combinaisons de ce genre étoient possibles, elles seroient plus en notre disposition que celles des différentes espèces d'animaux, qui ne peuvent être excités à la génération que par le *prurit* de *la volupté*, et en vertu d'un *mouvement*, d'un *élan subit* et *spontanée*. Ainsi cette combinaison des plantes de différente espèce seroit un objet d'autant plus digne de fixer notre attention, qu'on auroit lieu d'espérer de pouvoir, par ce moyen, produire de nouvelles espèces de fruits ou de fleurs, et si nouvelles, qu'il faudroit inventer de nouveaux noms pour les désigner (1). Or, la greffe ne pourroit rien ici; elle peut bien améliorer la qualité des fruits, et procurer des fleurs doubles, mais elle est impuissante pour engendrer de nouvelles espèces ; le scion adoptif prévalant

---

(1) On *désigneroit* ces *espèces mixtes et composées de plusieurs espèces différentes*, par des *noms mixtes et composés* aussi des noms respectifs des espèces composantes. Car les *mots* étant destinés à *représenter* les *idées*; et les *idées*, à représenter les *objets réels*, lorsque les *idées* ou les *objets se composent*, les mots qui les représentent doivent se composer aussi.

toujours sur le tronc qui l'adopte (1).

477. Prenez, dit un ancien auteur, deux scions d'arbres à fruit de différentes espèces ; retranchez de chacun un peu de bois, pour l'applatir d'un côté; réunissez-les par les deux côtés plats; et après les avoir liés étroitement, plantez-les ainsi réunis; ils adhéreront de plus en plus, et à la fin ne formeront plus qu'une seule tige, d'où naîtront des branches sur lesquelles on trouvera des fruits de deux espèces différentes et très distinctes. Ce fait, comme nous pouvons l'observer en passant, semble prouver que *l'unité* de

---

(1) Peut-être parviendroit-on à produire de nouvelles espèces par la greffe alternative et la greffe sur greffe; je veux dire, en greffant alternativement sur la circonférence d'un sauvageon, des branches un peu fortes de pêcher, d'abricotier, de prunier, etc. puis d'autres branches sur ces premières; enfin, d'autres encore sur ces dernières; en allant aussi loin que le permettroit la nature, et en greffant sur les premières entes, tantôt des scions de même espèce, tantôt des scions d'espèce différente : ou des écussons; ou, etc.

continuité (*de corps*) est plus aisée à obtenir que *l'unité d'espèce*.

Un autre écrivain agricole indique le procédé suivant, fort analogue au précédent. Prenez, dit-il, deux ceps, dont l'un donne des *raisins rouges*, et l'autre, des *raisins blancs*; plantez-les l'un près de l'autre; applatissez leurs parties supérieures par les deux côtés qui se regardent; joignez-les par ces deux parties plates, et liez-les étroitement : par ce moyen, lorsque cette vigne rapportera, vous aurez sur les mêmes branches des raisins de deux couleurs différentes; et vous observerez les mêmes différences entre les pepins d'un même grain de raisin. Mais cet auteur ajoute qu'il faut une année ou deux pour opérer complettement la réunion de ces deux ceps. Il seroit à propos, lorsque les deux ceps commencent à adhérer ensemble, de les arroser fréquemment; toute espèce d'*humor* ayant la propriété d'*unir*, ou de *faciliter la réunion*.

On prescrit aussi de lier ensemble de

cette manière, les boutons ou yeux, dès qu'ils commencent à pousser (1); du moins de les tenir ainsi liés pendant quelque temps.

478. D'autres auteurs prétendent que des semences de différentes espèces, enveloppées dans un linge, et mises dans une terre bien fumée, produisent plusieurs plantes contiguës, dont les tiges, si on les lie ensemble, s'incorporent avec le temps, au point de ne former plus qu'une seule tige. On peut, ajoutent-ils, obtenir un effet analogue, en mettant des pepins ou des noyaux de différentes espèces, dans une bouteille à goulot étroit, et remplie de terre.

479. On dit encore qu'il suffit de planter l'un près de l'autre, dans une terre très féconde, de jeunes arbres de différentes espèces (de manière qu'ils soient

---

(1) Peut-être faudroit-il les gratter un peu tous deux, des deux côtés qui doivent se toucher, mais de manière que les enveloppes ou écorces naissantes se touchassent exactement par les bords.

simplement contigus, sans être liés ensemble), et de les arroser fréquemment, pourqu'ils s'unissent peu à peu, en vertu de la surabondance de la sève, et qu'à la longue ils ne forment plus qu'une seule tige (1). Cette assertion nous paroît un peu mieux fondée que les précédentes ; la ligature dont nous parlions plus haut, ayant l'inconvénient d'empêcher que les deux plantes qui se touchent, ne parviennent à leur grosseur naturelle ; et la liberté de leur mouvement devant faciliter leur réunion.

Expériences et observations diverses sur la sympathie et l'antipathie de certaines plantes.

Les anciens nous ont laissé un grand nombre d'observations par écrit, ou de traditions sur les *sympathies* et les *antipathies* des *plantes;* opinions, en quelque manière, consacrées par l'opinion

---

(1) Toutes ces réunions artificielles de tiges sont autant de *greffes par approche.*

publique, comme tant d'autres préjugés : ayant observé que certaines plantes se plaisoient à végéter les unes près des autres, et prospéroient, par cette proximité qui étoit nuisible à d'autres, ils attribuoient le premier de ces deux effets à une *sympathie;* et le dernier, à une *antipathie.* Mais de telles explications ne sont que des expédiens pour voiler son ignorance, et pour s'épargner la peine de chercher les véritables causes ; reproche qu'on peut appliquer aux opinions relatives aux *sympathies* et aux *antipathies* en général. Quant à ce qui regarde les *plantes* en particulier, ces *amitiés* et ces *inimitiés* qu'on leur attribue, sont autant de chimériques suppositions. Et s'il faut absolument faire usage de ces mots de *sympathie* et d'*antipathie,* je dis qu'on est dans l'erreur relativement à cette nomenclature même; que ce qu'on appelle ordinairement une *sympathie*, est une *antipathie réelle,* et réciproquement : telle est l'idée qu'on doit se faire de ces relations. *Si, des* deux plantes qu'on suppose voisines, l'une, en tirant les sucs qui lui conviennent de la portion de terre qui en est pénétrée, laisse à l'autre les sucs qui conviennent à celle-ci, alors ce voisinage est utile à toutes deux; par cette raison même que *les sucs dont l'une a besoin, sont de nature contraire, ou peu analogue à ceux qui sont nécessaires à l'autre. Mais, si ces deux plantes ont besoin de beaucoup de sucs et des mêmes sucs, alors cette proximité leur est nuisible à toutes deux, chacune dérobant à l'autre sa nourriture.*

480. *Toute plante, de quelque espèce qu'elle puisse être, qui, en tirant de la terre une nourriture abondante, tend ainsi à l'épuiser, est, par cela seul, nuisible à toutes celles qui l'avoisinent.* C'est ce qu'on peut dire des *grands arbres*, spécialement du *frêne*, et, en général, de tous ceux dont les racines rampent assez près de la surface de la terre. Ainsi, au lieu de dire avec les anciens, que le *chou* est *ennemi de la vigne*, il

faut dire *qu'il l'est généralement de toute autre plante*; parce que, tirant de la terre une grande quantité de sucs, il dérobe ainsi aux autres ceux dont ils ont besoin, et les affame. Enfin, s'il est vrai qu'une *vigne* dont la partie extérieure, en rempant à la surface de la terre, s'est approchée d'un *chou*, s'en détourne aussi-tôt, ce n'est pas pour éviter ce chou, comme ils le pensent, mais pour éviter une portion de terre où elle ne trouve que des sucs qui ne lui conviennent point. On peut même conjecturer que si la racine du cep étoit à ce même endroit où l'on suppose que se trouve sa partie extérieure, le chou n'y étant pas, cette racine se détourneroit également, et se porteroit vers la veine de terre où elle trouveroit un aliment convenable (1).

---

(1) Il se peut que les plantes se portent, ainsi que les animaux, vers les substances qui leur sont utiles, et en vertu de la même cause, comme nous l'avons observé dans une des notes précédentes ; mais cette supposition n'est point nécessaire pour expliquer le fait dont il est ici question. La racine,

481. *Deux plantes de natures différentes, et qui tirent de la terre des sucs également différens, gagnent à se trouver l'une près de l'autre,* comme nous l'avons déja observé; assertion conforme à l'opinion de quelques anciens, qui prétendent que la *rue* plantée près du *figuier*, prospère davantage, et acquiert plus de force; ce qu'il ne faut point attribuer à cette *antipathie* qu'ils supposent; mais ce qu'on explique beaucoup mieux en supposant que chacune de ces deux plantes tire de la terre des sucs contraires, ou peu analogues à ceux dont l'autre a besoin; différence de sucs qui

---

ou toute autre partie de la plante ne peut croître qu'à l'aide des sucs qui lui conviennent; et, par conséquent, elle ne peut s'étendre que du côté où e trouvent ces sucs. Ainsi, lorsqu'à sa gauche se trouve une portion de terre qui ne contient point de tels sucs, et à sa droite, une autre veine qui en contient; comme alors elle ne jette ses fibres que vers la droite et non vers la gauche, elle semble éviter la gauche, et se porter par choix vers la droite.

fait que l'une est d'une saveur douce, et l'autre amère. Les mêmes auteurs ajoutent que le *rosier* planté près de l'*ail*, donne des fleurs d'une odeur plus suave; ce qui peut s'expliquer comme le fait précédent; savoir : en disant que le suc le plus fétide s'insinue dans l'ail; et le plus suave, dans la rose.

482. Il est, comme on sait, certaines espèces de plantes à fleurs qui croissent ordinairement parmi les bleds, et qu'on trouve rarement ailleurs, à moins qu'on ne les y ait semées. Tels sont le *bluet* (ou *barbeau*), le *coquelicot* (ou pavot *sauvage*), certaine espèce de *souci*, la *fumeterre*, etc. Mais il ne faut pas regarder le labour et ces sillons qu'on trace, comme la véritable cause de leur multiplication dans les terres à bled; ni supposer qu'ils aient, à cet égard, de l'analogie avec ces plantes qu'on ne voit que dans les fossés nouvellement creusés; car on ne trouve jamais celles dont nous parlons, dans les terres en friche ou en jachères. Ainsi, l'on doit penser

que ce bled auprès duquel on les trouve, leur prépare, pour ainsi dire, la terre, et lui donne une certaine qualité particulière qui la rend propre pour les multiplier.

483. Si cette double règle sur laquelle nous fondons toutes nos explications, étoit justifiée par l'expérience, on pourroit en faire d'utiles applications, pour donner aux fruits et aux plantes comestibles une saveur plus agréable, ou aux fleurs une odeur plus suave. Par exemple: s'il est vrai que le *figuier*, planté parmi des pieds de *rue*, augmente la force et l'amertume de cette plante, comme le pensoient les anciens, réciproquement des pieds de *rue*, plantés autour d'un *figuier*, donneroient à son fruit une saveur plus douce. Or, les saveurs les plus déplaisantes dans les fruits et autres végétaux comestibles, sont les saveurs *amère*, *âpre*, *acide* ou *aigre*, et *aqueuse* ou *fade*. Ainsi, ce sont les saveurs de ce genre qu'il faut d'abord tâcher de corriger, et tel est le principal objet des expériences suivantes.

484. Semez des graines de *laitue*, de *chou-fleur*, d'*artichauds*, parmi des pieds de *rue* ou d'*absynthe*, et voyez si la saveur de ces plantes potagères en devient plus douce.

485. Pour obtenir un effet analogue, plantez, près de la *vigne* ou du *figuier*, le *cormier*, le *cornouiller*, ou le *sureau*, (arbrisseaux dont les fruits, comme l'on sait, ont une saveur âpre et astringente).

486. Semez des graines de *concombre* ou de *citrouille* parmi des *melons musqués*, afin de voir si ces *melons* en deviendront plus *vineux* et d'un goût plus agréable. Semez aussi des graines de *concombre* parmi des *raves;* peut-être la saveur de ces dernières en deviendra-t-elle encore plus piquante.

487. Semez de l'*oseille* entre les scions d'un *framboisier*, afin de savoir si les framboises peuvent acquérir, par ce moyen, une saveur plus douce.

488. Plantez l'*églantier* parmi des *violettes* ou des *pariétaires*, et voyez si l'odeur de ces dernières fleurs en devient

plus suave et moins terrestre. Par la même raison, il faudroit semer des *laitues* ou des *concombres* parmi des *lauriers* ou des *romarins*, afin que l'odeur de ces derniers en devînt plus forte et plus aromatique.

489. Il faut au contraire avoir soin *de ne point semer les uns près des autres les plantes herbacées, ni les arbustes ou arbrisseaux, etc. qui appètent les mêmes sucs, ou des sucs très analogues;* par exemple : je présume que des *romarins*, mêlés parmi des *lavandes* ou des *lauriers*, perdroient une partie de ce parfum qui leur est propre. Mais, si votre dessein est de diminuer la force d'une plante, il faut mettre près d'elle des plantes de même espèce, ou d'espèces analogues qui pourront l'énerver. Par exemple : si l'on plante l'*armoise* près de l'*angélique*, cette dernière plante en deviendra peut-être plus foible et plus propre pour entrer dans la composition des parfums : et il se pourroit aussi que l'*absynthe* commune, affoiblie par le voisinage d'un pied de *rue*,

dégénérât et se transformât en une espèce d'*absynthe romaine*.

490. Le principe dont nous venons de donner quelques exemples, étant très vaste, et susceptible d'une infinité d'applications utiles, mérite d'être approfondi et vérifié dans toutes ses parties, par des expériences très variées et toutes dirigées vers ce but. Mais il ne faut pas se flatter de pouvoir, par ce moyen, faire une révolution dans l'agriculture, en produisant des espèces vraiment nouvelles ; il ne peut servir qu'à la perfectionner, en améliorant tout au plus les epèces déja connues.

491. Il faut tenter toutes ces expériences dont nous venons de parler, ou d'autres semblables, sur les plantes, soit *vénéneuses*, soit *purgatives*, dont la qualité maligne seroit peut-être tempérée, affoiblie, énervée par celle de quelque autre plante *encore plus vénéneuse ou purgative*, dont elles seroient *voisines*.

492. On prétend que, si l'on plante l'un près de l'autre le *chou* et l'arbuste connu

sous le nom de *Sceau de Notre-Dame* (et qui est une espèce de *brione*), ce voisinage fait mourir l'un ou l'autre, ou l'un et l'autre, etc. Ce sont, en effet, deux plantes fort avides, qui, en pompant avec force les sucs de la terre, s'affament réciproquement. On dit qu'il en est de même du *roseau* et de la *fougère*, ainsi que de la *ciguë* et de la *rue*.

493. Quelques écrivains, soit anciens, soit modernes, instruits à l'école de la *magie naturelle*, ont avancé qu'il existe une sympathie, ou relation très marquée entre le *soleil*, la *lune*, ou quelques-unes des principales *étoiles* (*planètes*), et certaines plantes herbacées, ou certains arbustes, arbrisseaux, arbres, etc. De là, ces dénominations de *plantes solaires* et de *plantes lunaires*, qu'ils ont imaginées et entrelacées avec d'autres opinions non moins chimériques, et également revêtues de grands mots. Il est hors de doute que certaines *fleurs* ont, avec le *soleil*, *deux espèces de relations*: l'une, de *s'ouvrir* et de *se fermer*; l'autre, de *fléchir* et

d'*incliner leur sommet*. Par exemple : le *souci*, la *tulipe*, la *pimprenelle*, et même presque toutes les fleurs, ouvrent et développent leurs feuilles lorsque le soleil est dans toute sa force ; et, au contraire, se ferment en partie, et se contractent vers le soir, ou dans un temps nébuleux. Or, pour rendre raison de ces faits, il est inutile de chercher quelque pompeuse explication et quelque principe mystérieux ; de dire, par exemple, que *la présence du soleil réjouit ces plantes, et que son absence les attriste;* ce mouvement, par lequel elles se ferment, n'ayant d'autre cause que l'*humidité de l'air,* dont l'effet est de renfler leurs parties inférieures, et de les rendre plus pesantes ; celui de l'air sec étant au contraire de les étendre et de les développer. De même, lorsqu'ils voient le *trèfle de jardin* cacher sa tige aux heures où le soleil est très ardent, ce phénomène leur semble miraculeux, quoiqu'il ne soit que l'effet tout naturel du complet développement de ses feuilles. Quant à ce mouvement, par lequel certaines plantes à fleur se penchent vers le soleil (ce qu'on observe dans la grande fleur connue sous ce nom même), dans le *souci*, dans l'*héliotrope*, proprement dite (ou *herbe aux verrues*), la *fleur de mauve*, et autres semblables ; la cause de ce phénomène est un peu moins sensible que celle du précédent : cependant on peut l'expliquer d'une manière satisfaisante, en supposant que la partie de la tige de cette plante, ou du pédicule de sa fleur, qui se trouve le plus directement exposée à l'action du soleil, devenant, à mesure que son humidité s'évapore, plus flasque et plus foible, devient, par cela même, incapable de la soutenir et de la maintenir dans une attitude droite (1).

---

(1) Cette propriété est beaucoup plus commune que ne le pensent la plupart des botanistes ; je soupçonne même que toutes les plantes à fleurs *radiées* sont *héliotropes* (ou *tourne-sols*) ; c'est-à-dire, qu'elles ont la propriété de se tourner et de se pencher, non vers le *soleil* seulement, mais vers la chaleur en général. C'est une observation

494. Veut-on savoir ce que peut sur les végétaux, quoique mis hors de terre et déja morts, une très petite quantité

que j'ai faite moi-même, durant mon dernier voyage à *Rome,* sur un grand nombre de plantes *radiées,* dont je connoissois les analogues en France, mais dont j'ignorois les noms, même dans la langue vulgaire. Soient deux murs un peu élevés, assez proches l'un de l'autre, parallèles entr'eux, et fort longs. Toutes les plantes radiées qui se trouvent au pied du mur sur lequel donne le soleil, se tournent et se penchent à peu près vers cet astre; et toutes celles qui se trouvent près du mur opposé, c'est-à-dire, à l'ombre, se tournent et se penchent vers l'autre mur, c'est-à-dire, vers le *reflet* ou vers la *chaleur.* On sait aussi que presque toutes les plantes tenues en serre au *jardin national,* sont sensiblement tournées et penchées vers les fenêtres : mais quelle est la cause de cette direction et de cette inclinaison communes? est-ce l'*air extérieur,* la *chaleur* ou la *lumière?* deux de ces causes ? ou toutes les trois ? C'est ce qu'il seroit possible de décider, en exposant successivement des plantes de cette classe; d'abord, à l'*action isolée de chacune* de ces trois causes; puis à l'*action combinée de deux ;* enfin à l'*action réunie de toutes les trois.*

d'humidité, on en verra un exemple sensible dans une expérience que font ordinairement les joueurs de gobelets et autres charlatans. Leur principale piéce est une barbe d'*avoine;* pour peu que vous la considériez de près, vous reconnoîtrez qu'elle est *torse* par le bas, sa partie supérieure étant lisse et unie. Ils ne laissent que cette partie torse, en retranchant tout le reste ; et alors la barbe d'avoine peut avoir encore sept à huit lignes de longueur. Puis ils font une petite croix avec une plume fort menue (1), en prenant, pour le montant, cette partie qui a de la moëlle, et pour la traverse, celle qui n'en a point. Cette croix, lorsqu'elle est faite, peut avoir la longueur d'un doigt. Ensuite ils percent la partie inférieure de ce montant, et en ôtent la moëlle, pour y insérer la partie supérieure de la barbe d'avoine, qu'ils ne laissent déborder que

---

(1) A Paris, ils font cette croix avec de la paille ; aussi a-t-elle de plus grandes dimensions, sans en être moins légère.

de la moitié de sa longueur. Ils prennent ensuite une petite boîte de bois blanc, qui semble fort nécessaire pour l'expérience, mais qui n'est destinée qu'à cacher leur jeu. Ils y ont fait un trou assez grand pour recevoir la barbe d'avoine, mais pas assez pour que le montant de la petite croix puisse y entrer : par ce moyen, ils l'établissent sur la boîte. Après quoi, pour en imposer davantage, ils proposent certaines questions, comme celles-ci : *Quelle est la plus belle dame de la compagnie ? Quelle est la personne qui a pris mon gant, ou la carte que j'ai fait tirer ?* Puis ils disent au compère de nommer plusieurs personnes. A chaque personne qu'il nomme, le charlatan met la croix sur la boîte, après l'avoir approchée de sa bouche et soufflé dessus, comme pour y jeter un charme ; et la croix demeure immobile. Mais, lorsqu'on a nommé la personne qu'il veut désigner, au moment où la croix est près de sa bouche, il mouille un peu la barbe d'avoine avec l'extrémité de sa langue, et la remet sur la boîte : alors cette croix commence à tourner avec une extrême lenteur, et fait ainsi trois ou quatre tours ; mouvement qui n'est autre chose que celui de la barbe d'avoine dont la partie torse, ainsi humectée par la langue, se détord peu à peu, et en se détordant, fait tourner la croix fixée sur sa partie supérieure. Mais, pour mieux s'en assurer, il faut tenir cette croix entre ses doigts, au lieu de l'établir sur la boîte : cette expérience est un exemple frappant où l'on voit un mouvement occasionné par une très petite quantité d'humidité, et beaucoup plus grand que celui par lequel certaines plantes se ferment, ou inclinent le sommet de leur tige.

495. Si nous en croyons certaines relations, cette plante connue sous le nom de *rose du soleil*, et dont on extrait une liqueur qui a beaucoup de force, a cela de particulier que, durant la plus grande chaleur du jour, on trouve sur ses feuilles un assez grand nombre de gouttes d'une espèce de rosée, ce qui auroit dû lui faire

donner le nom de *rosée* du soleil, et non celui de *rose*. On attribue ce phénomène à une prétendue *affinité* ou *sympathie* de cette plante avec cet astre ; les hommes aimant toujours le merveilleux et les explications mystérieuses. Pour nous, qui sommes un peu moins admiratifs, nous croyons qu'il faudroit, avant tout, savoir si ces gouttes ne seroient pas tout simplement un reste de la rosée du matin qui se seroit conservée sur ces feuilles, quoique celle qui seroit tombée sur les autres plantes se fût toute évaporée; car les feuilles de cette plante étant épaisses, lisses et d'un tissu très serré, elles ne peuvent absorber cette humidité, comme celles des autres plantes qui sont plus spongieuses et plus poreuses. Il se pourroit que le *pourpier*, ou toute autre plante analogue, présentât le même phénomène et qu'on ne l'eût pas remarqué. Mais si, toutes observations faites, il étoit vrai qu'on trouvât sur ces feuilles *plus de rosée à midi que le matin*, alors certainement on pourroit croire qu'elle provient d'une *exsudation* de la plante même; et elle auroit quelque analogie avec cette humidité qu'on voit sur des *prunes* qu'on a mises au four pour en faire des *pruneaux*. Car, le lecteur, sans doute, ne sera pas tenté de comparer ce phénomène avec *la toison de Gédéon*, qui fut, comme chacun sait, la seule sur laquelle la rosée du ciel voulut bien tomber.

496. Un fait mieux constaté, est qu'on trouve une sorte de *rosée mielleuse* sur les feuilles de certains arbres, principalement sur celles du *chêne*, du *frêne*, du *hêtre* et d'autres semblables. Mais doit-on supposer que ces feuilles ont par elles-mêmes la faculté d'opérer la concoction de cette rosée? ou se contenter de dire, que ces feuilles, dont la surface est très lisse et le tissu fort serré, ne pouvant se pénétrer de cette rosée et l'absorber, la laissent ainsi à leur surface où elle demeure visible? C'est une question qu'on ne peut décider que par des observations plus exactes et plus multipliées sur ce sujet. Par exemple, il faudroit tâcher de

s'assurer si la *manne* (cette drogue qui est d'un si grand usage en médecine) ne tombe en effet que sur certaines feuilles ou sur certaines plantes herbacées, comme on le croit communément. Au reste, lorsque le calice des fleurs a un peu de profondeur, on trouve au fond une sorte de miel. De ce genre sont le *chèvre-feuille*, le *lilas* et autres semblables : or, il n'est pas douteux que, dans les plantes de cette classe, la feuille ne contribue, avec la rosée, à la formation de cette substance mielleuse.

497. On s'est assuré par l'observation, que cette espèce *d'écume* (connue, en anglois, sous le nom de *wood-seare*), (en français vulgaire, sous celui de *crachat de coucou*), et qui a en effet quelque analogie avec la salive humaine, ne se trouve que sur certaines plantes qui sont toutes de nature chaude ; telles que la *lavande*, l'*auronne*, la *sauge*, l'*hyssope*, etc. (1).

---

(1) Cette exception ne doit point avoir lieu. En allant avec *M. Hérault de Séchelles*, à son châ-

Il faut observer ce phénomène avec plus d'attention, afin d'en connoître les causes, qui semblent assez difficiles à découvrir. La *rouille* est une autre maladie dont les bleds sont quelquefois attaqués, et qui en détériore la qualité. Il est peut-être d'autres plantes qui y sont également sujettes; mais c'est un point que nous ne sommes pas en état de décider, n'ayant pas encore assez d'observations en ce genre.

498. On sait que les *plantes* ont la plus

---

teau d'*Épône* en *Normandie*, au commencement de l'été de 1788, j'observai ce phénomène sur toutes les herbes d'une grande prairie, entre *Meulan* et *Poissy*, principalement sur les luzernes. Nous descendîmes de voiture pour l'observer de plus près. Cet *humor écumeux*, qui ressembloit à de la *salive*, paroissoit dans une espèce d'*ébullition*. Nous jugeâmes qu'il avoit pour cause un soleil très ardent qui succédoit à de grandes pluies. La transpiration des plantes, qui ordinairement est insensible, étoit alors très abondante, et, par cela seul, devenue sensible; elles étoient toutes en sueur.

grande *affinité avec l'eau*, leur principal aliment; mais cette affinité est-elle assez grande pour produire une *attraction*, même *à distance* ? ou cette attraction ne peut-elle avoir lieu que dans le seul cas du *contact immédiat* ? Il faudroit imaginer quelques expériences décisives pour résoudre cette question. Prenez, par exemple, un vaisseau un peu profond; étendez sur son orifice une pièce de grosse toile à laquelle vous ferez faire la poche en dedans. Jetez dans cette poche une certaine quantité de terre fraîche, sans être humide, et semez-y quelques bonnes graines. Enfin, sur le fond du vaisseau, et à un demi-pied du fond de la poche, placez une éponge imbibée d'*eau* (1). Laissez l'appareil en cet état pendant une dixaine de jours; puis voyez si les graines ont germé, et si la terre est devenue un peu humide, l'éponge s'étant

---

(1) Commencez par mettre l'*éponge*; puis vous mettrez la *toile*, la *terre* et les *graines*; attendu que la matière est impénétrable.

desséchée d'autant. Quand le résultat de cette expérience seroit tel que nous le supposons, elle seroit beaucoup moins étrange que celle du concombre dont nous parlions dans un des n^os. précédens; je veux dire de celui qui poussa si vigoureusement du côté d'un vaisseau rempli d'eau, et qui sembloit chercher ce fluide.

Expériences diverses pour donner des propriétés médicales aux fruits, graines, semences, etc. des arbres, arbustes, arbrisseaux, plantes herbacées, etc.

499. On peut regarder comme chimériques les moyens proposés jusqu'ici, *pour changer la couleur, l'odeur, la saveur naturelles d'un fruit, d'une semence, etc. en insérant ou injectant sous l'écorce, dans un trou fait à la tige, ou dans une fente faite à la racine d'un arbre, d'un arbuste, d'une plante herbacée ou à fleur, etc. une substance colorante, aromatique, ou médicale, etc.* Notre principale raison

pour rejeter ces procédés, est que ces substances qu'on propose d'employer, n'étant plus dans l'état *de végétation*, et étant comme *mortes*, n'ont plus *la faculté de nourrir* l'arbre ou la plante; car, s'il étoit possible de produire dans les végétaux quelque altération notable, relativement aux qualités de cette espèce, on n'y pourroit parvenir qu'en employant quelque matière qui fût de nature à pouvoir leur servir d'aliment, et qu'ils pussent convertir en leur propre substance.

Mais si nous tournons notre attention vers le règne animal, nous y trouverons quelques faits qui pourront nous mettre sur la voie. Par exemple, on sait que le *lait* des vaches, nourries d'*ail sauvage*, a une *saveur d'ail*, et que la *chair* des *moutons* qui paissent le *serpolet*, en est plus agréable au goût (1). *Galien* nous dit que, dans le traitement d'un *squirre au foie*, il administra le lait d'une vache qui ne paissoit que certaines herbes

---

(1) Il en est de même *des moutons de pré salé*.

choisies ad-hoc. Le *miel d'Espagne* a presque l'odeur des romarins et des orangers, sur lesquels l'abeille le recueille. Une ancienne tradition parle d'une jeune fille qui avoit tellement accoutumé son estomac au *napel* (qu'on regarde comme le plus actif de tous les poisons tirés des végétaux), qu'elle en pouvoit manger impunément, mais dont l'approche étoit mortelle pour ses amans. D'autres nous apprennent qu'il y a deux espèces de *bézoard*, dont l'une est très active, et l'autre sans force ; mais qu'aucune qualité extérieure ne caractérise assez, pour qu'on puisse les distinguer à la simple vue. Ils ajoutent que la première est tirée d'animaux qui paissent sur des montagnes où croissent des herbes médicinales ; et l'autre, d'animaux qui paissent dans des vallées, où ils ne trouvent point d'herbes de cette espèce. Je n'ignore point qu'on peut donner au *vin* et à la *bière*, des *propriétés médicinales*, en y faisant macérer ou dissoudre des substances douées de ces propriétés, et qu'on peut également les donner au pain, en mêlant avec la farine ces mêmes substances en poudre. Je crois même qu'on peut convertir en médicamens, la *viande*, le *poisson*, le *lait*, les *œufs*, etc. en ayant soin de nourrir les *bestiaux*, les *poissons* ou les *oiseaux* qui fournissent ces alimens, de substances choisies dans cette vue, et convenables à la maladie. Ce seroit même un moyen assez dangereux qu'un empoisonneur pourroit employer sans craindre d'être découvert. Mais je doute fort qu'on puisse également appliquer cette méthode *aux plantes* grandes et petites ; les *sucs* dont elles se nourrissent, étant *d'une nature plus commune*, et paroissant peu susceptibles de contracter ces *qualités spécifiques*, avant qu'elles aient modifié ces sucs, en se les assimilant (1).

---

(1) Il semble que les qualités spécifiques des fruits, des semences, des feuilles, etc. dépendent de l'organisation ou de la texture particulière de ces plantes, et non de ce qu'elles tirent de la terre

500. Cependant, comme nous pourrions, en témoignant sur ce point une excessive incrédulité, former une sorte de préjugé qui empêcheroit peut-être de faire des expériences utiles en ce genre ; expériences d'ailleurs indiquées par des auteurs anciens et respectables, nous avons cru devoir exposer ici, en peu de mots, les quatre espèces de moyens proposés jusqu'ici, pour donner aux plantes des propriétés médicales.

Le premier est de *fendre la racine, et de verser dans cette fente la liqueur imprégnée de la substance médicale*; telle que la *scammonée*, l'*opium*, l'*ellébore*, la *thériaque*, etc. et de *lier ensuite les deux parties séparées*.

L'opinion qui a fait imaginer ce moyen, nous paroît dénuée de fondement, attendu que la racine, tirant immédiatement

---

des sucs de différentes espèces, et analogues à leurs constitutions respectives; puisque des plantes d'espèces très différentes peuvent se nourrir assez long-temps d'eau pure et d'eau seule.

de la terre les sucs dont elle se nourrit, cet aliment est d'une nature plus commune que les substances dont nous parlons, et doué de qualités moins spécifiques; sans compter que ces liqueurs auroient trop de chemin à faire pour s'élever jusqu'au fruit, à la semence, etc.

Le second moyen est de *percer la tige de la plante, et d'insérer dans ce trou la substance médicale;* moyen qui nous paroît un peu meilleur que le premier; car, s'il est vrai qu'une plante puisse contracter, jusqu'à un certain point, de telles propriétés par quelque moyen de ce genre, il est clair qu'on ne peut les lui donner qu'en y faisant monter, par la route la plus facile et la plus courte, la substance qui en est douée.

Le troisième est de *faire macérer la semence, le pepin, le noyau, etc. dans une liqueur où l'on ait fait infuser la substance médicale;* moyen qui nous paroît d'autant plus suspect, qu'il n'est nullement probable que la semence, en pompant quelques parties de cette liqueur, puisse se pénétrer précisément de celles où réside la propriété en question : mais il auroit peut-être un peu plus d'effet, si l'on *mêloit* la *substance médicale avec du fumier;* car la semence ayant la faculté naturelle de pomper l'*humor* du fumier, elle pomperoit peut-être en même temps un peu de la qualité dont il seroit imbu.

Le quatrième moyen est d'*arroser fréquemment la plante avec une eau où l'on ait fait auparavant infuser la substance médicale* (1). Ce moyen nous paroît préférable aux trois premiers (2).

---

(1) *Spalanzani*, qui a traduit en italien *la contemplation de la nature* (de *Charles Bonnet*), a mis en tête de cette traduction une excellente *préface*, où l'on trouvera des expériences fort curieuses, tendant à colorer des plantes en les arrosant avec des eaux chargées de la couleur qu'on veut leur donner; expériences qui ont réussi.

(2) J'entrevois un cinquième moyen qui seroit encore préférable à ce quatrième; ce seroit de *le combiner avec les trois autres;* car, pourquoi opter entre des choses qu'on peut réunir?

Car, ici du moins, l'application de la substance médicale seroit très fréquente et réitérée; au lieu que, par les autres méthodes, cette substance n'étant appliquée qu'une seule fois, ses propriétés s'attacheroient à la plante avec moins de force, et se dissiperoient plus aisément. Cependant je compte peu sur le succès, et je doute fort qu'une racine d'une certaine consistance puisse être sensible à des impressions si foibles; sans compter que la substance médicale, comme nous l'avons observé relativement au premier moyen, auroit trop de chemin à faire pour s'élever jusqu'au fruit, à la semence, etc.

Le procédé qui, selon toute apparence, réussiroit le mieux, ce seroit de *faire, dans plusieurs endroits de la tige, un certain nombre de trous les uns au-dessus des autres; de remplir ces trous avec des masses de fumier, auquel on auroit mêlé la substance médicale, et de seringuer dans ces masses, de trois ou quatre jours l'un, une eau de fumier, où l'on auroit encore fait infuser cette même substance.*

Application de plusieurs méthodes du Novum Organum aux expériences ou aux observations qui font le sujet de cet ouvrage, et aux instrumens de physique ou de mathématiques qu'elles rendent nécessaires.

LA méthode, sans les faits, se réduit à des mots; c'est une carte géographique dans la main d'un homme sédentaire : on n'a pas besoin de boussole pour rester au port; et un compas est inutile à qui ne trace jamais de cercles. D'un autre côté, des faits sans méthodes sont des pierres sans ciment, et des matériaux inutiles à qui ne sait point bâtir. Le vrai milieu est de faire toujours marcher ensemble les faits et la méthode, le vaisseau et la boussole, en se donnant le temps de voir chaque pays avant de le juger.

Ainsi, le vrai moyen de rendre la *grande restauration* aussi utile qu'elle le peut être, ce seroit *d'appliquer continuellement aux faits de cet ouvrage les méthodes du précédent*. Tel étoit notre premier plan; mais la crainte, assez fondée, d'enfler excessivement cette collection, nous a fait renoncer à ce plan, et nous ne pouvons l'exécuter qu'en partie. De plus, si le total défaut de méthode jette dans la confusion, un trop grand nombre de méthodes y fait retomber; par la même raison qu'un homme qui auroit huit ou dix règles dans chaque main, ne pourroit tirer une ligne droite; et qu'un âne chargé de maximes, n'en trote pas mieux. Ainsi, nous nous en tiendrons à trois méthodes qui suffiront dans tous les cas; et qui, *exposées une seule fois*, puis rappellées par de *simples renvois*, nous épargneront ainsi autant de répétitions et de notes, que nous rencontrerons de faits ou de questions auxquelles ces règles pourront s'appliquer.

Les deux premières méthodes ne diffèrent point essentiellement de celles qu'on a vues exposées dans le *Novum Organum*, mais seulement par la manière dont nous les appliquons. Quant à la troisième, qui ne s'y trouve point, notre exposé sera si court, et l'utilité de cette règle est si palpable, qu'on nous pardonnera aisément cette digression. Pour fixer les idées et abréger l'expression, lorsque nous serons obligés de renvoyer aux exposés de ces trois méthodes, nous les distinguerons par trois noms; savoir : I, *Méthode de gradation*; II. *Méthode de renversement*; III. *Méthode alternative ou d'alternation*.

I. *Méthode de gradation*. Cette méthode consiste en général *à graduer une cause ou un moyen dans une suite de sujets, afin de s'assurer, par la correspondance, de la gradation de l'effet à la gradation de la cause ; que cette cause ou ce moyen est capable de produire cet effet.* On peut graduer ce moyen ou cette cause de quatre manières.

1°. En choisissant, dans un genre ou une classe de moyens (par exemple, de substances), une suite de substances *de plus en plus actives*, et les faisant agir sur une *suite de sujets* mis en expérience.

2°. En faisant agir *une même espèce de moyens ou de substance*, mais *à différentes doses*, sur cette *suite de sujets*.

3°. En faisant agir *un même moyen* sur cette suite de sujets, pendant *des temps de plus en plus longs*.

4°. En *réitérant l'emploi* de ce moyen *un nombre de fois de plus en plus grand*.

Par exemple, s'agit-il de savoir quel peut être l'effet de la *macération du bled* dans des eaux chargées de différentes substances, je puis;

1°. Charger de *substances plus ou moins actives* l'eau où je veux faire macérer le bled, comme l'a fait notre auteur.

2°. Charger *plus ou moins d'une même substance* l'eau destinée à cette macération.

3°. *Faire durer plus ou moins la macération* du bled dans une eau également chargée d'une substance de même espèce.

4°. *Réitérer plus ou moins cette macération*.

On trouvera des exemples de gradation dans les neuf ou dix notes où nous avons *appliqué* et *annoncé* cette méthode.

Cela posé, si, de différentes poignées de bled *macérées plus ou moins long-temps et plus ou moins fréquemment dans des eaux plus ou moins chargées de substances plus ou moins actives*, celle qui a été macérée *le plus grand nombre de fois, et le plus long-temps, dans l'eau la plus chargée de la substance la plus active*, est aussi celle qui *germe le plus vite*, qui *pousse le plus vigoureusement*, qui donne *le plus de grain* et de la *meilleure qualité*, *l'utilité* de la *macération* du bled sera *démontrée*. Mais, si l'on obtenoit le résultat contraire, cela ne prouveroit point du tout que cette macération est nuisible. Car, ce moyen, comme tout autre, est susceptible d'*excès* et de *défaut*; et il se peut que *le maximum de l'effet ne réponde point au maximum de la cause*. Or, le principal avantage de cette méthode est de décider les questions de cette espèce; car, non-seulement elle montre *quel* est l'*effet* propre et direct d'un *moyen*; mais elle montre aussi *quels sont le maximum et le minimum en-deçà et en-delà desquels il n'a plus cet effet*.

De plus, l'effet proposé n'est quelquefois rien moins qu'un effet *nouveau*, mais seulement *un degré inconnu d'un effet très connu* qu'on sait obtenir par différens moyens : et alors il ne s'agit pas d'imaginer *de nouveaux moyens*, mais de *faire l'épreuve de nouvelles doses ou mesures de moyens déjà connus et employés à d'autres mesures*. Or, la méthode dont nous parlons, prescrivant de graduer le moyen à vérifier, *de l'employer à différentes doses sur une suite de sujets*, mène nécessairement *à la connoissance des effets des degrés non éprouvés, comme à la connoissance des effets de ceux dont on a fait l'épreuve.*

Tel seroit le cas du *verre* qu'on voudroit rendre *malléable*. Comme on ne peut *diminuer la fragilité* d'une matière sans *augmenter sa malléabilité* qui est la *qualité opposée*, un physicien qui feroit *recuire une suite de masse de verre fondu, pendant des temps de plus en plus longs,* pour diminuer de plus en plus leur fragilité, parviendroit peut-être à rendre malléables quelques-unes de ces masses. Si cet essai réussissoit, on pourroit l'appliquer aux métaux, c'est-à-dire, faire refroidir, pendant des temps de plus en plus longs, une suite de masses d'un même métal fondu, afin de voir si elles seroient aussi de plus en plus malléables.

Par la même raison, il faudroit essayer de tenir en fusion une suite de masses un peu grandes de verre, de métal, etc. pendant des temps beaucoup plus longs qu'à l'ordinaire, et de plus en plus longs : par exemple, les unes, pendant trois ou quatre jours ; les autres, pendant huit ; d'autres encore, pendant quinze, etc.

Ou encore réitérer la fusion de ces masses un grand nombre de fois, et un nombre de fois qui allât en croissant : par exemple, fondre et laisser refroidir les unes vingt fois ; les autres, quarante fois ; d'autres, quatre-vingts fois, etc. Et si l'on trouvoit une différence très sensible entre les masses qui auroient été tenues le moins long-temps en fusion, ou fondues et refroidies le moins fréquemment, et celles qui auroient été tenues le plus long-temps en fusion, ou fondues et refroidies le plus grand nombre de fois, on pourroit espérer de parvenir à dénaturer tout-à-fait le métal ou le verre, en réitérant l'opération, ou la faisant durer huit à dix fois plus.

Par la même raison, l'on pourroit mêler, dans une suite de masses, et en différentes proportions, des matières différentes : par exemple, dans les masses métalliques, des *matières phlogistiquées* ; et dans les masses de verre, ou de matières vitrifiables, des *sels*, en commençant la gradation, dans les deux cas, par des proportions beaucoup plus grandes que celles qu'on suit ordinairement.

Enfin, *forger*, soit *à chaud*, soit *à froid*, une suite de masses du même métal, pendant des temps de plus en plus longs, en commençant par des temps beaucoup plus longs que celui qu'on emploie ordinairement à cette opération. Car il ne s'agit pas ici de *perfectionner les procédés métallurgiques*, et que ces métaux restent métaux, ou qu'ils deviennent *chaux, verre, cendres,* etc. peu nous importe ; mais il s'agit seulement de *tourmenter ces métaux* pour les *altérer*, pour les *dénaturer*, pour *voir ce qu'ils deviendront ;* et, en général, pour s'*instruire, pour apprendre ce qu'on ne sait pas,* ou *pour apprendre du moins qu'on ne sait rien*. Et quand aucun de ces exemples que nous venons de proposer, ne seroit bien choisi, resteroit la règle qu'ils auroient éclaircie, et qui, bien entendue, pourroit être mieux appliquée ; car il ne s'agit ici que de cette règle et de cet éclaircissement.

Au reste, il est très probable que les plus grands moyens de la nature nous sont inconnus : mais, comme ce qui est très probable n'est pas toujours vrai, il se pourroit aussi qu'à notre insu, nous les connussions tous, ou presque tous; qu'au fond, il n'y en eût pas d'autres; et que notre impuissance actuelle n'eût d'autre cause que cette ignorance même où nous serions de notre puissance. Or, les moyens que la nature emploie le plus, et que nous connoissons le mieux, se réduisent à quatre; savoir :

1°. La *subdivision*, qui a cinq espèces d'effets,

comme nous l'avons fait voir dans une note de l'ouvrage précédent.

2°. Le *temps*, ou la *continuité des actions de même espèce.*

3°. La *réitération d'action*, qui a lieu quand la même cause (ou le même moyen) ne peut agir *qu'à différentes reprises.*

4°. *La succession alternative des actions opposées*, ou *l'action alternative des causes contraires*; quatrième cas qui rentre dans le troisième, mais dans lequel le troisième ne rentre pas; l'intermittence de l'action pouvant être occasionnée par la présence et l'absence alternatives de la cause agissante, ou par la prédominance alternative des deux causes contraires et toujours présentes.

La subdivision est un moyen que l'homme emploie assez; et son principal agent, qui est aussi le principal instrument de la nature, pour diviser et subdiviser les corps, c'est *le feu;* mais on n'a pas encore fait, ou l'on n'a fait que très rarement des tentatives notables par les trois autres genres de moyens, isolés ou combinés.

Nous ne saurions trop le redire : pour exécuter de nouvelles et de grandes choses, il s'agit peut-être beaucoup moins *d'imaginer des moyens nouveaux*, que d'imaginer *de nouvelles manières d'appliquer les moyens connus*; ou d'employer, *avec une patience vraiment nouvelle, les mêmes moyens, de la même manière.* Comme Newton n'est devenu si grand qu'en exerçant plus fréquemment et plus constamment que nous, des facultés que nous avons tous, nous n'exécuterons rien de grand, qu'en employant plus souvent et plus patiemment les moyens mêmes que nous possédons : car imiter *Newton*, c'est imiter la nature dont il fut le représentant; il fut *grand*, parce qu'il fut *simple et infatigable* comme elle.

II. *Méthode de renversement.* La méthode de renversement consiste à faire agir successivement les deux causes opposées de chaque genre, ou deux causes simplement différentes, sur un même sujet, ou sur deux sujets semblables, pour rendre plus sensible et plus distinct l'effet propre et spécifique de celle qu'on a en vue ;

Ou à faire agir la même cause, soit sur deux sujets opposés, soit sur le même sujet, pris dans les deux dispositions contraires, afin de démontrer *l'efficacité* de cette *cause*, relativement à l'effet qu'on lui attribue ;

Ou enfin à faire agir *la même cause en deux sens opposés*, pour rendre son *effet plus sensible* en le *doublant*.

Comme on trouve, dans le *Novum Organum*, une infinité d'exemples des deux premiers modes, il seroit inutile d'en donner de nouveaux, et nous nous attacherons uniquement au troisième, dont il s'agit principalement ici, parce que l'auteur l'a totalement oublié.

1°. *Exemple moral ou politique.* Pour savoir ce que vaut un *général*, il faut que les circonstances, ou sa volonté, le mettent alternativement dans les deux armées ennemies; car, lorsque *Coriolan* passe dans l'armée des *Volsques*, non-seulement les *Romains* ne l'ont plus pour eux, mais ils l'ont contre eux; ce qui double l'effet, et fait mieux sentir ce qu'il peut.

Exemple mathématique; vérification des instrumens de ce genre. Pour *vérifier tous les instrumens de mathématiques*, il faut *les renverser de position*, c'est-à-dire les mettre alternativement dans les deux positions contraires, afin de faire agir en deux sens opposés la cause de l'erreur qui peut s'y trouver, et de la rendre deux fois plus sensible; ou, plus exactement, afin de la rendre plus sensible, en montrant le double de son effet.

Supposons, par exemple, que l'un des deux bords ou limbes d'une règle soit un peu courbe, et que cette règle étant posée sur la table, la convexité de cette courbure soit tournée vers moi, si je trace une ligne à l'aide de ce bord, cette ligne sera également courbe, et la convexité de cette courbe sera aussi tournée vers moi. Actuellement, si, me tournant moi-même du côté opposé, et plaçant à droite le bout qui étoit à gauche, et réciproquement, je trace une seconde ligne, le long du même bord de cette règle et entre les deux mêmes points, cette seconde ligne sera aussi courbe que la première; mais la convexité de cette courbure sera tournée du côté opposé, comme je le suis moi-même. Et la distance entre les sommets de ces deux courbes sera égale au double de la quantité dont chacun s'écartera de la ligne droite, comme on pourra s'en assurer en tendant un fil entre les extrémités communes de ces deux lignes courbes.

De même, soit une *équerre*, dont l'angle, réputé droit, ne soit que de 85 degrés. Tracez d'abord une ligne droite le long de l'un de ses côtés (situé transversalement par rapport à vous), en tenant le sommet de son angle tourné vers la droite; et une seconde ligne le long de son autre côté (situé longitudinalement); cette seconde ligne penchera à gauche de cinq degrés, et par conséquent elle ne formera avec la première qu'un angle de 85 degrés; mais jusqu'ici vous l'ignorez.

Actuellement tournez le sommet de l'angle de cette équerre du côté gauche, en tenant ce sommet sur l'intersection des deux premières lignes, et son bord transversal, parallèle et contigu à la première des deux lignes tracées.

Enfin, tracez encore une ligne le long du bord longitudinal, cette seconde ligne penchera de cinq degrés vers la droite, et par conséquent ne formera avec la ligne transversale, qu'un angle de 85 degrés. Ainsi, cette seconde ligne longitudinale formera, avec la première ligne longitudinale (qui penche à gauche de cinq degrés), un angle de dix degrés. Cela posé, du sommet commun de tous ces angles, décrivez un arc de cercle qui coupe ces deux dernières lignes; divisez en deux parties égales l'arc de dix degrés qu'elles comprennent, et du point de division, menez une ligne au sommet commun des deux angles aigus; cette ligne sera perpendiculaire à la ligne transversale, et vous aurez un angle droit, quoique l'équerre soit fausse.

Il en seroit de même d'une *équerre d'arpenteur*, d'un *quart de cercle astronomique* posé horizontalement, d'un *niveau*, etc. et en général, de tous les instrumens possibles de mathématiques (1). Cette règle est donc aussi générale qu'elle est sûre.

Exemple physico-mathématique; déclinaison de la boussole. Soit une boîte oblongue, de bois

---

(1) Quoique nous ayons qualifié de *mathématiques* ou de *physico-mathématiques*, tel des exemples que nous employons à éclaircir cette règle, et à en montrer les usages, à proprement parler, ils sont *physiques* par leur *destination*; puisqu'ayant à chaque instant besoin, en *physique*, de déterminer des *quantités* ou des *directions* avec des *instrumens imparfaits*, on a continuellement besoin de cette *méthode de renversement*, ou d'une méthode équivalente; mais, d'ailleurs, le choix de ces noms importe peu à notre objet.

ou de cuivre, et de telle longueur, que son plan étant divisé en deux parties égales, chaque moitié forme à peu près un quarré. Sur le fond du quarré antérieur, établissez un pivot de cuivre vertical, qui se termine en pointe un peu mousse. Faites porter sur ce pivot une chape de cuivre, creuse, conique en dedans, et fixée au centre d'un carton épais, battu et de figure circulaire, sur lequel vous aurez tracé auparavant un cercle divisé en 32 parties égales, pour marquer les 32 divisions ordinaires de l'horizon, et les 32 *rhumbs* ou *aires de vent* qui forment la rose ordinaire d'une boussole; et sous lequel soit fixée une aiguille aimantée; cette construction faite, vous aurez à peu près un *compas de mer*. Mais il faut de plus que le limbe ou le bord de ce carton soit *dentelé;* que ces dents soient égales entr'elles, et également distantes les unes des autres. Etablissez sur le fond du quarré postérieur un pivot de cuivre, vertical et semblable au premier, sur lequel roule aussi, à l'aide de sa chape de cuivre, un carton qui ait précisément la même figure, les mêmes dimensions, les mêmes divisions et la même denture que le premier : avec cette différence toutefois que ce second carton doit être sans aiguille aimantée, et beaucoup plus mince, plus léger que le premier, afin qu'il oppose très peu de résistance à celui de la boussole, dont il doit suivre tous les mouvemens.

Le pivot de ce carton postérieur doit être placé de manière que sa denture engrène un peu profondément dans celle du carton antérieur qui sert de boussole.

Cela posé, lorsque vous êtes à terre, placez les centres de ces deux cartons sur une ligne méridienne. Placez le carton postérieur sur son pivot, de manière que sa ligne *nord* et *sud* fasse une ligne bien droite avec celle du carton antérieur. Enfin, placez la boîte sur la méridienne, de manière que la ligne totale, composée des deux lignes nord et sud, corresponde bien exactement à cette méridienne, les deux fleurs-de-lys étant tournées vers le nord réel.

Cela posé, si vous abandonnez à eux-mêmes les deux cartons, le carton antérieur tournera *de droite à gauche*, jusqu'à ce que sa ligne *nord et sud* se trouve dans le plan du *méridien magnétique* du lieu. Supposons que la *déclinaison magnétique* de ce lieu soit de 20 *degrés*, *ouest*; que la boîte soit placée devant vous, et que vous soyez tourné vers le nord; lorsque vous abandonnerez à lui-même le carton antérieur, la partie antérieure de ce carton tournera *vers l'ouest*, c'est-à-dire, *vers votre gauche*, d'environ 20 degrés (je prends un nombre rond, pour rendre le calcul plus facile). Mais la partie postérieure de ce même carton tournera *de votre gauche vers votre droite*. Elle fera donc aussi mouvoir la partie antérieure du carton postérieur (dans la denture duquel engrène sa propre denture), *de votre gauche vers votre droite,* c'est-à-dire, de *l'ouest vers l'est;* et d'une quantité précisément égale à celle dont la partie antérieure du carton antérieur aura tourné vers l'ouest; ou, ce qui est la même chose, d'une *quantité précisément égale à la déclinaison de la boussole,* pour le lieu où vous êtes. Ainsi, l'angle formé par les lignes nord et sud des deux cartons, sera égal au double de celui que forme la ligne nord et sud du carton antérieur avec la vraie ligne nord et sud; ou, ce qui revient au même, au double de la déclinaison du lieu. Et par conséquent, en prenant la moitié de cet angle, on aura cette déclinaison.

Supposons, par exemple, que vous soyez sur un vaisseau cinglant au nord réel du monde; comme la ligne nord et sud du carton antérieur déclinera *de 20 degrés vers l'ouest* réel, elle laissera donc le *nord réel de 20 degrés vers l'est,* et le vaisseau paroîtra aller au nord 20 degrés est; la marque noire qui est sur la boîte, et qui indique la direction de la proue, répondant alors au *nord-nord-est, deux degrés et demi nord.* Au contraire, comme la partie postérieure du carton antérieur, en engrenant dans la partie antérieure du carton postérieur, fera décliner sa ligne nord et sud de 20 degrés vers l'est, le nord réel du monde et le *cap* (ou la proue du vaisseau) seront de 20 degrés à gauche de l'extrémité de sa ligne nord et sud; et par conséquent sur ce dernier carton, le vaisseau qui va réellement au *nord*, paroîtra cingler au *nord 20 degrés ouest*; ou au nord-nord-ouest, deux degrés et demi nord. Or, 20+20= 40. Ainsi, l'angle que formeront les lignes nord et sud des deux cartons, sera, dans ce cas comme dans tout autre, précisément égal au double de la déclinaison magnétique du lieu; et pour avoir cette déclinaison, il suffira de prendre la moitié de cet angle; angle qu'on pourra déterminer, dans tous les cas, soit sur terre, soit sur mer. Car, si le vaisseau, par exemple, paroît, sur le carton antérieur, cingler à *l'est-nord-est*, et sur le carton postérieur, paroît aller au *nord-nord-est*, il cingle réellement au *nord-est*, comme on peut s'en assurer, en appliquant à ce cas le raisonnement précédent. Et sur *terre*, pour connoître la déclinaison de la boussole, dans un lieu quelconque, il suffira de *relever* (*bornoyer*, *viser à*), successivement, à l'aide des roses des deux cartons, un objet quelconque, fixe et un peu éloigné; car, sur le *carton postérieur*, il paroîtra toujours (relativement aux quatre points cardinaux) *trop à gauche*, précisément *de la même quantité* dont il paroîtra *trop à droite* sur le *carton antérieur*; et par conséquent la moitié de l'angle formé par les deux directions apparentes, sera égale à la déclinaison magnétique du lieu. Enfin, on pourra toujours déterminer cet angle, pourvu qu'on ait commencé par faire une ligne droite des lignes nord et sud des deux cartons, et par faire correspondre la ligne totale à une méridienne; ce qu'il suffira de faire une seule fois (1).

---

(1) On pourroit craindre que les dentures des deux cartons, lorsqu'ils se voileroient, ou seroient trop violemment agités par le *roulis*, le *tangage*, ou le *choc de la fausse lame*, ne désengrenassent; mais il est une infinité de moyens pour prévenir cet inconvénient ; en voici deux. 1°. Tenez le limbe du carton antérieur, qui doit porter l'aiguille aimantée, beaucoup *plus épais* que son milieu, et faites sa denture sur cette partie épaisse. 2°. Au lieu d'une denture, fixez sur ce carton, et circulairement, un grand nombre de petites pointes verticales de cuivre, qui soient à des distances égales entr'elles, et à celles des dents du carton postérieur; ou, réciproquement, fixez ces pointes sur le carton postérieur, et mettez la denture au carton antérieur. Que le cercle formé par les bases de ces pointes, sur l'un des deux cartons, soit égal à celui que forme la denture de l'autre, en comptant le rayon de chaque cercle, depuis le point de l'engrenage. Par ce moyen, l'un des cartons portant sur l'autre, et le petit frottement produit par l'engrenage, les rendant un peu adhérens, ils ne désengreneront point.

On pourroit aussi, au lieu de carton, employer quelque bois léger pour faire la totalité, ou du moins le limbe de chaque rose où se trouve la denture. Comme la quantité de la variation de la déclinaison magnétique, en dif-

Les instrumens, le procédé et les calculs que les marins emploient ordinairement pour déterminer l'amplitude, et en déduire la déclinaison de la boussole (qu'ils appellent sa variation), étant fort grossiers, l'instrument dont nous parlons sera bien mauvais s'il n'est préférable à tous leurs moyens; et cet instrument seroit d'autant plus sûr, qu'on pourroit le vérifier chaque fois que l'on prendroit hauteur; opération beaucoup plus facile et plus souvent possible que la détermination de l'amplitude.

Nous avons été conduits à cette invention par le raisonnement suivant :

Si je puis faire une construction ou disposition telle, que la rose qui porte l'aiguille aimantée, en déclinant vers l'ouest, par exemple, fasse faire à une autre rose, semblable et égale, mais sans aiguille, un mouvement en sens contraire et parfaitement égal au sien; et si je puis déterminer, dans tous les cas, l'angle compris entre les lignes nord et sud de ces deux roses, j'aurai, par cela même, la déclinaison qui sera alors égale à la moitié de cet angle.

---

férens temps, dans chaque lieu, est fort petite; et médiocre, en différens lieux, dans le même temps, ce seroit assez, même pour les voyages de très longs cours, de mettre une denture ou des pointes sur la moitié de chaque rose.

Or, *la partie postérieure d'un cercle placé devant moi, se meut, par rapport à moi, en sens contraire de sa partie antérieure.*

Donc, si je mets à cette partie postérieure d'un compas de mer, une denture qui engrène dans la denture de la partie antérieure de cette autre rose égale à la première et sans aiguille, cette partie antérieure déclinera en sens contraire de la boussole et d'une quantité égale ; et les deux roses ayant été une seule fois placées sur une ligne méridienne, de manière que leurs lignes nord et sud ne fassent qu'une seule ligne droite qui corresponde exactement à cette méridienne, dès-lors la ligne nord et sud de l'une déclinant autant d'un côté, que la ligne nord et sud de l'autre, déclinera du côté opposé, l'angle qu'elles formeront, sera toujours le double de celui de la déclinaison, et la moitié de cet angle sera toujours égale à cette déclinaison.

Si cette invention est justifiée par l'expérience, elle prouvera la bonté de cette *méthode même de renversement*, sur laquelle est fondé le raisonnement qui nous y a conduits. Mais, comme cette construction, destinée à remédier aux inconvéniens de la variation dans la direction de l'aiguille aimantée, n'est pour nous qu'un exemple grand et frappant, choisi pour fixer l'attention de nos lecteurs sur la méthode même à laquelle nous la devons, dans la suite de cette traduction, nous en ferons d'autres applications encore plus utiles.

Exemple relatif à l'agriculture. Semez une poignée de bled macéré dans un champ presque totalement ensemencé de grain non macéré; et une poignée de grain non macéré, dans un champ presque totalement ensemencé de grain macéré, en laissant quelque intervalle entre les grains de ces deux espèces, afin qu'ils soient plus distincts; cela posé, si, dans les deux cas, le grain macéré prospère beaucoup plus que le grain non macéré, il sera démontré que cette végétation plus vigoureuse ne dépend ni de la *température*, ni de la *nature* du sol, etc. mais de la *seule macération*. De même, pour savoir si le voisinage de certaines plantes, telles que la *rue* et le *romarin*, peut influer sur leur constitution, plantez cinq à six pieds de *rue* parmi des *romarins*, et des pieds de *romarin* parmi des *pieds de rue*, comme le prescrivoit notre auteur dans la centurie précédente.

Exemple trivial et collectif. Prenez une balance ordinaire; mettez dans chaque bassin deux poids d'une livre chacun; si vous tirez du bassin de la droite un de ces poids, et le mettez dans le bassin de la gauche, non-seulement il cessera d'agir sur le bassin de la droite, mais il agira contre lui en agissant sur l'autre, les poids de chaque bassin luttant contre ceux du bassin opposé; et par conséquent l'*effet* sera *doublé*. Cette balance est l'image du monde entier; car chaque être, principalement chaque être sensible, et avant tout, chaque individu de notre espèce est dans un état perpétuel de lutte et de combat; il n'est point d'homme, point d'être qui ne pèse contre d'autres hommes, ou contre d'autres êtres qui pèsent contre lui. Ainsi, dans toute combinaison où se trouvent des forces, physiques ou morales, qui luttent les unes contre les autres, pour connoître plus aisément et rendre plus sensible l'influence de chaque force, il faut la faire agir en deux sens opposés, alternativement, comme le prescrit la règle. D'où il suit encore qu'il faut tout faire pour conserver ses amis; car, en perdant un ami, on gagne un ennemi; et celui qui cesse d'être pour nous, commençant à être contre nous, la perte est ainsi doublée: conséquence morale qu'il est bon de ramasser en passant.

III. *Méthode alternative*, ou *d'alternation*. La simplicité et la sûreté de cette règle sont si frappantes, que nous n'aurons pas besoin de l'appuyer d'un précepte raisonné, et qu'elle sera lisible dans l'exemple même.

Supposons qu'il s'agisse de savoir si la macération du grain destiné aux semailles peut être utile; il semble que, pour débarrasser de toute équivoque les résultats des expériences dirigées vers ce but, il faudroit multiplier et varier beaucoup ces expériences ; car il y a ici bien des causes qui peuvent concourir ou se combattre ; telles que la *nature du sol en général, celles des différentes veines de terre, la température, l'exposition* et la *situation de chaque grain,* etc. Pour ôter, d'un seul coup, toutes ces équivoques, je trace dans un champ un sillon peu profond; je sème dans toute sa longueur, et alternativement, des pincées de bled macéré et des pincées du même bled, mais non macéré, en espaçant un peu les pincées de grains de ces deux espèces, afin que les touffes ou gerbes de bled qui en proviendront, soient plus distinctes : si toutes les petites gerbes de bled provenant du grain macéré sont plus hâtives, plus vigoureuses et plus fécondes que toutes les petites gerbes provenant du grain non macéré, il sera évident que la macération aura été utile; et il n'y aura plus d'équivoque. Il y en aura encore moins, si, ayant tracé trois sillons; savoir: *un longitudinal, un transversal,* et *un en diagonale,* je sème, dans toute la longueur de chacun, des grains de ces deux espèces alternativement. Il en seroit de même, si l'on vouloit vérifier l'utilité des arrosemens avec des eaux de fumier, ou chargées d'autres substances fécondantes, et employées, soit pour les fraisiers (comme il le prescrit), soit pour les légumes de toute espèce, les plantes à fleurs, arbustes, arbrisseaux, arbres même. Supposons, par exemple, qu'on ait dans un potager, une bordure toute en fraisiers, il faudroit arroser avec l'eau de fumier, le premier, le troisième, le cinquième, etc. et avec l'eau pure, le second, le quatrième, le sixième, etc. en observant constamment cet ordre jusqu'à la complette maturité.

Le lecteur, en continuant de parcourir cet ouvrage, trouvera à chaque pas l'occasion d'appliquer ces trois méthodes; application que nous ferons quelquefois nous-mêmes, pour accoutumer la jeunesse à les faire, et l'exercer à inventer, pour ainsi dire, la règle à la main, conformément à l'esprit du *Novum Organum;* la véritable science, la science active et effective étant fille du génie, mariée à la méthode : bien entendu qu'il ne s'agit ici que de la recherche des *causes efficientes*, les seules qu'on doive envisager dans cet ouvrage, et non de celle des *causes formelles* qui etoient l'objet du précédent. Nous avons dû placer ces trois méthodes au centre de l'ouvrage, par la même raison qu'on place une lumière au centre du lieu dont on veut éclairer toutes les parties.

Centurie VI.

Expériences et observations de simple curiosité, sur les fruits et les plantes en général.

Parmi les expériences et les observations auxquelles nous avons jusqu'ici donné place dans cette collection, il n'en est aucune qui ne soit ou *fructueuse* ou *lumineuse*; c'est-à-dire, qui ne puisse fournir, ou de *nouveaux moyens* dans la *pratique*, ou de *nouvelles lumières* pour la découverte des *causes*; plan dont nous nous écartons rarement, n'ayant pas moins d'éloignement pour les *frivolités* que pour toute espèce d'*imposture*. Cependant, comme un écrivain doit se prêter un peu aux différens goûts de ses lecteurs, nous allons aussi donner quelques observations et quelques expériences de *pure curiosité*.

501. Par exemple, il seroit agréable de pouvoir se procurer, *sur un même arbre, des fruits de différentes espèces*; sur-tout si les uns, étant plus précoces,

et les autres, plus tardifs, cet arbre pouvoit ainsi donner successivement des fruits mûrs durant tout l'été. Pour parvenir à ce but, il suffiroit de greffer des scions de différentes espèces d'arbres sur les différentes branches d'un même arbre planté dans un sol gras et abondant en sucs. Par ce moyen, un même arbre donneroit des *cerises*, des *pêches*, des *prunes* et des *abricots*, de plus d'une espèce (1). Mais quand nous disons des fruits de différentes espèces, nous entendons des fruits dont aucune espèce ne soit incompatible avec la nature du tronc :

---

(1) Le texte latin semble promettre *des cerises et des pêches sur le même arbre*; mais nous nous conformons au texte anglois, dont les promesses sont moins magnifiques, et qui ne parle que des variétés d'une même espèce de fruit; quoique, dans une des phrases précédentes, il ait semblé promettre beaucoup plus. Ne demandons point des nèfles à un cerisier, ni des cerises à un châtaignier, ni de l'argent à un avare, ni des éloges à un glorieux; mais demandons à chaque arbre et à chaque homme, le fruit qu'il veut donner.

par exemple, nous doutons fort qu'un tronc sur lequel on pourroit greffer le prunier, se prêtât également à la greffe du pommier, du poirier, ou de l'oranger.

502. Ce seroit encore un objet de curiosité que de pouvoir donner aux fruits *toutes les formes imaginables*; effet qu'on obtiendroit aisément en enveloppant ces fruits, lorsqu'ils seroient encore tendres, d'une espèce de *moule* en bois ou en terre à potier, et de la figure qu'on voudroit leur donner. On auroit peut-être, par ce moyen, des concombres, de figure aussi alongée que celle d'une canne, ou parfaitement ronds, ou en forme de croix. On pourroit même donner aux fruits des figures plus composées, par exemple, celle d'un *homme*, d'un *quadrupède*, d'un *oiseau*, etc. Mais il faudroit pour cela que le moule fût de telle grandeur, que le fruit pût en remplir bien exactement la capacité. Car, si ce moule étoit trop étroit, il empêcheroit le fruit de grossir, et d'acquérir le volume propre à son espèce; et s'il étoit

trop grand, comme alors le fruit n'en rempliroit pas toute la capacité, on manqueroit encore la figure, comme on la manque, lorsque, voulant mouler une matière liquide ou molle, on ne remplit pas assez le moule. Mais on peut demander si cette enveloppe ne nuiroit pas au fruit en le privant de l'action du soleil ; question assez naturelle, mais à laquelle répond l'expérience même ; car on voit assez de fruits qui grossissent et mûrissent quoique couverts. D'ailleurs, ne pourroit-on pas donner à ce fruit un peu de soleil, en faisant au moule quelques trous çà et là. Pour faciliter ces expériences, on pourroit aussi employer des moules de plusieurs piéces réunies avec de la colle ou du mastic, et qu'on sépareroit aisément, lorsqu'on voudroit en tirer le fruit.

503. On peut aussi être curieux de voir *des lettres ou autres figures gravées sur des fruits* ou *sur les arbres mêmes ;* et c'est une petite satisfaction qu'on se procurera aisément en traçant, à l'aide d'une

aiguille ordinaire, d'une épingle de tête, d'un canif, etc. sur les fruits ou l'écorce encore tendre, ces lettres ou ces figures qu'on verra croître en même temps que ces arbres ou ces fruits, conformément à l'expression que le poëte de la nature prête à un de ses bergers :

Je veux graver mes amours sur l'écorce d'un arbre encore tendre :
Tu croîtras, arbre plein de vigueur ; et vous aussi, vous croîtrez, mes amours (1) !

---

(1) Le grand homme que nous interprétons n'est pas *géomètre*; on le sent à chaque pas en le voyant se contenter si aisément de simples *lueurs* et d'*à peu près :* mais il est quelque chose de plus; il est plein d'*ame* et de *vie*; il *anime* tout ce qu'il *touche*; il ne sait pas *toiser* la *nature*, mais il sait la *sentir*; il sait en *jouir* et communiquer ses *jouissances*. Son style a la douceur et l'aménité qui naît du sujet même ; sujet innocent, paisible et frais, où l'ame se repose avec délices, après avoir déploré, dans le sentiment de son impuissance, nos maux innombrables, enfans de nos vices ; et nos vices, enfans de nos erreurs. Les plantes sont privées du sentiment ; mais cette tendresse qu'elles ne ressentent point, elles l'inspirent.

504. On pourroit orner des *arbres* d'une manière assez curieuse, en les *garnissant de fleurs* ou de *plantes odoriférantes*, qui sembleroient naître de leur tige. Il suffiroit pour cela de faire sur la circonférence du tronc, un certain nombre de trous ; de mettre dans ces trous de bonne terre renforcée, animée par du fumier; et de mettre dans cette terre des semences ou des rejettons de *violiers*, de *fraisiers*, de *serpolet*, de *camomille*, etc. ces plantes croîtroient autour de la tige comme dans un pot ; avec cette différence toutefois qu'elles tireroient peut-être de l'arbre quelque nourriture. On pourroit faire le même essai sur des scions de vignes ou de rosiers ordinaires ; et alors peut-être ces plantes, dont la substance est plus ligneuse, s'incorporeroient plus parfaitement avec l'arbre même.

505. Un autre genre de curiosité assez commun, c'est de *donner différentes formes à des arbres*, à des *arbrisseaux* ou à des *arbustes*, tels que le *romarin*, le *genévrier*, ou autres semblables ; ce

qu'on exécute en mettant dans leur intérieur une espèce de moule, et en les taillant extérieurement sur ce modèle. Mais une telle opération ne réussit que très imparfaitement sur de si petits végétaux, qui ne peuvent conserver long-temps la forme qu'on leur a donnée (1). Les anciens étoient parvenus à construire des espèces de *châteaux d'arbres*, ayant des tours, des voûtes, des arcades, etc. par le moyen d'une charpente dont ces arbres suivoient la forme, et qui, en même temps, leur servoit d'appui (2);

---

(1) Parce que la pousse ultérieure, qui tend continuellement à changer cette forme, a proportionnellement un effet beaucoup plus sensible sur une petite plante que sur une grande.

(2) Cette phrase, dans l'original, est si mal construite, qu'il est impossible de deviner la construction qu'elle indique, et que je suis obligé de bâtir moi-même pour y trouver un sens; mais ce château de ma façon n'est peut-être qu'un *château en Espagne*. Quoi qu'il en soit, j'ai dîné, il y a trente-quatre ans, à St. Germain-en-Laye, dans un arbre dont on avoit fait une espèce de chambre;

ce n'étoit qu'un objet d'embellissement et de magnificence.

506. Je classerai aussi parmi les simples *curiosités*, les expériences et les observations relatives aux *couleurs des végétaux*, quoiqu'elles semblent mériter une place plus honorable, la *beauté* dans les *fleurs* étant le *principal objet*, et ce qu'on y cherche ordinairement. On sait que les *violettes*, ainsi que les *œillets de poëtes* et les *giroflées*, pour peu qu'on n'ait pas soin de les arroser, de les transplanter ou de leur donner de nouvelle terre, dégénèrent et deviennent blanches. Par la même raison, il est probable que celles qui sont devenues blanches, recouvreroient leur première couleur, si elles étoient cultivées avec plus de soin ; car, cette *couleur blanche* est l'effet d'une sorte d'*appauvrissement*, d'un *défaut de nourriture* ; en exceptant toutefois les fleurs auxquelles cette couleur est natu-

---

et les jardins de *Marly* prouvent la possibilité des constructions dont il parle.

relle, et qui n'en ont jamais d'autres.

507. Ainsi, il seroit à propos de faire de nouvelles observations sur ce sujet, afin de savoir précisément *quelle espèce de qualité accompagne ordinairement telle ou telle couleur, et de pouvoir donner aux fleurs telle couleur à volonté, en leur donnant ces qualités qui l'accompagnent.* Or, dans chaque espèce de fleurs, les *blanches* ont ordinairement *moins d'odeur* que celles de toute autre couleur, comme on en voit des exemples dans les *violettes simples,* les *roses,* la *giroflée* et l'*œillet* de cette couleur, qui ont peu de parfum : observation qu'il faut appliquer également aux fleurs des arbres; par exemple: celles du *cerisier,* du *poirier,* du *prunier,* qui sont blanches, n'ont presque point d'odeur ; au lieu que celles du *pommier* (franc ou sauvage), de l'*amandier* et du *pêcher,* qui sont rouges, ont une odeur plus suave et plus marquée. La raison de cette différence est que la substance, dont la fleur est composée, est ce qu'il y a de plus pur et de

plus délicat dans la plante, cause à laquelle on doit attribuer aussi ces couleurs si éclatantes et si variées qu'on y admire. Or, si cette partie des sucs, qui est la plus atténuée et la mieux digérée, se trouve en très petite quantité dans la fleur, elle aura peu de parfum; règle toutefois dont il faut excepter les plantes qui ont beaucoup de sucs. D'où il suit que, pour *donner* à une *plante plus* d'*odeur*, il faut plutôt *diminuer sa nourriture, que l'augmenter.* C'est ce dont on voit des preuves dans le *satyrion blanc* et dans la *fleur de fève.* De plus, lorsqu'une plante est de nature à donner des fleurs de cette même couleur, mais dont la substance n'est pas sèche et atténuée, elles n'ont qu'une odeur désagréable : de ce genre sont celles du *lilas* et de l'*épine-vinette.*

508. Il faut dire le contraire de cette classe de *petits fruits,* connue sous le nom de *baies* (1); les blanches ont une saveur

---

(1) On ne donne ordinairement ce nom de *baie* qu'aux fruits du *genièvre,* du *laurier,* du *myrthe,*

plus douce et plus délicate que les rouges, les noires, etc. La raison de cette différence est, que les *baies* plus colorées, ayant des sucs plus abondans, mais de moindre qualité, ne sont pas susceptibles d'une concoction aussi uniforme et aussi parfaite que les blanches, dont les sucs sont mieux proportionnés à la *force digestive* de la plante.

509. Parmi les fruits proprement dits, c'est tout l'opposé : les blancs sont les plus mauvais; ce dont on voit des preuves dans les *prunes pyriformes* et les *prunes de damas* de cette couleur. Les noirs sont les plus estimés (1). Par exemple, dans

---

etc. Mais il comprend sous cette dénomination les *fraises*, les *framboises*, etc. Comme nous ne sommes que *traducteurs*, nous suivrons sa nomenclature, et nous choisirons nos expressions de manière qu'il n'en résultera point d'équivoque.

(1) Les prunes de *perdrigon*, les *reines-claude* et les *mirabelles*, etc. qui ne sont pas noires, et qui n'en sont pas pires, donnent à sa règle trois démentis bien prononcés, et renforcés par l'exemple d'une espèce de damas qui est extrêmement noire et détestable.

la c asse des *mûres* (auxquelles on donne ordinairement le nom de *baies*, quoique ce soient de véritables fruits), les noires sont certainement meilleures que les blanches. Les prunes blanches d'automne, les prunes verdâtres et les prunes d'*août*, sont de fort mauvais fruits : ce qu'on doit attribuer à une quantité excessive d'*humor aqueux*, qui en *délaie*, pour ainsi dire, *la saveur*, et à une concoction moins parfaite ; la saveur plus douce et plus agréable des autres espèces devant être attribuée à la cause contraire. Aussi voit-on que les prunes des meilleures espèces, sont de nature un peu sèche, et que leur pulpe se sépare plus aisément du noyau ; différence qu'on observe dans les prunes de sainte Catherine, dans celles de damas noir, dans la pêche, l'abricot, etc. Cependant il y a des fruits qui ne deviennent jamais noirs, sans en être pires (et qui, à cet égard, ont de l'analogie avec les *baies*) ; les meilleurs de cette classe étant d'une couleur un peu pâle ; par exemple : les *cerises*, (les *bigar-*

reaux), connues sous le nom de *cœurets* ou de *cœurs de pigeon*, sont plus douces que les rouges ; et d'autant plus douces, que leur couleur tire plus sur le blanc ; au lieu que les *grillottes*, qui sont d'une couleur plus foncée, sont aussi plus aigres.

510. Prenez de la graine de *giroflée* (1), d'une seule espèce, par exemple, de la plus commune ; semez-les toutes sur une même plate-bande ; les fleurs qui en proviendront, seront de différentes couleurs, et à raison des différentes espèces de sucs que ces graines auront pu rencontrer dans la terre ; diversité qui semble être entièrement l'effet du hasard, et sur laquelle l'art ne peut rien ; car, quoi que puisse faire le jardinier le plus

---

(1) L'édition angloise dit : de la graine de *giroflée*; et l'édition latine, de la graine d'*œillet* ; mais au fond, cette différence est peu importante ; ce qu'il dit de la diversité des fleurs provenant de graines d'une même espèce, s'appliquant également à l'une et à l'autre.

intelligent, à peine, sur une centaine de pieds, peut-il en obtenir deux ou trois qui soient de quelque prix : par exemple, qui donnent des fleurs *purpurines, couleur de chair, panachées,* etc. La cause de ces différences est, sans doute, que les veines de terre d'une même plate-bande, quoique contiguës, ne laissent pas de contenir des sucs de qualités très différentes; et, selon que la semence rencontre les uns ou les autres, les fleurs qui en proviennent, sont de telle ou de telle sorte (1). Un autre fait digne d'attention,

---

(1) Cette explication suppose que toutes les semences provenues d'un même pied seroient parfaitement égales; supposition très gratuite; et il semble que cette diversité ait pour cause deux espèces de différences; savoir : celles des semences et celles des veines de la terre. Quoi qu'il en soit, on peut appliquer ici notre *méthode* de *renversement,* et de trois manières.

1°. Portez à un pied à fleurs panachées, la terre qui est autour d'un pied à fleurs non panachées; et réciproquement.

2°. Enlevez les deux pieds en en détachant toute

c'est que les giroflées de couleur purpurine sont presque toujours simples ; il semble que le même suc ne suffise pas pour leur donner cette couleur (qui exige un humor abondant), et pour les rendre *doubles*.

511. On connoît peu de fruits qui soient rouges à l'intérieur, comme certaines espèces de *pommes de reinette*, de *calville*, etc. ou de *mûres*, de *raisin*, etc. encore, dans la plupart des fruits de ce dernier genre, cette couleur n'est-elle bien marquée que vers cette partie de leur pulpe, qui est immédiatement sous la peau. Il est encore, parmi les *pêches*, une espèce qui a un cercle rouge autour du noyau ; et la *griotte* est aussi un peu rouge intérieurement. Mais on ne trouve ni *poire* d'arbre franc, ni poire de sauvageon,

---

la terre, et mettez chacun dans le trou de l'autre ; ou enlevez-les avec toute la motte, etc.

3°. Semez la graine provenant de la fleur panachée, dans la motte où se trouvoit la fleur non panachée ; et réciproquement.

ni *prune*, ni *abricot*, qui soit rouge au dedans; il faut chercher la cause de cette différence.

512. La couleur dominante dans les plantes, c'est le *verd*, mais jamais on ne vit de *fleur verte*. Il faut pourtant en excepter certaine espèce de *prime-vère*, qui est, non pas précisément de couleur verte, mais d'une couleur pâle tirant sur le verd. On voit sur certains arbres des *feuilles rougeâtres*, ou couleur de *rouille de fer*; et telle est souvent celle des feuilles nouvelles sur le *chêne*, la *vigne*, le *coudrier*, etc. (1). Les feuilles *jaunissent en se putréfiant*. On trouve souvent sur le *houx*, quantité de *feuilles jaunes* qui ne paroissent ni moins fraîches, ni moins vigoureuses que les vertes. On peut con-

---

(1) Assez généralement, dans les années où le vin a de la force, les vignes ont beaucoup de feuilles rouges; il semble que la même cause qui donne au vin une saveur forte, donne à la feuille une couleur analogue. Si cette observation étoit généralisée, on en pourroit tirer une sorte de pronostic relativement à la qualité du vin.

jecturer que le jaune est une couleur qui dépend d'une sève moins abondante que le verd, et, qu'à cet égard, il a plus d'analogie avec le blanc. D'ailleurs, on a observé que ces feuilles *jaunes du houx* se trouvent toujours sur le côté de l'arbre qui est exposé au *nord*, ou au *nord-est* (1). Il y a aussi des racines de cette couleur; par exemple, les *carottes*. Il est d'autres plantes, telles que l'*amaranthe*, dont la tige et les feuilles sont d'une couleur de sang ; et d'autres encore, dont la couleur tire sur celle de *pourpre* ou sur le *rouge*. Telles sont une variété de la *sauge*, une variété de la *menthe* et le *rossoli*. Quelques autres ont des feuilles toutes blanches; de ce genre sont une autre espèce de *sauge*, et une autre espèce de *menthe*. Mais jamais on ne vit

---

(1) Ou au *nord-ouest*, appellé *Mistrau* dans le dialecte provençal (mot dérivé du mot italien *Maëstro*, qui désigne ce vent); comme je l'ai observé moi-même dans un petit bois de houx, à une demi-lieue de *Marseille*, sur la route de cette ville à *Aix*; bois qui borde la route à gauche.

de feuilles couleur de *pourpre* ou d'*azur :* d'où l'on peut inférer que les fleurs, ainsi que les fruits, sont formées de la partie la plus atténuée et la mieux digérée des sucs de la terre ; au lieu que les feuilles se forment de sucs de qualité inférieure, et de nature plus commune.

513. Un autre objet de simple curiosité, ce sont les *fleurs doubles ;* avantage qu'on se procure aisément en transplantant les pieds à fleur, ou en leur donnant de nouvelle terre : au contraire, si on les néglige trop, de doubles elles deviennent simples. Mais voici une méthode expéditive pour parvenir au but dont nous parlons : dès que vos graines commencent à lever, ou vos rejetons à pousser, enlevez-les, et transplantez-les dans une meilleure terre. Si l'on essayoit de greffer certaines plantes à fleur, comme la *giroflée de la grande espèce*, le *rosier ordinaire*, le *rosier muscade*, on obtiendroit peut-être, par ce moyen, des *fleurs doubles*. Il y a aussi des *cerisiers* à *fleurs doubles*, mais qui ne donnent point de fruit. Il se pour-

roit encore que, par le concours de tous ces moyens qu'on emploie ordinairement pour accélérer l'ascension de la sève, l'arbre se couvrît d'un plus grand nombre de fleurs, et qu'elles fussent doubles; ce qui formeroit un spectacle très agréable, sur-tout si l'on faisoit cette expérience sur le *pommier*, le *pêcher* ou l'*amandier*, dont les fleurs sont rouges ou rougeâtres.

514. *Des fruits sans pepin* ou *sans noyau*, sont encore un objet de curiosité, et peut-être quelque chose de plus ; car, quel que pût être le moyen qui meneroit à ce but, son effet seroit aussi de rendre la pulpe de ces fruits plus tendre et plus délicate. Si on enlève légèrement la moëlle du scion, ou de la branche d'arbre à fruit qu'on veut mettre en terre, en y en laissant toutefois assez pour qu'elle puisse reprendre et végéter, ce pied donnera des fruits qui n'auront point, ou presque point de pepin ou de noyau. On dit encore que, si, après avoir fendu jusqu'à terre un plant jeune et vigoureux, et en

avoir ôté toute la moëlle, on lie étroitement les deux parties séparées, on obtiendra le même résultat.

515. D'autres prétendent que, si l'on greffe un *citronnier* sur un *coignassier*, les citrons qui proviendront de cette greffe, n'auront point, ou presque point de pepins. Il est encore assez probable que, si l'on greffoit une espèce à *fruits acides* sur une espèce à *fruits doux*, l'ente donneroit des fruits plus doux que ceux des arbres de son espèce, et qui seroient aussi sans pepin ou sans noyau (1).

516. Si nous en croyons d'autres relations, ce n'est pas seulement *en enlevant aux arbres leur moëlle*, qu'on peut obtenir des fruits sans pepins ou sans

––––––––––

(1) Cette proposition semble contredire un peu ce qu'il a avancé plusieurs fois dans les centuries précédentes ; savoir : que *les qualités du tronc sur lequel on greffe, n'influent point du tout sur celles des fruits de l'ente, la branche adoptive*, selon lui, *prévalant toujours sur le tronc qui l'a adoptée*.

noyaux, mais aussi *en empêchant la sève médullaire de s'élever par le milieu de l'arbre, et en la forçant, par une sorte de RÉVULSION, à monter par les parties latérales et extérieures;* par exemple : en perçant l'arbre jusqu'à la moëlle, et insérant un coin dans le trou ; ce qui seroit d'autant moins étonnant, que la moëlle a une affinité manifeste avec cette substance dure et compacte, qui se trouve ordinairement dans l'intérieur du fruit ; l'une et l'autre ayant également des aspérités, et occupant le centre.

517. D'autres relations nous apprennent que, pour obtenir des fruits sans noyaux ou sans pepins, il suffit de n'arroser l'arbre qu'avec de l'eau chaude ; et la règle générale sur ce point est, *que tout ce qui tend à convertir les arbres sauvages en arbres de jardin* (les *sauvageons* en arbres *francs*), *fait aussi que ceux de cette dernière espèce donnent des fruits sans pepins ou sans noyaux.*

Expériences et observations sur les plantes qui dégénèrent et se convertissent en plantes d'une autre espèce.

518. Un principe incontestable, et continuellement vérifié par l'expérience, est que les plantes, par le défaut de culture, se détériorent de plus en plus dans leur propre espèce, et dégénèrent quelquefois jusqu'au point de se convertir en plantes d'une autre espèce. Les causes les plus ordinaires de cette dégénération sont, 1°. un trop long séjour dans la même terre, et le défaut de transplantation ; 2°. l'extrême sécheresse, à moins que l'humidité naturelle du sol ne prévienne cet inconvénient, ou n'y remédie ; 3°. la transplantation dans une plus mauvaise terre, et l'omission de tout ce qui concerne la composition et l'amendement de la terre. C'est ainsi que, faute de culture, la *menthe aquatique* se convertit *en menthe de*

plaine (1); et le chou, en rave (2).

519. Lorsqu'on fait venir de *pepins*, de *noyaux*, de *graines*, etc. des *arbres à fruit* qui viennent ordinairement de *racines*, de *boutures*, de *marcottes*, de *provins*, etc. leurs fruits dégénèrent et deviennent *sauvages*; c'est ce qu'on observe sur-tout dans la *vigne*, le *figuier*, l'*amandier* et le *grenadier*. Il en est de même de ceux qu'on obtient ordinairement par la *greffe*, et qu'on veut faire venir de *noyaux*, de *pepins*, etc. Cependant il est bon d'observer, comme nous l'avons

---

(1) J'interprète l'original mot à mot; l'édition latine s'exprime ainsi : *Par le défaut de culture, la menthe sauvage se convertit en menthe de jardin;* c'est-à-dire, selon ce traducteur, *que la menthe non cultivée se convertit, faute de culture, en menthe cultivée;* resteroit à dire *que la culture convertit la menthe cultivée en menthe sauvage;* ce qui compléteroit l'*absurdité*.

(2) Il s'agit ici de la rave, légume; racine grosse, large et plate, qu'en Bourgogne et dans d'autres provinces on substitue au navet; en un mot, des raves de *Curius*.

fait précédemment, que le *pêcher* réussit mieux par le *noyau* que par la *greffe*. Ainsi, la *règle* que nous venons de prescrire, a besoin d'être *modifiée* par cette proposition, qui la *limite* et qui indique ses vraies *exceptions;* savoir: *que toute plante qui a besoin d'un humor très abondant, vient mieux de noyau que de greffe* : car, quoique les sucs que l'ente tire du tronc sur lequel elle est greffée, soient beaucoup *plus atténués* et *mieux digérés* que ceux qu'elle auroit tirés immédiatement de la terre, cependant ils sont beaucoup *moins abondans,* et la *quantité* est, à cet égard, *en raison inverse de la qualité.*

520. Lorsque les *semences* sont *trop vieilles,* et conservent toutefois assez de force pour germer et croître, les *plantes* qui en proviennent *dégénèrent;* aussi les jardiniers intelligens ont-ils soin, avant d'acheter des graines, de les éprouver en les jetant dans de l'eau qui bout légèrement; car alors, si elles sont bonnes, elles germent au bout d'une demi-heure.

521. Un fait assez étrange que je trouve dans un ancien auteur, c'est celui-ci : lorsqu'un *basilic* est trop long-temps exposé à un soleil ardent, il se change en *serpolet* ; fait d'autant plus étonnant, que ces deux plantes semblent avoir bien peu d'affinité l'une avec l'autre. Cependant la vérité est, que de toutes les plantes de nature chaude, le *basilic* est presque la seule dont la *feuille* soit *onctueuse* et pleine de sucs : or, si l'on suppose que cette substance onctueuse est absorbée et dissipée par l'action trop directe et trop continue du soleil, il en doit nécessairement résulter quelque grande altération dans la texture intime de cette plante.

522. D'autres auteurs prétendent que, si l'on enfouit à une certaine profondeur une branche de *chêne* (1), il en proviendra une *vigne sauvage*. Si ce fait a quelque réalité, ce n'est pas une raison

---

(1) Il ne dit pas si elle doit être *couchée* ou *droite*.

pour croire que la branche de *chêne*, changeant tout-à-fait de nature, se convertit en *vigne*; mais on doit plutôt supposer que cette branche, en se putréfiant, modifie la terre, et lui donne une certaine disposition ou aptitude à produire une vigne (1).

523. J'ai ouï dire (et cette transformation ne me paroît pas tout-à-fait impossible) qu'un vieil arbre destiné à fournir du bois de charpente, étant coupé par le pied, sa souche produit quelquefois un arbre d'une autre espèce ; par exemple, qu'une souche de *hêtre* produit un *bouleau*. Si le fait est vrai, il paroît que la

---

(1) On doit se rappeller qu'il croit à la possibilité des générations spontanées, soit d'animaux, soit de végétaux; hypothèse qui a paru raisonnable pendant deux ou trois mille ans, par la raison que *toutes les générations ont été spontanées, au moins une fois* (à moins qu'on ne suppose qu'elles ont été opérées par un seul coup de baguette); que ce qui a nécessairement eu lieu une fois, peut bien avoir lieu une seconde fois, et qu'un *germe* n'est qu'un *mot sans idée*.

vieille souche étant presque entièrement épuisée, et n'ayant plus assez de sève pour produire un arbre de son espèce, ne laisse pas d'en avoir encore assez pour produire un arbre d'une espèce inférieure, et qui demande beaucoup moins de nourriture.

524. C'est une opinion reçue parmi les cultivateurs, que, si l'on sème trop souvent dans une même terre la même espèce de graine, le bled qui en provient dégénère et perd beaucoup de sa qualité.

525. Il est également certain que, dans les années stériles, le grain qu'on a semé produit des plantes herbacées d'une autre espèce, comme l'a observé l'auteur des *Géorgiques*.

Trop souvent dans ces mêmes sillons, auxquels nous avions confié le plus bel orge, règne ensuite la funeste ivraie, et domine l'avoine inféconde (la folle avoine).

Et une règle assez générale, est que les plantes qui doivent être le produit de la culture, telles que le *froment*, l'*orge*, etc. lorsqu'elles viennent à dégénérer, se transforment en plantes herbacées d'une autre espèce, non-seulement différente de l'*orge* et du *froment*, mais même de celles que la terre produiroit spontanément; la culture donnant aux plantes de ce genre un caractère particulier et purement accidentel, qu'elles perdent aisément.

Cette opération, par laquelle les plantes se transforment d'une espèce en une autre, peut être regardée comme un des plus profonds mystères de la nature ; la philosophie vulgaire, en déclarant impossible toute espèce de transmutation, ayant assez clairement témoigné qu'elle désespéroit de celle-ci comme de toutes les autres. Il n'est pas douteux que les difficultés d'une telle opération ne répondent à la grandeur de l'entreprise, et que, pour se mettre en état de l'exécuter, il ne faille observer la nature de fort près, la forcer, pour ainsi dire, dans ses derniers retranchemens, et la prendre sur le fait.

Cependant nous voyons assez d'exemples frappans de ces transformations, pour être fondés à rejeter l'opinion qui les déclare impossibles, et à chercher les moyens de les imiter nous-mêmes. En premier lieu, si nous tournons nos regards vers les *êtres animés,* nous voyons que ceux qui *naissent de la putréfaction,* se changent ensuite en d'autres espèces ; par exemple : les *vers en mouches,* les *chenilles* en *papillons,* etc. et il est assez vraisemblable qu'en général les animaux qui ne proviennent point d'une semence, peuvent se transformer en animaux d'une autre espèce. Car, c'est cette *semence* même, c'est sa nature propre, spécifique et déterminée, qui, en *liant* et *emprisonnant,* pour ainsi dire, *l'être organisé,* ne lui permet pas de *s'éloigner* de son *moule primitif :* d'où il semble qu'on puisse tirer cette conséquence : la terre peut bien produire des plantes spontanément et sans semence ; la transmigration des plantes d'une espèce à une autre espèce n'est donc pas impossible.

Ainsi, n'ayant à offrir au lecteur aucune expérience de cette nature, nous donnerons des indications ou directions, pour faire des essais en ce genre, dont le succès aura du moins quelque probabilité. Mais, quel que puisse être ce succès, le lecteur sévère et judicieux ne doit pas être étonné de nous voir quelquefois donner place dans cette collection, non-seulement aux *expériences déja faites*, mais même à des *expériences à faire*, et à de simples *indications*, ni regarder l'exposé qu'il va lire, comme une sorte d'anticipation ; car, celles de la première espèce ne dépendant pas de nous, nous sommes obligés de les prendre telles qu'elles se trouvent, et de nous contenter des lumières qu'elles peuvent nous fournir; au lieu que celles du dernier genre étant tout-à-fait en notre disposition, du moins quant à la manière de les tenter, nous sommes, par cela seul, maîtres de les diriger avec plus de précision vers le grand but, vers la recherche des *causes* et la *confection* des *principes généraux*.

526. Ainsi, la première règle que doit se prescrire tout homme qui veut tenter de convertir des plantes d'une espèce en plantes d'une autre espèce, c'est de tâcher de *faire prévaloir la nourriture sur la semence;* d'administrer aux plantes *des sucs nourriciers qui soient d'une nature toute opposée à la leur,* sans leur être tellement contraires qu'elles ne puissent germer et prendre leur accroissement. Par la même raison, il faut choisir *des semences foibles,* peu actives, et en général de mauvaise qualité. Il faudroit donc, conformément à ces vues, prendre des *plantes aquatiques,* et *les repiquer* (1) sur des *collines* ou dans des *plaines;* et réciproquement transporter dans un *terrein sec et sabloneux,* celles qui demandent *beaucoup d'humidité;* par exemple : transplanter la *mauve* ou l'*iris aquatiques* dans un sol *très élevé;* ou encore le *concombre,* la *laitue,* le

---

(1) Terme d'agriculture, imaginé sans doute pour éviter ce pléonasme : *transplanter des plantes.*

chou, etc. dans un *sol sec et sabloneux*; et réciproquement planter la *bruyère*, l'*épine*, la *fougère*, etc. dans une *terre humide* et marécageuse. On conçoit aussi que des *plantes de jardin*, repiquées sur des *montagnes élevées*, pourroient y devenir *plus médicinales*; mais en même temps *moins comestibles*. Peut-être même les herbes les plus sauvages se changeroient-elles, par quelques-uns de ces moyens, en herbes à salade. Telle est donc la première règle à suivre, pour tenter avec succès des transmutations de plantes.

527. La seconde est de *mêler avec une grande quantité de semences d'une autre espèce, une petite quantité de la semence à transformer,* afin de voir si les sucs de ces semences additionnelles ne pourroient pas, en modifiant la terre et lui donnant de nouvelles qualités, la mettre en état de produire quelque altération sensible dans la graine soumise à l'expérience. Par exemple : semez de la *graine de persil* avec de la *graine d'oignon,* de

la *graine* de *laitue* avec de la *graine de persil*, ou enfin des *semences* de *basilic* avec des *semences de thym*, et voyez s'il en résultera quelque changement notable dans la saveur, l'odeur, etc. de la plante à transformer. Mais il seroit à propos d'envelopper dans un linge la graine en question, afin qu'elle ne se mêlât pas avec ces graines étrangères.

528. La troisième règle concerne *la préparation ou composition de la terre* : ce qu'on peut faire en mêlant avec cette terre, des débris de végétaux, écrasés, hachés fort menu, etc. soit les racines, soit les feuilles. Par exemple, mêlez avec cette terre des débris de feuilles de *choux* ainsi hachées, et semez-y des graines d'*artichauds*, de *panais*, de *carottes*, de *navets*, etc. De même, dans une terre que vous aurez préparée en y mêlant des débris de *marjolaine*, d'*origan* et de *serpolet*, jetez de la graine de *fenouil* (1);

---

(1) Ces articles que nous traduisons sont de la graine d'invention et d'expérience ; nos idées se

mais, si le résultat de ces essais étoit tel que nous le supposons, on pourroit se

multiplient à l'infini : mais, pour ne pas arrêter trop long-temps le lecteur, nous nous bornerons à sept.

1°. Après avoir mis dans des pots cette terre mêlée avec des débris de végétaux, n'y semez aucune graine et n'y plantez aucun pied, afin de voir ce que la terre produira spontanément. Mais il y aura toujours un peu d'équivoque dans le résultat; car *l'air est plein de graine, et la nature sème invisiblement.*

2°. Semez ces graines, non dans la terre mélangée, mais dans les débris mêmes de végétaux; ou mettez ces débris sous les racines des plantes, en y faisant tremper le chevelu de ces racines.

3°. Faites dans un champ ou un jardin, un grand nombre de trous un peu espacés et sur une ligne fort longue; mettez dans ces trous de la terre mêlée avec des débris de végétaux; et, dans cette terre, des graines, ou des pieds de plantes d'une autre espèce. Enfin, semez ou plantez dans les intervalles, c'est-à-dire, dans le sol naturel du lieu, des végétaux tous de même espèce, mais d'une espèce différente de celles de ces plantes mortes (méthode *alternative*).

4°. Mettez dans un pot de la terre mêlée avec

méprendre sur la marche de la nature dans cette opération, et s'imaginer que

les débris d'un seul végétal ; dans un second pot, de la terre mêlée avec les débris de végétaux de deux espèces différentes ; dans un troisième pot, de la terre mêlée avec les débris de végétaux de trois espèces, et ainsi de suite : à cette suite ajoutez une autre suite toute semblable : dans l'un des pots de chaque couple, ne mettez rien ; et mettez dans l'autre des graines ou des pieds de plante d'une espèce différente de celles dont les débris s'y trouvent mêlés avec la terre (méthode de *gradation*).

5°. Mettez dans différens pots de la terre mêlée avec des graines de douze ou quinze espèces différentes ; puis, dans une partie de ces pots, mettez des graines ou des pieds de plantes d'espèces différentes de celles des premières graines, et dans les autres ne mettez rien : la situation de ces plantes, lorsqu'elles commenceront à germer, sera fort semblable à la nôtre ; elles se mangeront réciproquement ; puis la plus forte étouffera toutes les autres, et vivra de leur mort.

6°. Il faudroit aussi râper, limer, hacher, etc. des écorces d'arbres, les mêler avec la terre, et ne rien mettre dans cette terre, ou y mettre soit la graine, soit le pied en question.

7°. Mêlez la terre avec un grand nombre de boula graine mise en expérience auroit pompé les sucs de ces débris de végétaux, et que son altération, ou sa transformation auroit été l'effet de cette succion ; conjecture que nous avons déja rejetée : on devroit au contraire attribuer tout l'effet à la seule préparation de la terre, qui, ayant contracté, par ce moyen, de nouvelles qualités, auroit altéré la graine en question, et lui auroit donné un caractère différent, non-seulement du sien, mais même de celui des végétaux mêlés avec cette terre.

529. La quatrième règle est d'*observer avec attention quelles sont les espèces de plantes que produit spontanément la terre qu'on veut employer;* de

---

tons ou d'yeux tirés d'arbres de différentes espèces, et laissez cette terre sans y rien semer ni planter; ou semez-y des graines, piquez-y des pieds de plantes à transformer ou à altérer, etc.

Il me paroît impossible que ces sept expériences ne présentent aucun résultat nouveau; on ne peut arracher à la nature son secret que par une sorte d'importunité.

mettre cette terre dans des pots, et d'y semer la graine à transformer. Par exemple, au pied d'un mur où croissent beaucoup d'*orties*, prenez la terre que vous y trouverez ; ôtez-en toutes les racines et toutes les fibres de ces orties ; mettez-la dans des pots, et repiquez-y des pieds de *giroflée* ou de *pariétaire* ; ou encore semez-y des graines de ces deux espèces, et observez le résultat de cette expérience ; ou enfin, prenez de la terre préparée, pour produire spontanément des *champignons* (et l'on trouvera plus bas quelques indications sur ce sujet) ; mettez-la dans des pots, et semez-y de la graine de *pourpier* ou de *laitue*. Si ces essais sont heureux, ils serviront à confirmer le principe que nous avons posé plus haut ; savoir : *que le suc de la terre, ainsi préparée,* est la vraie, la seule cause de l'altération de la semence.

530. La cinquième règle est de faire des dispositions telles que les *plantes, dans leur accroissement, suivent une marche toute contraire à celle qu'elles*

suivroient naturellement; par exemple : de faire que celles qui sont ordinairement *fort basses,* ou *rampantes, montent beaucoup.* Dans cette vue, piquez près d'un pied de *camomille,* de *thym* ou de *fraisier,* un petit échalas, comme vous le feriez pour les *pois,* le *chèvrefeuille,* le *houblon,* etc. peut-être ces plantes monteront-elles le long de cet appui : quoi qu'il en soit, voyez ce qu'elles deviendront.

531. La sixième règle est de *priver de l'action du soleil et de l'air extérieur,* les plantes qui en ont le plus besoin ; il est peu de changemens aussi grands que ceux-là, et il est probable qu'ils produiroient quelque grande altération dans la nature de ces plantes. Par exemple : mettez de la terre dans un baril ; semez dans cette terre des graines de différentes espèces ; et mettez ce baril au fond d'un étang, ou dans le creux d'un grand arbre. Essayez aussi de semer des graines dans des caves ou autres souterrains (1). Ou en-

---

(1) Semez dans des caves ou autres souterrains,

fin, ayant mis de la terre dans des pots, et des graines dans cette terre, suspendez ces pots dans un puits, à une certaine distance de la surface de l'eau, et observez attentivement les résultats de ces différentes expériences.

Expériences et observations relatives aux moyens d'augmenter ou de diminuer à volonté l'accroissement des arbres en hauteur, et de se procurer des arbres nains.

532. On sait que les arbres (destinés à fournir des bois de charpente ou de menuiserie), qui ont le tronc plus dégarni de rejetons, montent plus droit, et sont de plus belle tige, dans les forêts qu'en pleine campagne; différences qu'on doit attribuer à plusieurs causes concourantes. En premier lieu, les plantes ten-

---

des graines de plantes qui croissent sur les montagnes; et ayant pris dans une excavation, de la terre à différentes profondeurs, répandez-la sur un terrain élevé (méthode de *renversement*).

dent naturellement à profiter de l'action du soleil; et celles des forêts en étant privées, montent, pour ainsi dire, vers cet astre. 2°. Dans les bois, chaque arbre étant obligé de partager les sucs de la terre avec ses voisins, n'éprouve jamais de *plénitude*. Or, l'on sait que la *réplétion* est toujours nuisible à l'*accroissement* des végétaux en *hauteur*. 3°. Leur chaleur y est mieux entretenue, ce qui contribue aussi à faire monter la sève avec plus de force.

533. Les arbres qui ont par eux-mêmes beaucoup de *chaleur*, tels que le *pin* et le *sapin*; chaleur annoncée par ces *gommes inflammables* qu'on y voit transuder, s'élèvent naturellement à une grande hauteur, et sont ordinairement de belle tige; leur tronc étant totalement dégarni de branches latérales depuis le pied jusqu'au sommet : ce qui vient en partie de cette chaleur même, et en partie de la *ténuité* de leurs *sucs* propres; deux causes qui déterminent avec force l'ascension de ces sucs.

534. Au rapport de certains auteurs, si l'on étend *une toile forte sur la tête d'un arbre* greffé fort bas, et au moment où sa pousse commence, on aura, par ce moyen, un *arbre-nain*, et qui s'étendra beaucoup latéralement. La raison de ce double effet est palpable; tout ce qui est susceptible d'accroissement ne pouvant s'étendre que du côté où il trouve un espace libre.

535. La plupart des arbres viennent de *racines*, de *pepins*, de *noyaux*, etc. il en est cependant qui peuvent venir de *boutures*; de ce genre est le *mûrier*: et si vous mettez en terre des scions ou des branches d'arbres de cette classe, quelques-unes de ces boutures reprendront: mais on dit que, par ce moyen, on ne peut obtenir que des *arbres-nains*; ce qui seroit d'autant moins étonnant, qu'un *scion* ou une *branche* ne peut *pomper* les *sucs* de la terre avec autant de *force* que le feroit la *racine*, ou le *pepin*, le *noyau*, etc.

536. Toute plante dont la *sève* a un

mouvement fort vif, n'acquiert point une *grosseur proportionnée* à sa *longueur*; aussi voit-on ces plantes ramper, ou monter en s'entortillant autour des appuis qu'elles trouvent à leur portée, tels sont la *brione*, le *pois*, le *houblon*, le *chèvre-feuille*, le *lierre*, etc. ce qui est diamétralement opposé à notre but actuel; car la condition la plus nécessaire pour obtenir des *arbres-nains*, c'est que la *pousse* soit *moins prompte*, et qu'ils aient *moins d'élan* pour s'élever.

Expériences et observations diverses concernant les plantes imparfaites, les excroissances végétales, et les plantes qui croissent sur d'autres (ou parasites).

Salomon, comme nous le lisons dans les saintes écritures, composa une *histoire naturelle*, où il décrivit tous les *végétaux*, depuis le *cèdre*, qui croît sur le *Liban*, jusqu'à la *mousse* qui croît sur les *murailles*; car tel est le texte des meilleures versions; et la vérité est que la *mousse* n'est, à proprement parler, qu'un *rudiment*, qu'une *ébauche de plante*; c'est en quelque manière la *moisissure* de la *terre* et de l'*écorce* des *arbres* (1).

337. La *mousse* croît ordinairement sur les toits des édifices dont la couverture est en tuile, ou en chaume, et sur la crête des murs; celle de ce genre est d'un verd assez vif et assez agréable. Or, qu'elle croisse le plus souvent sur ces corps en pente, c'est ce qui doit paroître d'autant moins surprenant, que si elle se forme d'un *humor aqueux*, d'*eau*; en un mot, il faut que cette eau soit *coulante*, et non *stagnante* : et si elle croît ordinairement sur les *tuiles* ou les *murs*,

___

(1) Nous supposons presque toujours involontairement que les corps très petits sont organisés moins parfaitement que les grands ; comme si la nature étoit un ouvrier semblable aux nôtres, et avoit plus de peine à travailler en petit ; mais ses outils sont plus fins que nos yeux ; et ce que nous pouvons voir, n'est qu'une partie infiniment petite de ce qu'elle peut faire.

c'est à cause de la *sécheresse* même de cette espèce de sol, qui, ne contenant pas *assez d'humidité* pour engendrer des *plantes* proprement dites, en contient toutefois assez pour produire de la *mousse*. Cependant lorsque la surface de ces corps s'amollit et se résout par l'effet naturel de la vétusté ou de toute autre cause, on y trouve quelquefois de véritables *plantes*, entr'autres la *pariétaire* (1).

Au reste, la mousse a presque toujours de petites tiges, un peu espacées entr'elles, outre son chevelu, qui est plus bas et rampant.

538. Elle croît encore sur les terrasses ou dans les allées et les avenues exposées au froid et tournées vers le nord, assez ordinairement dans celles où la terre est fréquemment foulée et battue, sur-tout peu de temps après qu'elles ont été sablées

---

(1) Ces végétations, et la grandeur des plantes qu'on trouve sur ces toits ou ces murs, paroissent dépendre plutôt de la quantité de terre que le vent y a portée.

pour la première fois ; car tout sol où l'on empêche les *plantes* de croître, ne peut produire que de la *mousse*.

539. Les terres négligées depuis long-temps, se couvrent aussi de mousse ; et lorsque les cultivateurs s'apperçoivent qu'elle commence à croître dans leurs prairies, ils ont soin de donner à ces terres quelques façons, pendant une année ou deux, toujours par la même raison ; savoir : parce que toute terre qui n'a plus assez de sucs pour nourrir des plantes, ne produit que de la mousse.

540. On trouve aussi beaucoup de *mousse* sur les terres qui environnent les fontaines. La raison de ce phénomène est que les fontaines, soutirant l'eau des terres voisines, n'y laissent plus que la quantité d'*humidité* suffisante pour engendrer de la *mousse;* génération à laquelle concourt la fraîcheur de l'eau.

541. Cette *mousse* qui croît sur l'écorce des arbres, est comme leur *chevelure ;* elle est le produit d'une sorte d'*excrétion*, et de cette partie de la sève qu'ils

n'ont pu s'assimiler : sur les grands arbres elle prend une figure qui approche de celle des feuilles.

542. On voit rarement de la *mousse* sur les *arbres* de *nature* fort *humide*, comme le *peuplier* (blanc ou noir), sur le *saule*, sur le *hêtre*, etc. soit parce que la sève des arbres de cette classe s'y porte avec plus de force dans les branches, comme nous l'avons déja observé, soit parce que leur écorce, qui est plus lisse et plus unie que celle des chênes ou des frênes, ouvre ainsi moins de passages et d'issues à la mousse (1).

543. Tous les *arbres fruitiers*, plantés dans une *terre argilleuse*, se couvrent de *mousse*, et elle y paroît sur les branches comme sur le tronc; ce qu'on doit attribuer en partie à la froideur des terres de cette nature, le froid étant toujours

---

(1) Ne seroit-ce pas plutôt parce que ces *aspérités* de l'*écorce* du *chêne* ou du *frêne*, retenant la terre que le vent y porte, servent comme de *pots* aux petites plantes dont la *mousse* est l'assemblage?

un obstacle à la nutrition des plantes (1), et en partie à la *viscosité* de cette terre, qui, en arrêtant ou gênant le mouvement de la sève, l'empêche de monter avec force, et de se distribuer dans les parties hautes.

544. Nous avons dit, dans les articles précédens, que les arbres *coriagineux* (dont l'écorce est trop adhérente et trop serrée), étoient stériles, et se couvroient de mousse; nous avons ajouté qu'on pouvoit corriger ce vice, en faisant çà et là de petites hachures dans leur écorce: ainsi, par la raison des contraires, si on lie un arbre, à l'aide d'une corde bien serrée qui fasse plusieurs révolutions autour du tronc ou des branches, ou par tout autre moyen semblable, on le verra

---

(1) Pour qu'une plante puisse *se nourrir*, il faut que les sucs alimentaires puissent *pénétrer intimement* toute sa substance; pour qu'ils puissent la pénétrer, il faut que ses *pores s'ouvrent*, et que ses *parties s'écartent* un peu les unes des autres. Or, le *froid rapproche les parties, contracte et ferme*; la *chaleur écarte, dilate et ouvre.*

se couvrir d'une grande quantité de mousse. Je présume qu'il en doit être de même des arbres exposés aux vents froids (1). Il est également probable que, si, après avoir étêté un arbre, on couvroit la coupe de quelque matière visqueuse et compacte, on obtiendroit le même effet, et qu'on parviendroit également à ce but en arrosant les arbres avec de l'eau de fontaine très fraîche.

545. Il est une espèce de *mousse*, d'une odeur très suave, et dont les parfumeurs font usage ; elle croît sur le *pommier*. Dirigez vos observations vers cet objet, afin de savoir comment elle se forme, et de quelle nature elle peut être ; car, ce genre de mousse étant de quelque prix, c'est dans cette vue même que nous venons d'indiquer quelques expériences pour faire croître et multiplier la mousse à volonté.

---

(1) Le froid qui, en rapprochant les petites parties, arrête ou ralentit ainsi le mouvement de la sève, tient lieu d'une ligature.

Le genre d'*excroissances végétales*, qui semble avoir le plus d'*analogie* avec la *mousse*, et dont, par cette raison même, nous devons traiter immédiatement après, ce sont les *champignons*, qu'on doit aussi regarder comme des *plantes imparfaites* (1). Deux propriétés assez étonnantes, les caractérisent : l'une, est leur *saveur* qui en fait un mets délicieux; l'autre, leur *rapide accroissement* ; car ils croissent en une seule nuit, et sans être semés.

C'est même ce prompt accroissement qui a fait qualifier de *champignons* ces

---

(1) Nous appellons *imparfaites* les *plantes* que nous *connoissons imparfaitement*, ou qui *ne ressemblent pas* à celles que nous qualifions de *parfaites*; mais une chose est *parfaite* ou *imparfaite*, selon qu'elle *remplit* ou *ne remplit pas sa destination*. Or, nous ne connoissons pas la *destination des champignons*; nous ne savons pas même s'ils en ont une; ainsi nous ne pouvons juger de leur perfection ou de leur imperfection, sinon relativement à nous.

hommes qui font fortune tout à coup (1). Ainsi, on doit penser qu'ils se forment d'un *humor onctueux* et abondant, mais grossier et imparfaitement digéré. C'est même en vertu de cette cause qu'ils occasionnent ce genre d'incommodité connu sous le nom d'*incube* (ou de *cochemar*); par la même raison, lorsqu'on en mange avec excès, ils suffoquent et deviennent un vrai *poison* : ce qui annonce qu'ils sont *flatueux* (*venteux*); mais ce sont des flatuosités par grandes masses, dont l'effet est seulement de *gonfler*, et non des flatuosités disséminées, mordicantes, et qui puissent occasionner des *tranchées*. Aussi, croit-on qu'ils ont la propriété d'exciter l'appétit vénérien.

546. On prétend que l'*écorce du peu-*

---

(1) Ces champignons humains sont ordinairement *fort insolens*; ils sont si petits, qu'ils se croient grands; n'étant pas encore assez accoutumés à leur apparente grandeur pour ne la plus sentir: ils sont tous, ainsi que les champignons végétaux, ou excellens, ou détestables.

plier (noir ou blanc), arbre de nature fort humide, hachée très menue, et jetée dans des sillons bien fumés, dispose la terre à produire en toute saison des *champignons comestibles*. D'autres prétendent qu'il faut ajouter à cette écorce du *levain* dissous dans de l'eau.

547. On dit encore que, pour faire pousser des *champignons* en quantité, dans un pays de montagnes, il suffit de brûler les chaumes par un temps pluvieux.

548. On prétend aussi que la *corne de cerf* limée, râpée, ou hachée fort menue, mêlée ensuite avec du fumier, et suffisamment arrosée, produit des *champignons* : ce qui seroit d'autant moins étonnant, que la corne de cerf est, comme l'on sait, formée d'une substance grasse et visqueuse. Peut-être la corne de bœuf produiroit-elle le même effet.

549. Quelques auteurs rapportent (et le fait nous semble incroyable), qu'on a vu naître un *lierre* sur le *bois d'un cerf*. Cependant, ajoutent-ils, on ne

doit pas attribuer à la corne même cette étrange végétation; mais croire plutôt que cet animal s'étoit frotté contre un lierre (1). On ne connoît aucune autre substance que la *terre*, ou ce qui en provient, comme la *tuile*, la *pierre*, etc. qui ait la propriété de produire de la *mousse* ou toute autre *substance herbacée*. Cependant, pour vérifier ce fait, il seroit bon de faire quelques petits trous à la corne d'un bœuf ou d'un cerf, et d'y insérer des graines de *fenouil*, de *moutarde* ou de *rave*; peut-être ces semences y germeroient-elles.

550. Il est un autre genre d'*excroissance* ou de *plante imparfaite*, qui ressemble à un *champignon* de la plus grande espèce, et qui est quelquefois aussi grande qu'un chapeau; elle n'est

---

(1) Et que quelque graine, avec un peu de terre, s'étoit logée dans les aspérités du bois, etc. etc. etc. car nous n'aimons pas les miracles; et voilà une explication toute prête, sinon pour le passé, du moins pour l'avenir.

point comestible, et est même *vénéneuse.* On la trouve ordinairement sur le tronc d'un arbre mort, ou sur les racines d'un arbre pourri. Ainsi, elle semble tirer tous ses sucs du bois pourri ; fait qui, pour le dire en passant, prouve que le bois, en cet état, fournit encore une sève assez active.

551. On trouve aussi quelquefois sur les parties extérieures d'un arbre mort, un autre genre d'excroissance qui n'a pas encore de nom. Elle est aussi d'un fort grand volume, et a la forme d'un gâteau ; sa couleur est brune ou marron ; ses parties extérieures ont assez de consistance ; et l'on trouve dans son intérieur une sorte de moëlle ; nouveau fait qui semble prouver que les arbres morts ne sont pas entièrement destitués de *force végétative* : en quoi ils ont de l'analogie avec les *cadavres humains*, sur lesquels les *ongles* et les *cheveux* continuent de *croître* pendant quelque temps.

552. On trouve dans les plaines une sorte de *cosse* ou de *capsule*, qui est

d'abord aussi ferme qu'une balle de paume, et d'un blanc éclatant; couleur qui dégénère ensuite, et qui devient semblable à celle d'un champignon (1). Lorsqu'on la brise, il en sort une poussière qui est, dit-on, très *pernicieuse* pour les *yeux*, mais un assez bon remède pour les *engelures*; il paroît que sa substance est de nature âcre, mordicante et corrosive (2).

553. Il est un autre genre d'excroissance, connue en Angleterre sous le nom de *jews-ear* (*oreille de juif*), qu'on trouve ordinairement sur les racines (et autres parties basses) de certains arbres ou arbrisseaux, entr'autres sur celles du *sureau* et du *hêtre*. Elle est d'un brun ob-

---

(1) De quelle espèce de champignon? car il en est de toutes les couleurs.

(2) Il veut sans doute parler du *lycopodium*, espèce de *champignon* où l'on trouve une poussière très-inflammable, qu'on met, dit-on, dans les torches creuses des furies destinées à représenter sur le théâtre l'enfer en mignature, et à désennuyer les Parisiens en leur faisant peur.

scur, et remarquable par la propriété qu'elle a de s'enfler et d'acquérir un volume prodigieux, lorsqu'on la jette dans l'eau chaude. C'est un remède éprouvé pour les *esquinancies* et les inflammations à la gorge; ce qui annonce que sa substance est émolliente et adoucissante.

554. Enfin, un autre genre d'excroissance spongieuse, c'est celle qu'on trouve ordinairement sur les racines du *larix* (ou *mélèse*), quelquefois aussi sur celles du *cèdre* et d'autres espèces d'arbres. Elle est friable et d'un blanc éclatant. Elle est connue sous le nom d'*agaric*, et l'on en tire une drogue estimée en *médecine*, par la propriété qu'elle a d'évacuer les phlegmes et les humeurs tenaces. Elle a aussi celle de *désopiler* la *rate*; mais elle est nuisible à l'*estomac*: sa saveur paroît d'abord douce, puis amère.

555. Le *gui* est la seule plante parfaite qui croisse sur d'autres plantes. Suivant une tradition ridicule, il est un oiseau appellé *l'oiseau du gui* (espèce de *gri-*

ve), qui se nourrit des baies de cette plante; mais qui souvent, ne pouvant les digérer, les rejette en entier avec ses excrémens: et cette graine venant à tomber dans quelque fente, y produit le *gui*. Mais on doit regarder cette relation comme une fable; car il n'est pas probable que ces oiseaux recherchent un aliment qu'ils ne peuvent digérer (1); et quand on accorderoit ce point, il est beaucoup d'autres raisons qui ôtent à cette opinion toute probabilité. 1°. Cette plante ne croît que sur certaines espèces d'arbres, dont les fruits ne sont pas de nature à attirer ces oiseaux, et à leur servir d'aliment. Mais il se peut que l'oiseau en question se nourrisse des baies du gui, et qu'en conséquence on l'ait vu souvent se percher sur les branches d'arbres qui le produisent; ce qui aura sans doute donné lieu à ce conte. Mais un autre fait qui

---

(1) Il se peut qu'ils avalent ces baies, par la même raison qu'ils avalent de petites pierres qu'ils ne digèrent pas non plus.

décide la question, c'est qu'on trouve le *gui*, tantôt *sur* les branches, et tantôt *dessous*; et dès-lors on ne peut plus dire qu'il provient d'une graine qui est *tombée dessus* (1). Le *gui* croît ordinairement sur le *pommier*, franc ou sauvageon; quelquefois sur le *coudrier*; rarement sur le *chêne*; et celui de cette dernière espèce a des propriétés médicales (2). Il conserve sa verdure l'hiver comme l'été; son fruit est d'une blancheur éclatante. En un mot, c'est une plante tout-à-fait différente de celle sur laquelle elle croît. Ainsi, dans cette question, il est deux points hors de doute : l'un, que cette *superfétation* a pour cause la surabondance de la sève dans la branche qui la produit; l'autre, qu'elle est le produit d'une

---

(1) Il se pourroit que la graine, mêlée avec des excrémens visqueux, tombant sur une branche agitée par le vent, et poussée par quelque petite branche voisine, passât dessous, sans cesser d'être adhérente.

(2) Il est céphalique.

sorte d'excrétion de l'arbre, et provient de cette partie de la sève qu'il ne peut s'assimiler; autrement cette sève produiroit des branches. Il paroît aussi que ce genre de suc est plus épais et plus visqueux que la sève ordinaire des arbres, comme on le voit par ses baies qui sont glutineuses. C'est en vertu de cette même cause qu'il conserve sa verdure l'hiver comme l'été; avantage dont sont privés les arbres mêmes sur lesquels il croît.

556. Ces observations sur *le gui* sont autant de faits lumineux qui mènent à d'autres expériences. Ainsi, pour acquérir de nouvelles lumières sur ce point, il faudroit fendre l'écorce de quelque branche d'un *pommier* sauvageon, et arroser tous les jours la plaie avec de l'eau chaude, où l'on auroit auparavant délayé du fumier. Cette branche produiroit peut-être le *gui*, ou quelque autre plante de ce genre. Mais, selon toute apparence, pour assurer davantage le succès, il faudroit arroser ou oindre la branche avec quelque autre substance qui fût

d'une nature moins analogue à celle de l'arbre, que cette eau dont nous venons de parler; par exemple, avec de l'*huile* ou de la *levure de bière*, etc. pourvu que cette substance ne fût pas de nature à faire mourir la branche.

557. Il faudroit voir aussi ce qui naîtroit d'un arbre, si l'on empêchoit ses branches de pousser. Par exemple, après avoir étêté cet arbre, couvrez la coupe d'une quantité raisonnable de terre grasse, et voyez ce qui en résultera. Selon toute apparence, il poussera des racines, comme le font des rejetons courbés et repiqués par le petit bout dans une terre grasse. Mais peut-être cette expérience réussiroit-elle mieux, si l'on employoit, pour couvrir la coupe, quelque autre substance qui eût avec l'arbre moins d'affinité que la *terre grasse;* par exemple, si l'on couvroit d'un *morceau de cuir,* de *toile,* de *drap,* etc. ou encore d'une *couleur à l'huile,* la coupe de *cet arbre;* il n'est pas besoin d'ajouter qu'il faut faire choix d'une substance qui ne puisse être

nuisible à l'arbre. C'est un fait constaté, qu'on a vu naître un pied de *fougère* sur un arbre étêté (1).

558. On peut regarder les *épines* des arbres, arbrisseaux, etc. comme un autre genre d'*excroissance*, attendu qu'elles ne se convertissent jamais en *branches* et ne poussent point de *feuilles*. Les végétaux à *branches épineuses* sont l'*épine*, soit *blanche*, soit *noire*, l'*églantier*, le *rosier ordinaire*, le *citronnier*, le *pommier sauvageon*, le *groseiller de buisson*, l'*épine-vinette*, etc. Les végétaux à *feuilles épineuses* sont le *houx*, le *genévrier*, une *variété du genet*, le *chardon*. La *feuille* de l'*ortie* est aussi armée de *pointes* qui ont je ne sais quoi de *vénéneux*. Enfin, les *feuilles* de la *bourrache* ont aussi des *pointes*, mais *innocentes*. La formation de ces pointes doit être attribuée au concours de plusieurs causes, telles que la célérité de l'accroissement,

---

(1) Sur lequel il étoit tombé de la terre et de la graine de fougère.

la nature sèche de la plante, et l'adhérence d'une écorce trop serrée. Car des esprits très actifs, une sève trop peu abondante, et une écorce trop serrée, sont autant de causes qui doivent *aiguiser les formes*, et par conséquent produire des *pointes* de cette espèce ; aussi sont-elles d'une forme *pyramidale*; la sève, après s'être un peu portée au-dehors, se dissipant aussi-tôt (1). Quant à ces pointes qu'on voit sur les

―――――――――――――――――――

(1) Voyez dans *la Méchanique morale* (Liv. IV, *article des formes*), la manière dont nous avons tenté d'expliquer la production des *formes sphériques, ovalaires, pyreuses, tubulaires, rameuses, pyramidales, coniques,* etc. en l'attribuant au concours de trois causes; savoir : 1°. une *force expansive* et agissant du centre à la circonférence; 2°. une matière plus ou moins *homogène*, plus ou moins *aqueuse* ou *onctueuse*, plus ou moins disposée à obéir à l'action de cette force ; 3° la pression en tous sens, ou en certains sens seulement, exercée par la *terre*, l'*eau* ou l'*air*, qui réagit contre la force expansive, et *rive*, pour ainsi dire, *le clou*.

feuilles de certaines plantes, elles ont pour cause une sève qui se porte dans ces feuilles en trop grande quantité, pour pouvoir s'y distribuer avec cette égalité et cette uniformité, d'où résulteroit le poli de leur surface. Et telle est aussi la cause de ces *aspérités* qu'on voit sur celles de l'*ortie* et de la *bourrache*. La même explication s'applique aux feuilles du *houx* : à la vérité, elles sont lisses et polies; cependant leur surface n'est jamais plane (plate), mais plissée et remplie de sinuosités, toujours en vertu des mêmes causes.

559. Il y a aussi des plantes dont les feuilles, sans être épineuses, sont couvertes d'une sorte de *duvet cotoneux* et de *velouté;* de ce nombre sont la *rose-campian*, ou *rose-grecque*, la *giroflée de la grande espèce* et le *pas-d'âne;* duvet qui est le produit d'un esprit subtil et vigoureux, agissant dans une substance souple et onctueuse. Car l'on s'est assuré par l'expérience, que la *giroflée* de cette espèce et la *rose-grecque*, ap-

pliquées aux carpes des mains, sont un remède efficace pour la *fièvre*, soit tierce, soit quarte. On dit de plus, que des fumigations de *pas-d'âne* sont un remède pour la *pulmonie*. Cette dernière plante est aussi employée en chirurgie, pour raffermir les chairs.

560. On peut encore ranger dans la classe des excroissances végétales, les substances qui sont le produit d'une exsudation des plantes, accompagnée de *putréfaction*. De ce genre est la *noix de galle*, qu'on trouve ordinairement sur les feuilles du *chêne*, et quelquefois aussi sur celles du *saule*. Les cultivateurs en tirent même une sorte de *pronostic*, et prétendent que, dans les années où l'on y trouve beaucoup de *vers*, on est menacé de *maladies pestilentielles*; ce qui n'est pas dénué de vraisemblance, les *vers* étant un produit de la *putréfaction*.

561. On voit aussi sur l'*églantier* une petite touffe de *duvet* ou de *mousse*, de forme circulaire et de diverses couleurs : lorsqu'on les ouvre, on les trouve toujours remplies de petits *vers* blancs.

Expériences et observations relatives à la production des plantes parfaites, sans semence.

562. Si l'on met dans des pots, de la terre qu'on tire en creusant les fondemens d'un édifice, une cave, un puits, etc. elle y produira différentes espèces de plantes, sur-tout de plantes herbacées, mais qui ne paroîtront qu'au bout d'un certain temps. Par exemple, si cette terre est prise à la profondeur d'une toise, elles pousseront dans l'année même; si on la prend plus bas, elles ne paroîtront qu'au bout d'un an ou deux.

563. La *nature* des *plantes* que produit la terre tirée de ces excavations, est *analogue* à celle de la *glèbe* même. Si cette terre est fine et molle, elle produira aussi des plantes molles, telles que le *gramen*, le *plantin*, etc. Si elle est dure et de qualité inférieure, elle produira des végétaux hérissés d'aspérités, tels que l'*ortie*, le *chardon*, le *sapin*, etc.

564. On sait que, dans les allées cou-

vertes d'un gravier épais et serré, la terre, ne produit d'abord qu'un *gramen noueux* et *rampant;* puis un *gramen plus dru.* La cause de cette diversité de productions dans une même terre, n'est autre que le poids, la dureté et la résistance du gravier et du cailloutage récemment jeté, qui, ne permettant pas à l'herbe de monter droit, la force de se détourner et de sortir latéralement par les seuls endroits où elle trouve le passage libre; mais ensuite lorsque la terre s'est un peu relâchée et ameublie à sa surface, le gramen ordinaire se fait jour et commence à pousser.

565. Si nous en croyons certains auteurs, de la terre prise à une certaine profondeur, dans un bois très fourré, dont le sol est fort humide, et mise ensuite dans des pots, y produit des plantes grasses et succulentes, telles que le *pourpier,* la *nummulaire,* la *joubarbe,* le *pouliot,* etc.

566. L'eau produit aussi quelques plantes qui ne prennent point racine au

fond; mais ce ne sont que des plantes imparfaites; la plupart n'étant autre chose que des *feuilles*, et encore très petites. De ce genre est la *lentille d'eau* ou de *marais*, dont les feuilles sont aussi grêles que celles du *thim*, mais d'un verd plus gai : elle jette sous l'eau un grand nombre de filets fort déliés, qui ne vont point jusqu'au fond. Quant au *lilas d'eau*, il a de vraies racines qui s'enfoncent dans la terre. Et il en est de même de quantité d'autres plantes qui croissent dans les lacs, les étangs ou les marais.

567. Au rapport de quelques auteurs anciens, appuyé de témoignages d'écrivains modernes, on voit des plantes qui se forment à la surface de la mer. Ils les regardent comme de simples *concrétions*, et supposent qu'elles se forment de la *portion glaireuse de l'eau*, dans les endroits où le soleil agit avec beaucoup de force, et où la mer est peu agitée. Quant à l'*algue* et au *chardon de mer* (ou *eryngium*), on sait que ces deux plantes ont de vraies racines : la première, au fond de l'eau ; et la dernière, sur le rivage.

568. Les anciens ont observé que la *neige* même, fortement pressée et ensuite *putréfiée*, produit certaines *plantes* qui sont toutes *amères;* entr'autres celle qui, dans la langue des Latins, étoit connue sous le nom de *flomus,* et qui aujourd'hui l'est en Angleterre sous celui de *moth-mullein.* Quoi qu'il en soit, il est certain qu'on trouve quelquefois dans la *neige,* des *vers* assez semblables aux vers de terre; et dès-lors il n'est pas impossible qu'elle produise aussi des *plantes.*

569. D'autres anciens assurent que certaines *plantes* naissent de la *pierre* même; ce qui est d'autant plus croyable, qu'on trouve quelquefois des *crapauds* dans l'intérieur des *pierres de taille.* On sait aussi que des *cailloux* qui n'ont pas été remués depuis long-temps, se couvrent de mousse (1). On voit aussi la *pariétaire* et d'autres plantes à fleur, croître

---

(1) Comme semble l'annoncer ce proverbe si ancien parmi nous: *Pierre qui roule n'amasse pas de mousse.*

sur les murailles. Mais d'où sortent ces plantes ? Est-ce du milieu de la pierre, de la brique ou du ciment, ou encore des lézardes, ou enfin des joints ? C'est une question qu'on ne s'est pas encore mis en état de décider par des observations assez exactes en ce genre. Quant à ces *sureaux* ou à ces *frênes* qui croissent quelquefois sur de vieilles tours, il est visible qu'ils sortent des *lézardes* ou des *joints;* puisqu'en prenant leur accroissement, ils écartent les pierres. Mais on peut demander encore si c'est le *ciment,* le *mortier* qui produit ces *végétations,* ou si elles proviennent seulement des graines que les oiseaux laissent tomber dans les ouvertures. On voit aussi des *plantes* croître sur les *rochers;* mais on doit supposer qu'elles sont produites par la terre qui s'y trouve. Enfin, on a observé que de grands arbres qui croissent dans les carrières, enfoncent leurs racines dans la pierre même.

570. Au fond des *mines d'Allemagne,* nous dit-on, croissent des plantes de plu-

sieurs espèces : les ouvriers prétendent qu'elles sont douées d'une *vertu magique*, et qu'elles ne souffrent pas qu'on les cueille.

571. Rarement le *sable marin* produit des *plantes* : ce que les anciens attribuoient à l'action du soleil qui dissipe trop promptement l'humidité par l'évaporation, pour qu'elle ait le temps de s'incorporer avec la terre, et qu'elle puisse fournir aux plantes quelque nourriture. On prétend de plus que la partie inférieure du *sable* se trouve toujours sur un lit d'*argile*, et qu'on ne trouve jamais de sable dans l'intérieur de la terre, à une certaine profondeur.

572. C'est un fait connu et constaté, que certaines plantes peuvent croître et vivre pendant quelque temps de leur propre substance, et sans tirer aucune nourriture de la terre, de l'eau ou de la pierre : voyez sur ce sujet l'expérience 29.

Expériences et observations diverses sur les plantes exotiques.

573. Des relations nous apprennent que de la terre qui avoit été prise dans l'*Inde* ou d'autres contrées éloignées, et employée à lester des vaisseaux, ayant été apportée en *Italie*, et répandue sur certains terreins, y produisit des *plantes exotiques*, et tout-à-fait inconnues en *Europe*. On ajoute que les racines, l'écorce et les semences de ces végétaux, pilées ensemble, mêlées ensuite avec d'autre terre, et fréquemment arrosées d'eau chaude, produisirent d'autres plantes semblables aux premières.

574. Les plantes tirées des pays chauds tendent naturellement, même sous notre climat, à pousser et à croître dans le même temps où elles le feroient sous leur propre climat. Ainsi, la plus sûre méthode pour les conserver, c'est d'arrêter leur pousse dans les temps froids. On dit aussi que les grains transportés des pays chauds dans les régions plus

froides, sont plus précoces que les grains de même espèce ne le sont dans ces dernières contrées. On peut conjecturer que cette *anticipation de la pousse* seroit plus sensible dans les *bleds* que dans les *arbres*; car, le *froment* étant une plante *annuelle*, et ayant des *racines peu profondes*, la force naturelle de la semence n'a pas le temps de se consumer : au lieu qu'un arbre ayant dans la terre un large *embasement* ou *empâtement*, et étant beaucoup *plus vivace*, donne ainsi plus de prise aux causes qui tendent à altérer ses qualités primitives.

575. Il est beaucoup de plantes naturelles aux pays chauds, qui ne laissent pas d'endurer, jusqu'à un certain point, la température d'un climat plus froid : ensorte que, si l'on a l'attention de ne les semer ou de ne les repiquer qu'à *la fin du printemps*, on les verra pousser, croître et se conserver durant la plus grande partie de l'été. Par exemple, si l'on met en terre, à la fin d'*avril*, des pepins d'*orange*, de *citron*, etc. ils ger-

meront et fourniront d'excellentes salades, pour peu qu'on les mêle avec des herbes destinées au même usage : et je suis persuadé qu'il en seroit de même des semences de *girofle* et de *poivre*, si elles étoient encore assez fraîches au moment où on les mettroit en terre.

Observations diverses sur les différentes saisons où croissent les plantes.

576. Parmi les fleurs, les grains, les semences et les fruits, il en est de *hâtifs* et de *tardifs*. Les *fleurs* les plus *hâtives* de nos climats sont la *prime-vère*, la *violette*, l'*anémone*, le *narcisse*, le *safran de printemps*, et certaines espèces de *tulipes*; toutes plantes de nature froide, et en conséquence plus sensibles que les végétaux de nature *chaude*, à l'action du soleil, qui alors commence à croître ; par la même raison que la main, lorsqu'elle est froide, est plus affectée d'un foible degré de chaleur, que lorsqu'elle est chaude. Celles qui paroissent immédiatement après, sont la *pa-*

riétaire, une autre espèce de *primevère*, la *jacinthe*, la *fleur* de romarin, etc. puis la *véronique*, la *rose*, le *lys*, etc. Les dernières sont la *giroflée*, l'*œillet*, la fleur de la *mauve de jardin*, etc. Quant aux fleurs des arbres, les plus *hâtives* sont celles du *pêcher*, de l'*amandier*, du *cornouiller*, du *merisier*, etc. tous arbres abondans en sucs, de nature aqueuse ou huileuse. C'est en vertu de la même cause que les fleurs du *safran de printemps*, qui est rempli de sucs onctueux, sont également *hâtives*; les plantes de ce genre étant aussi plus sensibles à l'action du soleil que celles d'une constitution *plus sèche*. Les *grains* et les *légumes farineux* se suivent dans cet ordre : d'abord, le *riz* et le *froment* ; puis l'*orge* et l'*avoine* ; enfin, les *pois* et les *fèves*. Car, quoiqu'on mange beaucoup plutôt les pois et les haricots de l'année, cependant ces légumes ne parviennent que beaucoup plus tard à ce degré de sécheresse et de maturité où ils peuvent servir, en partie, de nourriture aux chevaux. Il paroît que les grains les plus *huileux* et les plus *onctueux* sont aussi les plus *hâtifs*. Quant aux *fruits*, les plus *précoces* sont les *fraises*, les *cerises*, les *groseilles de buisson* (ou *groseilles à maquereau*), les *groseilles ordinaires*, etc. Puis viennent les *pommes* et les *poires* des espèces les plus hâtives, les *abricots*, les *framboises*, etc. ensuite, les *prunes de Damas*, et, en général, presque toutes les espèces de ce genre, la *pêche*, etc. enfin, les *pommes*, les *poires* des plus grosses espèces, les *raisins*, les *noix*, les *noisettes*, les *coings*, les *amandes*, les *prunelles*, les *baies de l'églantier*, (le *gratte-cu*), le *houblon*, les *nèfles*, les *cormes*, les *cornouilles*, etc. (1).

577. Il est à propos d'observer que les arbres qui rapportent le plus tard, sont ordinairement ceux qui fleurissent le

---

(1) Auxquelles on donne le nom de *cornes* dans les provinces où elles sont moins communes.

plutôt ; et de ce genre sont le *pêcher*, le *cornouiller*, le *prunellier*, l'*amandier*, etc. Cette *floraison* plus *hâtive* semble être l'effet d'une disposition expresse de la *divine providence* : autrement, les *fruits* qui doivent succéder à ces fleurs, ne profiteroient pas assez long-temps de l'action du soleil, pour parvenir à une complette maturité (1).

---

(1) On doit observer aussi que les fruits transportés autrefois des pays chauds dans nos contrées, tels que la *pêche*, le *raisin*, etc. sont ceux qui mûrissent le plus tard; et qu'au contraire ceux qui sont naturels aux climats froids, comme la *fraise*, la *groseille*, la *cerise* (qu'on a trouvés prodigieusement multipliés dans les parties méridionales de la *Sibérie*), sont ceux qui mûrissent le plutôt. J'ai trouvé des *fraisiers* et des *groseillers* dans des fentes de rochers pendant en sur-plomb, sur les côtes de l'*île* de *Terre-Neuve*, ou plutôt de l'*île du Quairpont*, qui n'est séparée de la grande île que par un petit détroit : leurs fruits étoient mûrs au mois de *juillet*, quoique la température fût souvent assez froide. On y trouve une autre plante fort basse, connue des marins sous le nom de *platebière*, dont la feuille a quelque analogie avec celle

578. On voit, mais assez rarement, des arbres, arbustes, ou plantes à fruit, qui donnent deux récoltes par an : de ce nombre sont certaines espèces de *poiriers* et de *fraisiers* (1). Il paroît que les végétaux de cette classe abondent en sucs ; et c'est en vertu de cette même cause, qu'après une période révolue, ils peuvent encore, avant que l'action du soleil soit trop affoiblie, en recommencer et en achever une seconde. Quel-

---

de la *vigne*; mais dont la forme, la couleur et la saveur acidule ont de l'analogie avec celles de la framboise ; tous faits qui semblent conduire à ce raisonnement : puisque les fruits qui deviennent doux en mûrissant, sont acides avant d'être mûrs, il paroît que les fruits qui demeurent acides, même lorsqu'ils sont mûrs, demandent moins de chaleur que ceux dont la maturité rend la saveur plus douce, et par conséquent doivent mûrir plutôt.

(1) J'ai trouvé, le 11 novembre 1767, des *fraises* mûres et des *violettes*, dans le *parc de Versailles*, près de *Trianon*; le 12 de mai de l'année suivante il *neigeoit*. On verra, à la fin de la neuvième centurie, les causes du premier de ces deux phénomènes.

ques variétés de la violette fleurissent deux fois par an, entr'autres la blanche double ; ce qui est d'autant moins étonnant, que cette plante est de nature très humide. Certains *rosiers* rapportent aussi deux fois par an, pourvu qu'on ait soin de les tailler de la manière que nous avons indiquée.

579. Quoiqu'en *Russie* le bled ne commence à pousser qu'à la fin du *printemps*, la moisson ne laisse pas d'y tomber à peu près dans le même temps que chez nous. La raison de cet accroissement si rapide dans ces régions froides, est que la neige y entretient la chaleur et la force de la terre. Aussi voyons-nous que les meilleures années sont ordinairement celles qui succèdent aux plus longs hivers (1). Et, après de tels hivers,

---

(1) Ce qui peut venir aussi de ce que la pousse étant extrêmement retardée, les végétaux sont moins exposés à l'effet pernicieux des gelées tardives. Au reste, les hivers les plus rudes sont ordinairement les moins longs; il semble qu'à cet

les fruits tardifs et les fruits précoces viennent assez ordinairement tous à la fois; ce qui donne beaucoup d'embarras aux cultivateurs; car alors vous aurez, par exemple, en même temps, des *roses ordinaires* et des *roses de Damas*: il en est de même de la récolte du *froment* et de celle de l'*orge*. Ce n'est pas toutefois que, dans de telles années, la seconde récolte soit plus hâtive qu'à l'ordinaire, mais parce que la première attend, pour ainsi dire, la seconde.

580. Dans les pays chauds, il est beaucoup d'arbres sur lesquels on voit en même temps des fleurs, des fruits récemment noués, et des fruits mûrs; ce qui dure toute l'année sans interruption: et l'on sait que, dans nos contrées, l'*oranger* présente le même phénomène durant la plus grande partie de l'été : il en est de même du *figuier*. Il n'est pas douteux que toutes les plantes ne tendent

---

égard, comme à tant d'autres, *la durée soit en raison inverse de l'intensité*.

naturellement à cela ; mais soit que la plupart n'aient pas une sève assez abondante, soit que, dans nos contrées, le froid de l'hiver, qui les resserre, arrête ou ralentisse le mouvement de cette sève, on ne peut voir ainsi réunis tous les différens degrés de l'accroissement et de la maturation, que sur les plantes très abondantes en sucs, et dans les pays chauds.

581. Certains végétaux ne vivent qu'une année ; et cette période révolue, meurent entièrement, les racines, ainsi que les parties extérieures : de ce genre sont la *bourrache*, la *laitue*, le *concombre*, le *melon musqué*, le *basilic*, le *tabac*, le *sénevé*, et toute espèce de *bled*. Il est d'autres plantes *plus vivaces*, et qui durent plusieurs années ; telles que l'*hyssope*, la *germandrée*, la *lavande*, le *fenouil*, etc. La courte durée des premières doit être attribuée à deux causes : l'une, est le peu de consistance et la foiblesse de leur semence ; foiblesse dont l'effet naturel est d'abréger leur période ; ce qu'on peut appliquer spécialement à

la *bourrache*, à la *laitue*, au *concombre*, au *bled*, etc. La seconde cause est que, parmi ces plantes, il en est qui ne peuvent résister au moindre froid; de ce nombre sont le *basilic*, le *tabac*, le *sénevé*, etc. Or, les plantes de cette dernière espèce ont beaucoup de chaleur naturelle.

Observations diverses sur la durée des plantes herbacées, des arbres, arbrisseaux, etc.

582. La *durée* des plantes est *proportionnelle à leur volume :* par exemple, le *chêne*, l'*orme*, le *châtaignier*, etc. sont très *vivaces :* cette règle toutefois ne regarde que les *arbres ;* la règle contraire ayant souvent lieu pour les *plantes herbacées*, les *arbustes*, etc. Par exemple, la *bourrache*, le *chou*, la *citrouille*, végétaux d'un *grand volume*, sont de très *courte durée*. Au lieu que l'*hyssope*, la *sariette*, la *germandrée*, le *thym*, la *sauge*, etc. sont *plus vivaces*. La raison de cette différence est que

la durée des arbres doit être proportionnée à la quantité de leur sève et de leurs sucs propres; leur écorce, d'ailleurs, les garantissant des intempéries de l'air ; au lieu que les plantes herbacées et les arbustes, n'étant formés et nourris que de sucs qui ont peu de force, leur tige est nécessairement molle et foible. D'où il suit que celles d'entre ces plantes qui ont une odeur forte et une tige ligneuse, doivent être plus vivaces.

583. Les arbres qui portent des *noix*, des *glands*, des *faines*, etc. sont de plus longue durée que ceux qui portent des *fruits*, sur-tout des *fruits* pleins de suc : par exemple, le *chêne*, le *bouleau*, le *châtaignier*, le *noyer*, l'*amandier*, le *pin*, sont *plus vivaces* que le *pommier*, le *poirier*, le *prunier*, etc. La vraie cause de la plus longue durée des premiers, est la nature grasse et huileuse de leur sève et de leurs sucs propres, qui, par cela seul, se dissipent moins que des sucs d'une nature plus aqueuse.

584. Les arbres dont les feuilles pa-

roissent les dernières, et tombent aussi le plus tard, sont de plus longue durée que ceux dont les feuilles naissent et meurent plutôt. La raison de cette différence dans la durée, est qu'une pousse plus tardive, en général, annonce une sève plus épaisse et plus fixe; au lieu qu'une pousse plus prompte indique une sève plus fluide, et qui se résout plus aisément. C'est en vertu de cette même cause, que les *sauvageons* sont plus vivaces que les *arbres francs*, et que dans une même espèce, les arbres qui donnent des *fruits acides*, vivent aussi plus long-temps que ceux qui donnent des *fruits doux*.

585. Rien ne contribue plus à *prolonger la durée* des *arbres, arbrisseaux, arbustes, plantes herbacées*, etc. que le soin de les *élaguer* fréquemment; l'effet de cette *taille fréquente* étant de *renouveller la sève* dans tous les végétaux. Cette opération fait aussi que la sève ayant moins de chemin à faire, et moins de branches à nourrir, agit avec plus de

force sur celles qui restent, et les nourrit mieux. Ensorte que si l'on avoit également soin d'*élaguer* à propos les *plantes annuelles*, de ne pas trop les dépouiller; en un mot, de leur laisser prendre tout leur accroissement, elles deviendroient probablement *plus vivaces*, comme nous l'avons déja observé. C'est une expérience qu'on peut tenter sur le *pourpier*, le *concombre* et autres semblables. Quant aux arbres, nous voyons que ceux qui sont plantés dans les cimetières, près des vieux édifices, ou dans d'autres lieux de cette nature, poussent confusément beaucoup de branches latérales et basses; rarement ils sont de belle tige.

586. Il faudroit aussi tenter quelques expériences pour rendre les *plantes plus vivaces :* par exemple, pour rendre le *bled plus qu'annuel*, bien entendu qu'il faut traiter ces plantes de manière que l'hiver ne les fasse pas mourir ; car il ne s'agit ici que de prolonger leur période naturelle. Mais il est une règle assez sûre, qui doit diriger toutes ces expériences;

savoir : *que tout ce qui peut contribuer à rendre une plante plus tardive, et à ralentir son accroissement, contribue, par cela seul, à prolonger sa durée.* Par exemple, on pourroit tenter un essai de ce genre sur le *bled*, en le faisant croître à l'ombre, et l'environnant, dans cette vue, d'une clôture en bois, et un peu élevée, mais de manière que le bois ne touchât pas à la plante, et même n'en fût pas assez près pour empêcher la circulation de l'air.

587. Quant aux moyens de *conserver* les *végétaux* et les *fruits*, cueillis ou non, c'est un sujet que nous traiterons dans le chapitre qui aura pour objet spécial la *conservation des corps.*

Observations sur les diverses figures des plantes.

588. Nous croyons devoir renvoyer ce que nous avons à dire sur les figures particulières des plantes de différentes espèces, au livre qui sera plus particulièrement consacré à de telles descriptions,

et nous nous contenterons pour le présent, de donner quelques observations générales sur ce sujet.

Les arbres et les végétaux plus petits, en poussant leurs branches et leurs rejetons, n'affectent aucune figure particulière, et ne suivent aucun ordre déterminé; ce qu'on peut expliquer ainsi : la sève resserrée et retenue par l'écorce ou la peau, dans le tronc d'un arbre, ou le tuyau d'une plante herbacée, ne se porte au-dehors qu'au moment où elle commence à former des branches; mais, dans son éruption, elle se fait jour *au hazard*, par les endroits de l'écorce ou de la peau qui lui opposent le moins de résistance. Il est vrai que la pousse, dans de certains arbres, étant plus irrégulière que dans tous les autres, leurs branches sont ainsi plus dispersées; irrégularité qu'on observe dans le *saule*, le *pommier-sauvageon*, le *coignassier*, le *néflier*, le *citronnier*, etc. d'autres affectent une figure *pyramidale* (ou celle d'un cône renversé); de ce genre est le *poirier* (en latin *pyrus*, nom qui, suivant certains critiques, est dérivé du mot grec πυρος (*puros*) *feu*). Il en est de même du *sapin*, du *cormier*, de l'*oranger*, du *tilleul*, etc. Quelques-uns s'étendent davantage latéralement, et poussent beaucoup de branches, comme le *hêtre* et ses variétés. D'autres enfin n'affectent aucune figure particulière et déterminée. La cause de cette dispersion, ou de cette disposition confuse des branches, dans certaines espèces, est la prompte éruption de la sève, dont l'effet est d'empêcher que l'arbre ne croisse beaucoup en hauteur, et ne soit de belle tige ; la plupart de ses branches poussant latéralement, sans ordre et près de terre. Quant à la figure pyramidale du poirier et de ses analogues à cet égard, il est aisé de l'expliquer, en supposant que la sève, retenue dans le tronc long-temps avant la pousse, et se portant du centre à la circonférence au moment de son éruption, se distribue uniformément et agit également dans toutes les directions. Enfin, l'expansion latérale du *hêtre* et d'autres arbres semblables, a pour cause l'ascension rapide d'une sève abondante dont aucune partie ne se dissipe, et qui se porte toute entière au-dehors en une seule fois.

589. On peut dire de certains végétaux, qu'en poussant leurs branches et leurs feuilles, ils observent une espèce *d'ordre;* car on y voit des nœuds et des articulations distinctes, qui sont comme autant de pas que fait la germination, et de repos ménagés à la sève dans son ascension. Ces nœuds doivent être attribués au mouvement inégal de la sève qui, dans son ascension, semble quelquefois se lasser et s'arrêter en chemin. Il paroît que la tige, ou le tuyau de ces plantes, a certaines parties plus dures et plus serrées, qui font obstacle à cette ascension, jusqu'à ce que la sève se soit assez ramassée, fixée et consolidée, pour former un nœud; ce qui, en rétrécissant le canal et gênant son mouvement direct, la détermine à se porter au-dehors. Aussi

la plupart de ces tiges sont-elles creuses lorsqu'elles sont sèches ; c'est ce dont on voit des exemples dans la tige du *fenouil*, dans le *tuyau du froment* et le *roseau*.

590. Les *fleurs* ont toutes une figure déterminée ; le nombre de leurs *pétales* (ou feuilles), dans une même espèce, étant toujours le même : quelques-unes en ont *cinq*, les autres *quatre*, rarement davantage ; *cinq*, comme la *prime-vère*, la *rose* de l'*églantier*, la *rose musquée simple*, l'*œillet simple*, la *giroflée simple*, etc. *quatre*, comme le *lilas*, le *lys*, la *fleur de la bourrache*, celle de la *buglosse*, etc. Il en est toutefois qui ont un nombre infini de pétales, mais toutes extrêmement petites ; de ce genre sont le *souci*, la *fleur* de *trèfle*, etc. Nous voyons aussi que le support ou *calice* des fleurs a une forme constante dans les mêmes espèces ; tel est celui de la *rose* avec ses cinq échancrures pointues, et celui de l'œillet avec les siennes. Il en est de même des feuilles dont la figure varie d'une espèce à l'autre, et est toujours la même

dans une même espèce. Il en est d'*arrondies*, d'*alongées*, jamais de *quarrées*. Il en est d'autres dont le bord ou le limbe est *dentelé* comme une *scie*; ce qu'on observe rarement dans les fleurs; car la dentelure des pétales de l'*œillet*, ou de certaines variétés de la *giroflée*, nous paroît avoir moins d'analogie avec celles dont nous parlons, qu'avec les découpures des feuilles de chêne ou de la vigne; mais on n'en voit point dont le limbe soit *perlé* (1).

Observations diverses sur les différences caractéristiques des plantes.

591. Il est peu d'arbres ou de plantes plus petites, où les fleurs paroissent avant les feuilles, comme sur le *pêcher*, l'*amandier*, le *cornouiller*, l'*épine noire*, etc. mais dans la plupart les feuilles devancent les fleurs; c'est ce qu'on observe

---

(1) Il en est pourtant dont le bord est *crénelé*, c'est-à-dire, dont les dents ont une forme arrondie, et qui approchent de celle dont il parle.

sur-tout dans le *pommier*, le *poirier*, le *prunier*, le *cerisier*, l'*épine blanche*, etc. La cause de cette différence est que les végétaux de la première espèce contiennent *ou des esprits très actifs et très pénétrans*, ce qui les met en état de fleurir dès le commencement du printems, quoiqu'ils ne rapportent qu'à la fin de l'été ; *ou des sucs oléagineux* qui leur donnent plus d'aptitude à produire des fleurs qu'à pousser des feuilles.

592. Parmi les végétaux, il en est qui conservent leur verdure pendant tout l'hiver ; et d'autres dont les feuilles tombent aux approches de cette saison. Du premier genre sont le *houx*, le *lierre*, le *buis*, le *sapin*, l'*if*, le *cyprès*, le *genévrier*, le *laurier*, le *romarin*, etc. La vraie cause de la propriété de ceux-ci est la substance serrée et compacte de leurs feuilles ou du pédicule de ces feuilles ; et la *cause de cette cause* est la nature *visqueuse* et *tenace* des sucs propres de la plante, ou sa chaleur et sa force naturelles. La première partie de cette explication s'ap-

plique nommément au *houx*, dont le *suc propre* est tellement *visqueux*, que son écorce sert à faire la *glu*. Il en faut dire autant du *lierre*, dont les rameaux sarmenteux sont durs, compacts, et beaucoup moins fragiles que ceux des végétaux analogues, mais dont la substance est plus sèche. Il en est de même du *sapin*, qui fournit la *poix*, ainsi que du *buis*, dont le bois est dur et pesant, comme on en peut juger par les *boules* qu'on en fait, et de l'*if*, qui fournit un bois tout à la fois très fort et très flexible, dont on fait des *arcs*. Du second genre est le *genévrier*, dont le bois exhale une odeur forte et donne un feu dont la chaleur a beaucoup d'intensité. Il en est de même du *laurier*, dont le bois est de nature chaude et aromatique, ainsi que du *romarin* parmi les arbustes. Quant aux *feuilles*, leur densité s'annonce par leur *poli* et leur *éclat*, comme dans celles du *laurier*, du *houx*, du *buis*, du *lierre*, etc. ou par leur *consistance*, leur *roideur* et leur *forme aiguë*, comme dans les autres végétaux de cette même classe.

Il faudroit essayer de greffer sur le *houx*, le *romarin*, le *laurier* ou le *buis*, ces végétaux étant en pleine sève durant l'hiver ; ou encore des végétaux de toute autre espèce, soit arbres à fruits, soit arbres de forêts, afin de voir s'ils ne pourroient pas conserver leurs fruits ou leurs feuilles beaucoup plus long-temps, et même durant une partie de l'hiver. Enfin, la *camélée* greffée sur le *houx*, seroit peut-être plus précoce et de plus haute taille.

593. Parmi les plantes, soit grandes, soit petites, il en est qui ne fleurissent point, et qui ne laissent pas de donner des fruits : d'autres donnent des fleurs sans donner de fruits. La plupart des arbres de haute futaie, et destinés à être mis en œuvre, tels que le *chêne*, le *hêtre*, etc. n'ont point de fleurs apparentes : il en est de même de quelques arbres à fruit, tels que le *mûrier*, le *noyer*, etc. et de quelques arbrisseaux ou arbustes, tels que le *genévrier*, le *houx*, etc.

qui ne fleurissent jamais. Il est aussi des plantes herbacées qui donnent des graines ou semences qu'on peut regarder comme leurs fruits, mais qui ne donnent point de fleurs : tel est entr'autres le *pourpier*. Dans la classe des arbres, les espèces qui donnent des fleurs sans donner de fruits, sont en très petit nombre : de ce genre sont le *cerisier à fleurs doubles*, le *saule*, etc. Quant au *cerisier*, on peut soupçonner que ses fleurs doubles sont un produit de l'art et de la culture. Si cette conjecture étoit fondée, on pourroit essayer de rendre doubles les fleurs du *pommier* et de tout autre arbre à fruit. On ne voit qu'un très petit nombre d'espèces qui ne donnent ni fleurs ni fruits : de cette classe sont l'*orme*, le *peuplier*, le *buis*, la *fougère*, etc.

594. Parmi les végétaux, il en est qui continuent de monter jusqu'à ce qu'ils aient pris tout leur accroissement, et dont la tige est assez forte pour se soutenir elle-même ; tels sont la plupart des arbres ou des végétaux plus petits. Mais il en

est d'autres, dont la tige grêle et foible rampe à la surface de la terre, ou monte en s'entortillant autour des arbres ou des appuis qu'elle trouve à sa portée : de ce genre sont la *vigne*, le *lierre*, les *ronces*, la *brione*, le *chèvre-feuille*, le *houblon*, la *clématite*, la *camomille*, etc. La raison de ce dernier effet est sensible : toutes les plantes tendent naturellement à monter ; mais, lorsque le mouvement de la sève est très vif, elle ne produit qu'une tige grêle et sarmenteuse, qui n'a pas assez de force pour se soutenir par elle-même : aussi la pousse et l'accroissement de tous les végétaux de cette dernière espèce sont-ils ordinairement très rapides.

Expériences et observations relatives aux moyens de composer ou d'améliorer la terre et d'aider son action.

695. Le principal et le plus connu de tous ces moyens, ce sont les *fumiers*. Mais il est en ce genre un choix à faire. On peut mettre au premier rang le

crotin de *brebis;* au second, le *fumier* des *bêtes à cornes;* au troisième, celui de *cheval,* qui a trop de chaleur, dit-on, et qui en conséquence a besoin d'être mêlé. La *fiente de pigeon* est excellente pour les jardins, et en général pour tous les terreins où la couche végétale n'est pas fort épaisse. Quant à la méthode qu'il faut suivre en fumant les terres, la voici. Si ce sont des terres labourables, on commence par répandre le fumier dessus, avant d'y faire passer la charrue et de les ensemencer; puis, en renversant la motte, on le mêle et on l'enterre. Car, si on le jetoit sur les champs long-temps auparavant, le soleil auroit le temps d'absorber et de dissiper cette substance graisseuse qui en fait toute la force. Si la terre à cultiver est une prairie, on jette le fumier un peu plus tard et aux approches de l'hiver, temps où le soleil, qui n'a plus autant de force, ne peut plus le dessécher. Quant à la manière d'amender la terre pour la culture des jardins, de former des couches, etc.

c'est un sujet que nous avons déja traité.

596. Le second genre de moyens est de *répandre sur le terrein des substances de différentes espèces*, comme *marne, chaux, sable marin*, ou de *jeter sur la terre à cultiver, d'autre terre :* par exemple, celle qu'on trouve au fond d'un étang; ou encore de mêler ensemble ces substances; ou enfin de combiner ces substances avec ces terres. La *marne* est celle qu'on préfère ordinairement comme ayant plus de graisse, sans avoir l'inconvénient d'échauffer excessivement les terres. Ce qui en approche le plus, c'est le *sable marin*; il doit une partie de sa nature fécondante au sel dont il est imprégné, et qu'on peut regarder comme la première ébauche, le premier élément de la vie. La *chaux* a l'inconvénient de brûler les terres, et ne convient qu'aux terres froides, humides et argileuses. Mais, comme je l'ai appris d'un cultivateur intelligent, c'est une erreur de croire que la chaux est avantageuse aux champs à grain, et ne convient point aux

prairies : la vérité est qu'elle convient également aux uns et aux autres ; et la principale cause de ce préjugé que nous relevons ici, c'est qu'après avoir répandu la chaux sur les prairies, et l'avoir mêlée avec la terre, on fatigue le sol par des récoltes multipliées et sans lui donner de repos, ce qui l'épuise et l'*affadit* en fort peu de temps. Ainsi, il faudroit essayer de répandre la chaux sur les terres labourables, un peu avant d'y faire passer la charrue, et de l'enterrer ensuite comme le fumier ; bien entendu qu'on attendroit que les pluies eussent rendu la terre plus meuble et qu'on lui donneroit des repos suffisans (1). Quant aux engrais

---

(1) J'ai sous les yeux les résultats d'un grand nombre d'expériences en ce genre : tout considéré, il se trouve que la chaux, de quelque manière qu'on l'emploie, donne d'abord des récoltes brillantes, et épuise le sol en peu d'années. Mais, peut-être en l'employant en moindre quantité, pourroit-on avoir d'abord des récoltes moins brillantes, en avoir plus long-temps de moyennes, et épuiser le sol plus lentement, ou même ne pas l'épuiser ; en un mot, on

composés de *terre seule*, on peut dire qu'à cet égard la terre se suffit à elle-même, et qu'elle tient souvent lieu de *fumier*, pourvu qu'elle soit bien choisie. Par exemple, j'ai vu un jardin sur lequel on avoit répandu, pour ainsi dire, un champ tout entier, et dont les arbres à fruit rapportèrent prodigieusement l'année même où ils furent plantés. Car de toutes les couches d'une terre végétale, c'est toujours celle de la surface qui est la plus féconde : or, celle de ce jardin avoit deux surfaces, au lieu d'une. Mais je suis persuadé qu'une terre où il se formeroit du *salpêtre*, seroit excellente, et que cette manière d'amender la terre seroit préférable à toutes les autres, si l'on pouvoit obtenir cet effet par des moyens peu dispendieux. Or, le vrai moyen d'accélérer la formation du salpêtre dans une terre, ce seroit de la garantir, autant qu'il seroit possible, de l'action du soleil,

---

pourroit ne l'employer que comme une dernière ressource.

et d'empêcher l'herbe d'y croître. Par exemple, si l'on couvroit d'une couche un peu épaisse de chaume, ou de planches, une certaine étendue de terrein, il s'y formeroit peut-être du *salpêtre* (1).

Quant à la *terre tirée du fond des étangs* ou des rivières, c'est un très bon *engrais*, sur-tout si ces étangs n'ont pas été curés depuis long-temps ; car alors, l'eau dont cette terre est détrempée, est moins *affamée* (2). Je présume aussi qu'il ne seroit pas inutile de la mêler avec de la *chaux*.

597. Le troisième genre de moyens

---

(1) Le texte de l'édition angloise prescrit de bâtir sur ce terrein une grande chaumière qui le couvre tout entier ; et celui de l'édition latine conseille seulement de le couvrir de chaume. Mais le premier moyen seroit trop dispendieux, et le vent emporteroit l'autre ; ainsi, nous nous en tiendrons aux planches, en réservant ce merveilleux moyen pour quelque menuisier qui voudra se ruiner.

(2) Moins affamée de sels ou autres principes fécondans, qu'elle peut dissoudre, et par conséquent moins disposée à affadir et à énerver la terre.

pour amender les terres, se tire de *ces substances, qui, sans être de la terre pure*, ne laissent pas d'*augmenter leur fertilité*. On doit mettre au premier rang les *cendres* qui sont éminemment douées de cette vertu fécondante : ensorte que les cantons voisins du *Vésuve* ou de l'*Ethna* trouvent dans l'étonnante fécondité de leur sol, occasionnée par les *cendres* que ces *volcans* répandent dessus, un avantage qui semble compenser les terribles inconvéniens auxquels ils sont exposés par cette proximité. La *suie* répandue en petite quantité sur un champ ou sur les planches d'un jardin, n'est pas moins utile. Il en est de même du *sel*; mais le haut prix de cette substance ne permet pas de l'employer à cet usage; cependant on s'est assuré par l'expérience, que, mêlé avec le bled, ou en général avec les graines, et semé en même temps, il a de puissans effets. Je suis persuadé que la *chaux pulvérisée* et mêlée aussi avec les semences, auroit les mêmes effets ; et n'en auroit peut-être pas moins, employée de cette manière, qu'elle n'en a, lorsqu'on se contente de la répandre sur le terrein, comme nous l'avons prescrit plus haut. Quant à ce qui regarde la méthode de faire macérer les semences dans des eaux mêlées avec différentes substances, pour leur donner de la force, et celle d'arroser les terres avec de telles eaux, c'est un sujet que nous avons aussi traité.

598. Le quatrième genre de secours qu'on peut donner à la terre, c'est *d'y laisser mourir les végétaux*, qui, en s'y putréfiant, l'engraisseront d'autant ; par exemple, les *chaumes*, et sur-tout les *débris des pois*. La *fougère*, répandue sur le terrain à l'entrée de l'hiver, augmente aussi sa fécondité. Il faudroit faire quelques tentatives pour s'assurer si des *feuilles mises en tas* et *mêlées avec de la chaux* ou du *fumier*, pour leur donner plus de force, ne formeroient pas encore un bon engrais (1). Car il n'est

---

(1) Voyez, sur ce sujet, le *Socrate rustique*.

rien qu'on néglige et qu'on laisse perdre autant que les feuilles des arbres. D'ailleurs, dispersées comme elles le sont ordinairement, et employées sans être mêlées avec quelque autre substance, elles contracteroient une certaine aigreur qu'elles pourroient communiquer à la terre.

599. Le cinquième genre de moyens qu'on peut employer pour donner à la terre plus d'action, c'est la *chaleur;* effet que les anciens obtenoient par le moyen suivant : ils profitoient d'un vent un peu fort pour brûler sur une grande étendue de terrein les *bruyères*, les *glaïeuls*, les *fougères*, etc. puis le vent, entraînant les cendres de ces végétaux, les dispersoit sur les terres. On sait que la *chaleur* produite par la *réverbération* des *murs*, et en général, par toute espèce de *clôture* ou d'*abri*, amende aussi les terres. Il en est de même de l'*exposition au midi.* Enfin, on obtient le même effet en faisant *parquer* les *moutons* sur la terre qu'on veut amender; effet

qu'on doit attribuer non-seulement à la *chaleur* que ces animaux communiquent au terrein, mais aussi au *crotin* ou autres *matières excrémentitielles* qu'ils laissent dessus. Nous avons dit dans le n°. précédent, que des *fougères* répandues sur les terres au commencement de l'hiver, contribuoient à les améliorer ; on peut conjecturer qu'elles ne produisent cet effet qu'en entretenant la chaleur du sol. Des cultivateurs intelligens soupçonnent que la méthode de *ramasser les cailloux* dispersés sur les champs, et de les y laisser en tas, comme on le fait ordinairement, contribue quelque peu à l'amendement des terres ; toujours par la même raison, parce qu'ils retiennent la chaleur du sol, et l'empêchent de se dissiper.

600. Le sixième genre de moyens, ce sont les *arrosemens*, qu'on peut faire de deux manières. L'une consiste à faire dériver les eaux sur les terres dans les temps convenables, et à les en faire écouler à propos. Car ces eaux amenées sur une terre dans telle saison, et n'y

séjournant qu'autant qu'il le faut, y seront très utiles; mais, amenées dans telle autre saison, et y séjournant fort longtemps, elles y seront très nuisibles. D'ailleurs, c'est un moyen qu'on ne peut employer que pour les prairies situées le long des rivières. L'autre méthode est de tirer ces eaux des terres en pente où il y a des sources, et de les dériver sur les terres plus basses à l'aide de canaux, qui, étant situés transversalement, et saignés ensuite dans toute leur longueur, arrosent ainsi une plus grande étendue de terrein (1).

---

(1) Autour de la ville de *Canton* en *Chine*, presque toutes les collines sont taillées *en gradins*; il semble que ce soit dans les mêmes vues. Au reste, cette méthode a l'inconvénient d'entraîner et de charger dans les fonds une partie de la couche végétale des terres élevées. Mais, dans la culture en petit, on remédie à cet inconvénient, en creusant, au-dessous de chaque pièce de terre (comme on le fait dans les environs d'Auxerre), un fossé où on reprend la terre que les eaux y ont entraînée.

Cette pratique est également avantageuse aux terres à bled et aux prairies : elle le sera encore plus si ces terres en pente sont fécondes, parce qu'alors les eaux en passant entraîneront un peu de la graisse du sol (1). Mais, de quelque manière qu'on emploie ce moyen, il sera toujours d'une grande utilité. Généralement parlant, les terres qui se trouvent couvertes d'eau durant l'hiver, soit par l'effet de quelque débordement, ou par toute autre cause, n'en sont que plus fécondes l'été suivant. C'est peut-être parce que ces eaux entretiennent la chaleur de la terre, et lui donnent une sorte de nourriture. Cependant les habitans des pays marécageux prétendent qu'il faut avoir l'attention de faire de bonne

---

(1) Sans doute ; mais ce qu'elles donneront aux terres les plus basses, elles l'ôteront aux terres les plus élevées ; il en sera de ces terreins et de leurs propriétés, comme de nous ; car ici et par-tout, ce que l'un gagne, l'autre le perd ; et il est très difficile de faire du bien aux uns, sans faire du mal aux autres.

heure des saignées, de creuser des fossés, etc. pour empêcher que ces eaux ne séjournent trop durant le printemps; et que les *glaïeuls* ou autres plantes aquatiques, n'aient le temps de croître sur ces terres inondées; autrement, ils y formeront une espèce de petite forêt qui les privera de l'action du soleil, et y entretiendra l'humidité; sans cette précaution, toute la récolte de l'année, en grains ou en herbages, sera perdue. Quant aux moyens de faire écouler des eaux trop abondantes ou trop stagnantes, et de sécher des terreins trop humides, c'est un sujet que nous traiterons ailleurs.

Centurie VII.

Observations sur les analogies et les différences qui existent entre les corps animés, et les corps inanimés.

601. Dans le chapitre qui aura pour objet spécial la *vie*, les *esprits vitaux* et les *facultés vitales*, nous donnerons des observations plus détaillées et plus approfondies sur les différences qui exis-

tent entre les animaux et les corps inanimés; sujet qui, dans cet article, ne sera que touché en passant. Ces différences peuvent être ramenées à deux chefs principaux : car, quoique tous les corps sans exception aient des *esprits* et des *parties pneumatiques;* cependant il est, par rapport à ces esprits mêmes qui se trouvent également dans les uns et les autres, deux différences principales qui distinguent les corps de ces deux classes. Dans les corps organisés, *ces esprits ne forment qu'un seul corps, dont toutes les parties sont contiguës, et se répandent sans interruption dans toutes les ramifications des veines, des artères et des canaux les plus imperceptibles;* à peu près comme le *sang;* avec cette circonstance toutefois, que *les corps animés, outre ces rameaux où les esprits se répandent,* ont certains réservoirs ou siéges principaux où réside leur portion la plus abondante et la plus active; siéges d'où partent et où retournent sans cesse ceux qui se portent dans toutes les autres *parties du corps*. Au lieu que, dans les *corps non-organisés*, les *petites parties* de cette *substance pneumatique* sont *séparées les unes des autres* par les parties tangibles, *isolées* en quelque manière, et *disséminées*, comme l'air, proprement dit, l'est dans la neige. En second lieu, les *esprits des corps organisés* sont tous, plus ou moins, dans un état habituel d'*inflammation*, et ne sont, à proprement parler, qu'*une combinaison délicate d'une flamme très subtile avec une substance de nature aérienne*; au lieu que ceux des corps non-organisés ne sont pas habituellement enflammés. Mais, en employant ce mot d'inflammation, nous n'entendons pas que cette différence entre les corps des deux espèces consiste uniquement en un *degré plus fort ou plus foible de chaleur ou de froid, dont leurs esprits* seroient susceptibles; car le *clou de girofle* et les autres *substances aromatiques*, la *naphte* et l'*huile de pétrole*, etc. contiennent des esprits infiniment plus chauds que ne le sont ceux de l'*huile*, de la *cire* ou du *suif*; cependant ils ne sont pas habituellement enflammés; et lorsque les corps plus foibles et plus tempérés de cette dernière espèce s'enflamment, ils contractent une chaleur beaucoup plus grande que celle de ces autres corps inflammables, mais non enflammés actuellement; sans compter la lumière et le mouvement qu'ils ont de plus (1).

602. Passons aux *différences secondaires* qui *dérivent* de ces deux *différences radicales*.

1°. Toute espèce de *plante* a une *conformation particulière* et une *figure dé-*

---

(1) Je suis obligé d'ajouter ici ces mots, *habituel* et *habituellement*, sans lesquels son exposé seroit inintelligible. L'obscurité de notre auteur dépend de ce qu'il ne sait pas *répéter à propos un substantif;* ce qu'on doit faire plus fréquemment dans les langues *latine* et *angloise*, où *les pronoms ne différencient pas assez les genres, et où l'on fait fréquemment usage du neutre.* En *physique*, il faut *sacrifier* hardiment l'*élégance* à la *clarté*.

terminée; il n'en est pas de même des corps inanimés. La raison de cette différence est, que la *configuration du corps organisé ne peut avoir lieu que jusqu'aux limites au-delà desquelles l'esprit ne peut s'étendre, sans que ses parties cessent d'être contiguës,* et que *les limites de cette contiguité sont aussi les limites de la figure.*

En second lieu, les *plantes se nourrissent;* au lieu que les corps inanimés ne sont pas susceptibles de *nutrition*, mais seulement d'une sorte *d'accrétion* (1), et d'une véritable *alimentation.*

3°. La *durée* d'une plante est *bornée* à une certaine *période,* où est renfermée toute sa *vitalité ;* période qui

---

(1) Mais quelle est la vraie différence entre cette accrétion et cette alimentation? C'est ce qu'on nous laisse à deviner, en se tirant d'affaire avec des mots : devinons donc, si nous le pouvons. Cette différence paroît consister en ce que les molécules alimentaires, en s'aggrégeant aux corps organisés, s'y *assimilent;* au lieu que les molécules qui s'aggrégent aux corps inanimés, *ne s'y assimilent pas.*

n'est point fixe pour un corps inanimé.

4°. L'*espèce* de chaque *plante se propage et se perpétue par une succession régulière d'individus à-peu-près semblables, qui sortent les uns des autres;* ce qu'on n'observe point dans les corps inanimés.

603. Outre ces quatre différences que nous venons de marquer entre les *plantes* et les *fossiles* en général, il en est encore trois, qui distinguent les premières d'avec les métaux que nous classons parmi les corps inanimés.

1°. Les métaux sont de plus longue durée que les plantes. 2°. Ils sont aussi plus solides et plus durs. 3°. Ils sont renfermés dans le sein de la terre; au lieu que les plantes sont en partie au-dessus de sa surface, et en partie au-dessous (1).

---

(1) Le métal est tout au-dessous; la plante est en partie au-dessus, en partie au-dessous. L'animal est tout au-dessus; mais il y tient encore par les pieds, et il y paroît, même dans l'homme : c'est la terre qui le ravale, et le feu qui l'élève; il est roturier par ses sens, et noble par sa pensée.

604. Il est peu de corps où l'on trouve réunis les caractères communs aux plantes et aux métaux (aux fossiles) ; le *corail* est la substance qui participe le plus de ces deux règnes : on peut y joindre le *vitriol*, qui est susceptible de s'accroître très sensiblement par l'humidité.

605. On observe aussi une certaine *analogie* entre les *végétaux* et les substances *moisies* ou *putréfiées*; car toute substance putréfiée, dont la dissolution ne se termine pas par une totale dessiccation, se convertit ou en plantes ou en cette espèce d'animaux, susceptible d'une telle origine. La *mousse*, les *champignons*, l'*agaric*, etc. semblent n'être que des produits de la *moisissure de la terre*, de la *surface des toits* ou des *murs*, de l'*écorce des arbres*, etc. on sait aussi que la *viande*, le *poisson* et les *plantes* elles-mêmes, qui se moisissent, se putréfient, et en général se corrompent, engendrent beaucoup de *vers ;* tous ces produits de la putréfaction, qui ont de l'analogie avec les plantes, ne laissent pas d'en différer,

en ce qu'ils ne se perpétuent et ne se propagent point par une succession régulière d'individus semblables, quoiqu'ils aient aussi une figure déterminée, une période fixe, où est renfermée leur vitalité, et la faculté de se nourrir.

606. J'avois laissé par hazard dans une chambre fermée, un citron coupé : il y resta pendant les trois mois d'été, temps où je fus toujours absent. A mon retour, je m'apperçus qu'il s'étoit formé sur la coupe de ce citron, et dans sa pulpe, une espèce de petite houpe, ou touffe de poils, de la longueur d'un pouce, surmontés de petites têtes noires, et ayant quelque analogie avec une petite touffe d'herbes.

Observations relatives soit aux analogies et aux différences observées entre les plantes et les animaux, soit aux êtres qui participent de ces deux règnes.

Les *analogies* et les *différences* qu'on observe entre les *animaux* et les *végé-*

taux, sont le sujet des trois numéros suivans.

607. Les uns et les autres contiennent des esprits qui sont dans un état habituel d'inflammation, et dont toutes les parties, contiguës les unes aux autres, se distribuent et se meuvent dans des canaux qui se ramifient à l'infini, avec cette différence toutefois que ces esprits, dans les animaux, ont des réservoirs et des siéges principaux qui ne se trouvent pas dans les plantes (1), comme nous l'avons déja observé. 2°. Les esprits des animaux sont plus enflammés que ceux des plantes. Telles sont les deux *différences radicales* qui distinguent ces deux règnes. Quant aux *différences secondaires* qui en dérivent, les voici : 1°. les plantes sont fixées dans la terre ; au lieu que les animaux en sont séparés et comme isolés. 2°. Les animaux sont doués de la fa-

---

(1) Cette phrase indique le véritable sens du n°. 601, où il semble comparer les plantes aux corps inanimés.

culté *loco-motive*, dont les plantes sont privées. 3°. Les animaux se nourrissent par leurs parties supérieures, ordinairement par la bouche; et les plantes, par leurs parties inférieures, nommément par leurs racines. 4°. Dans les animaux, la semence et les parties séminales sont en haut; dans les plantes au contraire, elles sont en bas; ce qui a fait dire avec autant d'élégance que de philosophie: *que l'homme est une plante renversée*. En effet, la structure de l'homme est, à cet égard, l'inverse de celle d'une plante; la racine étant dans les plantes ce que la tête est dans les animaux. 5°. Les animaux ont une figure moins vague et plus déterminée que les plantes. 6°. On observe une plus grande diversité dans les organes internes; en un mot, dans la conformation intérieure des animaux, que dans celle des plantes. 7°. Les animaux sont doués de la faculté de sentir, qui a été refusée aux plantes. 8°. Les animaux ont des *mouvemens volontaires*, dont les plantes ne sont pas susceptibles.

608. Quant à la distinction des sexes, dans les plantes, on l'a du moins marquée par des dénominations dans plusieurs espèces ; par exemple : on distingue la *pivoine mâle* et la *pivoine femelle* ; le *romarin mâle* et le *romarin femelle* ; il en est de même du *houx* et de beaucoup d'autres. Mais la génération par voie d'accouplement, n'a jamais lieu dans les plantes (1). Ce qui en approche le plus, c'est ce qu'on rapporte sur le *palmier mâle* et le *palmier femelle :* lorsqu'ils sont plantés l'un près de l'autre, nous dit-on, ils se penchent l'un vers l'autre, comme pour s'embrasser. Mais, pour les maintenir dans une attitude droite, et les empêcher de se pencher ainsi, on attache une corde qui va de l'un à l'autre ; et par le moyen du double contact de ce corps intermédiaire, ils jouissent sans peine de ce contact mutuel qu'ils désirent. Mais cette relation nous paroît fabuleuse, ou du moins fort

---

(1) Linnée n'est pas de ce sentiment.

exagérée. Quoi qu'il en soit, nous sommes très portés à croire que cette *dualité* (1) (ou combinaison de deux), composée d'*un plus fort* et d'*un plus foible*, et répondant à celle du *mâle* et de la *femelle*, se trouve dans tous les animaux. Quelquefois ses deux parties s'y trouvent confondues, comme dans les animaux nés de la putréfaction, dans lesquels on ne voit aucune apparence de sexe. Il est des espèces où le double caractère se trouve réuni dans chaque individu; mais dans la plupart des espèces, cette distinction est marquée par des différences très sensibles, relativement à la force (2).

---

(1) Je suis obligé de forger ce mot, pour rendre son idée, qui me paroît très grande et très philosophique.

(2) Abstraction faite du sexe proprement dit, les individus forts et courageux, dans chaque sexe, sont aux individus foibles et timides, ce que le mâle est à la femelle; et chaque individu, comparé à lui-même dans ses plus grandes variations, est, pour ainsi dire, tantôt mâle, tantôt femelle; il est l'un et l'autre alternativement, par rapport

609. Les êtres qui participent des deux règnes, sont principalement ceux qui restent toujours fixés à la même place, étant destitués de *tout mouvement local*, quoique telles de leurs parties puissent se mouvoir : de ce genre sont les *huitres*, les *pétoncles*, etc. Si nous en croyons certaine relation, on trouve, dans les contrées septentrionales, une plante dont la figure a beaucoup d'analogie avec celle d'un *mouton*, et qui se nourrit d'herbe comme cet animal ; ensorte que

---

à ses qualités méchaniques, à ses sens, à son cœur, à sa pensée, à sa volonté, à ses discours et à ses actions. Or, ce que nous disons de deux individus considérés dans le même temps, et du même individu considéré en différens temps, on peut le dire aussi des familles, des villes, des provinces, des empires, des siècles et des âges; en un mot, des sociétés humaines, grandes et petites, comparées à d'autres dans le même temps, ou à elles-mêmes en différens temps. Cette manière de considérer les différences et les variations des individus et des sociétés, est une grande clef; c'est la plus grande simplification qu'un philosophe puisse imaginer.

toute la terre qui l'environne, se dépouille de végétaux, et reste nue : mais, selon toute apparence, c'est la figure de cette plante qui a fait imaginer cette fable ; car nous voyons qu'il est aussi telle fleur dont la figure a de l'analogie avec celle d'une *abeille ;* analogie qui lui en a fait donner le nom. Quant à l'herbe dont elle paroît se nourrir, il se peut que cette plante, étant d'un grand volume et fort avide, pompe tous les sucs de la terre qui l'environne, affame les plantes qui l'avoisinent, et les fasse mourir.

Expériences et observations diverses sur les plantes.

610. Le figuier d'Inde, un an après qu'il est planté, courbe tellement ses branches vers la terre, qu'elles y prennent racine ; puis de ces racines naissent de nouvelles tiges, dont les branches se courbant encore, et prenant racine, produisent encore d'autres tiges ; et ainsi de suite, cet arbre se multipliant lui-même par des *boutures spontanées*, et

formant bientôt à lui seul une espèce de forêt. La cause de cette multiplication si extraordinaire n'est autre que l'abondance de la sève et le peu de consistance du bois, qui fait que les branches de cet arbre n'ayant pas assez de roideur pour se soutenir, sont forcées, par leur propre poids, à s'incliner vers la terre. Les feuilles de cet arbre sont d'une largeur égale à celle d'un petit bouclier (1); mais son fruit n'est pas plus gros qu'une fève. La raison de ce dernier effet est, qu'un ombrage continuel tend à augmenter le volume des feuilles, ce qui est autant de perdu pour le fruit. Mais d'ailleurs, ajoute-t-on, ce fruit, quoique très petit, est d'une saveur fort agréable, qu'on doit attribuer à l'*humor oléagineux* et assez fluide, dont cet arbre est

---

(1) Je sais que, du temps de Bacon, on donnoit le nom d'*écu* à cette arme défensive ; mais alors il auroit fallu dire que les feuilles de cet arbre *sont de la largeur d'un petit écu* : des pieds et des pouces auroient mieux valu.

rempli, et qui est la véritable cause de l'extrême flexibilité de ses branches.

611. D'autres relations nous apprennent qu'on voit aux Indes une espèce d'arbres, dont les feuilles sont en petit nombre, mais d'un volume immense; leur longueur étant de quatre pieds et demi, et leur largeur de trois: son fruit, ajoute-t-on, qui est d'une saveur exquise, naît de l'écorce même. Il se peut qu'il y ait des arbres dont la sève ait un mouvement si vif, qu'elle n'ait pas le temps de former un grand nombre de feuilles, ni ce pédicule ou cette queue qui, sur d'autres arbres, porte le fruit. Il faut convenir que les feuilles de nos arbres, comparées à celles-là, paroissent bien petites. Les plus grandes sont celles du *figuier;* puis celles de la *vigne,* du *mûrier,* du *sycomore.* Les plus petites sont celles du *saule,* du *bouleau,* de l'*épine.* Mais quelques-unes de nos plantes ont des feuilles dont le volume excède celui des plus grandes feuilles d'arbres. Tels sont entr'autres la *bar-*

dane, la *citrouille*, le *concombre*, le *chou*, etc. La cause des deux effets que nous envisageons actuellement, cause qui ne diffère point de celle que nous avons assignée pour expliquer les phénomènes exposés dans le n°. précédent, n'est autre qu'une pousse extrêmement hâtive, et occasionnée par l'éruption d'une sève très abondante et très active.

612. Il est trois substances fréquemment employées, à cause de leur saveur douce; savoir: le *sucre*, le *miel* et la *manne*. Quant au *sucre*, il étoit peu connu des anciens, et ils en faisoient rarement usage. On le tire de cette espèce de roseau connu aujourd'hui sous le nom de *canne à sucre*. Reste à faire de nouvelles observations pour savoir si c'est le premier nœud, ou le dernier, ou tout autre qui le donne (1). Peut-être seroit-il pos-

___

(1) On le trouve dans toute la longueur de la canne. Prenez une de ces cannes; coupez-la en plusieurs morceaux; mordez-les par une extrémité ou par l'autre, et vous exprimerez de tous un suc

sible de tirer aussi du sucre de l'écorce de la canne. Quant au miel, suivant l'opinion commune, ce sont les abeilles qui le font, ou le recueillent. Cependant un agricole très attentif et très digne de foi, m'a assuré que la *cire* est l'unique objet du travail des *abeilles*; qu'au commencement de *mai*, les gâteaux des ruches sont tout-à-fait vuides de *miel*; mais qu'ensuite, dans l'espace de quinze jours, et vers ce temps où tombent des rosées douces, ils se remplissent entièrement. Quelques anciens auteurs parlent d'un arbre qui croît dans les vallées de l'*Hyrcanie*, d'où distille tous les matins une sorte de miel, et auquel ils donnent le nom d'*occhus*. Il se peut qu'en effet la sève ou les larmes de certains arbres aient une saveur douce (1). Je

---

aussi doux que l'est une eau très chargée de sucre, mais d'une saveur un peu plus agréable.

(1) Dans nos relâches à *Java* et à *Sumatra*, les *Malais* nous apportoient, sur des feuilles de palmier, une substance brune, visqueuse et fort su-

présume aussi que des sucs tirés par expression de certains fruits fort sucrés et tenus sur le feu pendant un temps suffisant, acquerroient ainsi la consistance du *miel*, peut-être même celle du *sucre*, et pourroient être employés aux mêmes usages. Les fruits sur lesquels on pourroit tenter cette expérience avec le plus de succès, sont les *raisins* desséchés par l'insolation, les *figues* et les *groseilles* (1). Quant au procédé à suivre pour parvenir à ce but, il sera facile de le découvrir par des essais multipliés en ce genre.

613. Dans une de ces contrées qui bordent le *golfe persique*, on voit un certain arbre qui croît dans le sable même du rivage, et qui ne se nourrit que d'eau salée. Ses racines, qui paroissent à découvert pendant le reflux, semblent

---

crée, que nos marins appelloient du *jagre* : on la tire du *palmier*.

(1) Le traducteur latin dit des raisins de Corinthe, qui, à la vérité, vaudroient mieux.

avoir été corrodées par le sel; il les enfonce assez avant dans le sable, et s'y cramponne comme un *crabe* ou une *écrevisse :* cet arbre, quoique planté dans un sol fort ingrat, ne laisse pas de donner quelque fruit. Pour vérifier ce fait par quelque tentative du même genre, il faudroit planter dans le sable quelque arbre capable de résistance, comme un *cormier* ou un *sapin*.

614. Certains végétaux fournissent à l'homme des matières pour ses *vêtemens;* tels sont le *chanvre*, le *lin*, le *cotonnier*, les *orties* (dont on fabrique ce qu'on appelle la *toile d'ortie*), et celui qui fournit cette substance filacée connue chez les latins sous le nom de *sericum*, espèce de soie végétale. On tire aussi de l'écorce du *tilleul* une matière dont on fait des cordes. C'est ordinairement la tige de la plante qui fournit la matière filacée; et quelquefois aussi on la tire d'une espèce de duvet ou de bourre qu'on trouve sur l'écorce.

615. Dans certaines contrées croît une

plante dont la fleur, qui est d'une couleur peu différente de celle de la *rose*, se ferme la nuit, s'ouvre le matin, et s'épanouit entièrement à midi ; les habitans l'appellent la *dormeuse* : il y auroit donc beaucoup de ces dormeuses ; car presque toutes les plantes en font à peu près autant.

616. Il y a des plantes, quoiqu'en petit nombre, dont les racines sont couvertes d'une sorte de mousse ou de duvet cotonneux ; et d'autres, sur lesquelles on trouve de longs poils assez semblables à ceux d'une barbe. De ce genre est la *mandragore*, dont les charlatans se servent pour faire illusion. En la taillant avec un peu d'adresse, ils en forment une figure qui a quelque chose d'effrayant ; prenant la racine pour faire la face, d'où ils laissent pendre jusqu'aux pieds ces longs poils qui, ainsi placés, ont l'air d'une longue barbe. On trouve aussi dans l'île de *Crète* une espèce de *nard* (plante qui entre dans la composition de la thériaque), dont la racine est couverte

de longs poils semblables à ceux d'un *pigeon patu*. Ainsi, on voit qu'il y a des racines *bulbeuses*, des racines *fibreuses* (filamenteuses), et des racines *velues*. Pour expliquer ces différences, on peut supposer que les racines *bulbeuses* ont une tendance très forte à s'approcher de l'air extérieur et du soleil; que les racines *filamenteuses* se plaisent davantage dans la terre; ce qui les détermine à jeter leurs fibres vers le bas : enfin, que les racines *velues* tiennent le milieu entre les deux premières espèces; qu'en conséquence, en se portant vers le haut et vers le bas, elles s'étendent aussi latéralement et dans tous les sens.

617. On voit quelquefois les larmes de certains arbrisseaux ou arbustes, pendre à la barbe des chèvres. Selon toute apparence, lorsqu'elles broutent ces végétaux, sur-tout le matin, temps où ils sont couverts de rosée, et où ces larmes sortent, cette substance visqueuse s'attache à leur barbe; ce qui s'applique sur-tout à celle qui transude d'une variété du *laudanum*.

618. Si nous devons en croire quelques auteurs anciens, un *plane* (ou *platane*) qu'on arrose de vin, devient fécond. On pourroit tenter la même expérience sur des racines (1) ; car cette liqueur, comme nous l'avons observé dans une des centuries précédentes, n'a presque point d'action sur les semences.

619. La plus sûre méthode pour conserver les plantes *exotiques* qu'on veut transporter de pays fort éloignés dans nos contrées, c'est de les renfermer dans des vaisseaux de terre parfaitement clos ; et lorsque ces vaisseaux ont peu de capacité, de faire quelques trous à leur fond, pour donner un peu d'air à ces plantes ; car je présume que, sans cette précaution, elles mourroient et seroient comme suffoquées.

620. J'avois un vieux pied de *cinnamome* (2) que je n'arrosai point tant qu'il

---

(1) Par exemple, arroser des carottes avec du vin de Tokay.

(2) Arbrisseau odoriférant et analogue au *cannelier*.

végéta. Tout ce qui est utile aux autres plantes lui étoit nuisible : par exemple, dans un temps humide, il languissoit ; et lorsqu'il étoit environné d'un grand nombre d'arbustes d'autres espèces, ce qui ordinairement est nuisible aux végétaux, il prospéroit. Le soleil lui étoit aussi contraire. Pour assigner une cause qui, en embrassant tous ces effets, puisse en rendre raison, on peut dire qu'apparemment il faut très peu de nourriture à cette plante. Quoi qu'il en soit, il faudroit tourner son attention vers la *casse*, que les modernes ont substituée au *cinnamome*, afin de voir si elle ne présenteroit pas quelque phénomène de cette nature.

621. Suivant un ancien auteur, après avoir cueilli la *casse*, on la met dans des peaux d'animaux récemment écorchés : ces peaux, en se putréfiant, engendrent des vers qui rongent la moëlle de cette casse, et la rendent creuse comme nous la voyons ; ces vers ne touchent point à l'écorce à cause de son amertume.

622. Il paroît que les vignes d'autrefois étoient beaucoup plus grandes que celles d'aujourd'hui, puisqu'on en pouvoit faire des coupes et de petites statues représentant le dieu *Jupiter*. Selon toute apparence, c'étoient des *vignes sauvages*; car, toutes ces façons qu'on donne aux vignes destinées à faire du vin, ces rayons qu'on creuse, la taille fréquente, l'ébourgeonnement, les labours multipliés, etc. font que la sève se porte presque toute dans la grappe; ce qui est autant de perdu pour le bois, qui ne peut ainsi acquérir un certain volume. Ce bois se conserve fort long-temps. Et ce qui semble plus étonnant, c'est que ce même bois, qui est si fragile lorsqu'il est sur pied, devienne si fort lorsqu'il est sec; et le soit tellement, que, dans les armées romaines, les officiers s'en servissent comme de *canne* (1).

---

(1) Ce passage est relatif à un centurion dont parle *Tacite*, et qui, ayant rompu sur le dos d'un soldat un bâton (de vigne, *vitem*), en demandoit

623. On dit que, dans certaines contrées, on laisse ramper les *vignes* comme certaines plantes herbacées, et que leurs grappes sont beaucoup plus grosses que celles des vignes échaladées. Peut-être si on laissoit ainsi ramper les autres plantes, arbrisseaux, ou arbustes à rameaux sarmenteux, auxquels on donne ordinairement un appui, porteroient-ils de plus gros fruits, ou de plus grandes feuilles; expérience qu'on pourroit faire sur le *houblon,* le *lierre,* le *chèvre-feuille,* etc.

624. Pour conserver fort long-temps des *coings,* des *pommes,* etc. il suffit de les tenir plongés dans du *miel;* mais comme l'excessive douceur de cette substance leur donneroit peut-être une saveur fastidieuse, on pourroit mettre ces fruits

---

un autre, pour le rompre encore. On trouve aujourd'hui, à *Rome,* des cannes de cette espèce, qui sont aussi droites, aussi unies et aussi souples que des jets; mais trop légères. M'étant avisé d'en couper une, je vis que son intérieur étoit spongieux et rempli de petits trous, comme celui d'un *jet.*

dans du *sucre pulvérisé*, ou dans du *résiné*; ou enfin dans du *vin cuit* et réduit au huitième; épreuve qu'on pourroit également faire sur des *oranges*, des *citrons*, etc. Ce *sucre pulvérisé*, ou ce *vin* cuit, etc. pourroit servir plusieurs fois (1).

---

(1) On conserve assez bien ces fruits dans une liqueur composée d'eau-de-vie et de sucre; mais alors on ne mange, à proprement parler, que ce sucre et cette eau-de-vie, dont la saveur forte fait disparoître celle du fruit. Il faudroit essayer de les mettre dans l'eau-de-vie, ou dans l'esprit de vin, en les enveloppant auparavant, de manière que la liqueur ne pût les toucher. Mais, comme toutes les enveloppes qui seroient de nature à n'être point pénétrées par ces liqueurs, pourroient donner aux fruits une odeur désagréable, ayez deux vaisseaux cylindriques, dont l'un ait un diamètre plus petit de quelques lignes, et puisse entrer aisément dans l'autre. Mettez les fruits dans le plus petit; fermez-le exactement; mettez-le dans le grand; versez entre deux de l'esprit de vin, de l'eau-de-vie, du vin, ou même de l'eau, en assez grande quantité pour que cette liqueur couvre entièrement le plus petit vaisseau; fermez exactement le grand, et attendez.

625. Un autre moyen qu'on pourroit employer pour conserver des fruits, ce seroit de les mettre dans des vaisseaux remplis de sable ou de craie pulvérisée ; ou encore de son, de farine, de sciure de bois, etc. (1).

626. Une autre attention nécessaire pour conserver ces fruits, c'est de les cueillir avant qu'ils soient tout-à-fait mûrs, par un temps serein, vers l'heure de midi, lorsque le vent n'est pas au sud, et durant le décours de la lune.

627. Prenez des *grappes de raisin* bien saines; suspendez-les dans un vaisseau vuide et parfaitement clos; et placez ce vaisseau, non dans une *cave,* comme on le fait souvent, mais dans un lieu sec. On dit qu'ils se conservent fort long-

---

(1) De cendres, de charbon pulvérisé, de petits grains, comme le millet, la navette; et même de gros, comme froment, orge, avoine, vesces, chenevis, etc. mais, avant d'employer ces poudres, ou ces grains, il faut les mettre au four, pour en ôter toute l'humidité.

temps par ce moyen. On prétend qu'ils se conserveront encore mieux, si on les suspend dans un vaisseau, en partie rempli de vin, et de manière qu'ils ne touchent pas à la liqueur.

628. Tout ce que vous pourrez faire, nous dit-on, pour conserver le *pédicule* ou la *queue*, sera au profit de la *grappe* (et en général du fruit), sur-tout si vous insérez cette queue dans la *moëlle* d'un *sureau*, et de manière que le sureau ne touche pas au fruit.

629. Un auteur ancien prétend que des fruits renfermés dans des bouteilles bien bouchées, qu'on tient plongées dans l'eau d'un puits, se conservent fort long-temps (1).

---

(1) Ces moyens moins connus qu'on peut employer pour conserver des fruits ou autres substances corruptibles, peuvent être ramenés à huit classes : le lecteur nous saura peut-être quelque gré d'en former ici une espèce de tableau.

1°. Le *néant*.. { Le vuide d'air fait plus ou moins exactement, à l'aide de la machine pneumatique.

630. Parmi les plantes herbacées et celles des autres classes, il en est qu'on

2°. Substances aériformes; fluides.....	L'air condensé; l'air déphlogistiqué; les gas inflammable, méphitique, nitreux, marin, acide spathique, etc. la fumée.
3°. Poudres et grenailles...	Son, farine, sciure de bois, chaux, cendres, charbon, sucre, sel, poivre, sable, craie, etc. millet, navette, froment, orge, avoine, vesce, chenevis, etc. les limailles métalliques.
4°. Enveloppes.	Papier simple, papier huilé; toile simple, toile cirée ou gommée; étoffes de fil, de laine, de soie, de coton; peaux, cuirs, etc. (en cueillant les fruits ou les laissant sur l'arbre).
5°. Enduits...	Vernis, cire, graisses, plâtre, chaux, argile, etc.
6°. Liqueurs..	Eau pure, vin, eau-de-vie, esprit de vin, huiles, sucs d'herbes ou de fruits, encre; acides nitreux, marin, sulfureux, etc. affoiblis avec de l'eau; dissolutions de toute espèce.

8.

peut manger *crues*, telles que la *laitue*, le *céleri*, la *chicorée sauvage*, le *pourpier*, l'*estragon* de *jardin*, le *cresson*, le *concombre*, le *melon ordinaire*, le *melon d'eau*, la *rave*, le *radix*, etc. D'autres ne sont comestibles que bouillies, rôties, etc. De ce genre sont le *persil*, l'*orvale*, la *sauge*, la *carotte*, le *panais*, le *navet*, le *chou*, l'*asperge*, l'*artichaud*, etc. le dernier toutefois peut être mangé cru, lorsqu'il est encore très petit et

7°. Enfouissement...... { Dans une terre végétale, dans la marne, la craie, la glaise, le sable, les creux de roches, etc. au fond d'un puits, d'un étang, etc.

8°. Clôture simple.
Puis les différentes combinaisons de ces moyens. . . . { Les renfermer dans des boîtes, dans des vaisseaux de terre, de faïence, de porcelaine, de verre, d'ivoire, d'os, de métal, etc. et en scellant l'extrémité du pédicule avec cire à cacheter, cire d'abeilles, poix, etc.

Il ne s'agit pas ici d'une énumération complette, mais d'une simple distribution, pour mettre un peu d'ordre dans les expériences de ce genre.

très tendre. Mais il est un grand nombre de plantes qu'aucune préparation ne peut rendre comestibles ; telles que l'*absynthe*, les *gramen*, le *bled verd*, la *centaurée*, l'*hyssope*, la *lavande*, le *baume*, etc. La raison de cette différence est, qu'il manque aux plantes de cette dernière classe, deux genres de saveurs, auxquelles est inhérente la *faculté nutritive;* savoir : *la saveur grasse* et *la saveur douce;* et qu'elles ont au contraire une saveur amère ou âcre, etc. ou des sucs trop crus, pour qu'aucun genre de préparation puisse les mûrir au point d'en faire des substances alimentaires. Généralement parlant, les plantes et les fruits comestibles ont ces deux saveurs dont nous parlons, soit l'une ou l'autre, soit toutes les deux ; par exemple, elles se trouvent dans l'*oignon*, la *laitue*, etc. (1). Mais il paroît que cette onctuosité requise, et en effet résidante dans

―――――――――――――――――

(1) Il ne détermine pas avec assez de précision ce qu'il entend par *saveur grasse* et *saveur douce*.

toutes les substances douces et alimentaires, ne doit pas être grossière, épaisse et de nature à charger trop l'estomac; car, quoique le *panais*, le *porreau*, par exemple, soient assez onctueux; cependant, comme cette onctuosité est pesante, ces deux légumes ne deviennent vraiment comestibles qu'après avoir été atténués par la coction. Il faut de plus que la substance des plantes destinées à servir d'alimens, soit un peu tendre. Par exemple, le *bled*, l'*orge*, l'*artichaud*, etc. ne deviennent de bons alimens qu'après avoir été amollis par le feu. Quant à la *rave* et à l'*estragon* de *jardin*, ce sont plutôt des *assaisonnemens* que des *alimens* (1). Enfin, il est d'autres plantes non comestibles, dont on ne laisse pas de composer des liqueurs potables : de

---

(1) Ce sont des espèces de dissonances destinées à rompre l'uniformité des saveurs agréables et continues; en un mot, ce sont des *stimulans*, et comme *substances actives*, et comme *substances nouvelles*.

ce genre sont le *houblon*, le *genet*, etc. Tentez, dans ces mêmes vues, différentes expériences, pour savoir quelles sont les autres plantes dont on pourroit tirer le même parti. Peut-être, si l'on parvenoit à faire de *bonne bière*, en y faisant entrer moins de *drèche*, s'épargneroit-on une grande partie du travail pénible du brassage, ou cette boisson seroit-elle plus de garde.

631. Les parties *les plus nutritives* des plantes sont les *semences*, les *racines* et les *fruits* ; mais sur-tout les *racines* et les *semences* ; car les *feuilles* ne fournissent point ou presque point de *substance alimentaire* ; et il en est de même *des fleurs*, des *tiges* et des *branches*. La raison de cette différence est que, toutes les plantes étant, en grande partie, composées d'un *humor oléagineux*, combiné avec *un humor aqueux*, les racines, les semences et les fruits contiennent plus de substance *oléagineuse*; et les feuilles, les fleurs, etc. plus de substance *aqueuse*. En second lieu, ces par-

ties que nous jugeons plus nutritives, ont subi une concoction ou digestion plus parfaite : les racines, par exemple, qui sont renfermées dans le sein de la terre, y sont fomentées, amollies et digérées par cette terre même; et la concoction des semences, ainsi que celle des fruits, dure six mois, ou plus ; au lieu que les feuilles, au bout d'un mois, sont entièrement formées et portées à leur perfection.

632. Dans la plupart des végétaux, la *saveur* et l'*odeur* des *semences* sont *plus fortes* que celles des *racines*. La cause de cette différence est, que la force de toute plante qui ne contient pas des esprits très actifs et très vigoureux, est augmentée par la concoction et la maturation, qui est toujours plus parfaite et plus complette dans la semence; au lieu que, dans les plantes dont les esprits n'ont de force et d'activité, qu'autant qu'ils demeurent renfermés dans les racines, ces esprits s'affoiblissant et se dissipant dès qu'ils sont exposés à l'action

du soleil et de l'air extérieur, cette dernière cause ôte plus de force aux semences que la concoction ne leur en donne. C'est ce dont on voit des exemples dans l'*oignon,* l'*ail,* l'*estragon,* etc. De plus, dans certaines plantes, tel que le *gingembre,* quoique la racine soit de nature chaude et aromatique, la semence ne laisse pas d'être presque insipide ; toujours par la même raison, parce que la chaleur de ces plantes étant de nature à se dissiper aisément, elle ne conserve toute sa force qu'autant qu'elle est retenue dans les racines et en perd la plus grande partie si-tôt qu'elle se trouve exposée à l'action de l'air extérieur.

633. Les *sucs* des différentes espèces de fruits sont ou *oléagineux* (huileux), ou *aqueux :* or , je qualifie d'*aqueux* tous ces fruits dont on tire des boissons par voie d'expression ; tels que les *raisins,* les *pommes,* les *poires,* les *cerises,* les *grenades,* etc. Il en est beaucoup d'autres qu'on n'est pas dans l'habitude d'employer à cet usage, mais qui parois-

sent être de même nature, et dont par conséquent on pourroit tirer le même parti. De ce genre sont les *prunes*, les *mûres*, les *cormes*, les *framboises*, les *oranges*, les *citrons*, etc. Quant aux fruits trop charnus et trop secs, pour qu'on puisse en tirer des boissons immédiatement et par voie d'expression, on pourroit suppléer à l'*humor* qui leur manque, en y mêlant de l'*eau*. Par ce moyen fort simple, on composeroit peut-être de nouvelles boissons avec les baies de l'*épine blanche* et de l'*églantier*. Les fruits qui ont des *sucs oléagineux*, sont les *olives*, les *amandes*, les *noix* de toute espèce, les *pommes de pin*; et ces sucs sont tous inflammables. On doit observer de plus, qu'il est des sucs aqueux qui acquièrent cette propriété, lorsque la fermentation les a rendus *spiritueux*; tel est entr'autres le *vin* (1). Il est une troisième classe de fruits dont la saveur est douce et sans aucune teinte d'*aci-*

---

(1) Il veut toujours que le vin soit inflammable.

dité ou de qualité *oléagineuse ;* tels que les *figues,* les *dates,* etc.

634. On a observé que la plupart des arbres qui portent des *glands,* des *faines,* ou autres productions analogues, ne rapportent que de deux années l'une. La cause de cette moindre fécondité n'est autre que l'excessive dissipation de la sève ; car on sait que des arbres de jardin, bien cultivés, rapportent tous les ans.

635. Il n'est point d'arbre qui, outre son fruit naturel, donne autant de fruits bâtards que le *chêne ;* car on y trouve, outre les *glands,* la *noix de galle,* proprement dite, *la fausse galle,* une espèce de *noix* dont la substance est inflammable, une sorte de baie adhérente au corps même de l'arbre et sans pédicule : enfin, il produit aussi le *gui,* quoique fort rarement. On peut regarder comme la véritable cause de cette diversité de productions, la substance serrée et compacte du bois, et sur-tout du cœur de l'arbre, qui, en ralentissant le mouve-

ment de la sève, donne aux sucs de différente espèce le temps de s'ouvrir différentes issues. Ainsi, les vrais moyens de produire des *superfétations végétales*, sont tous ceux qui tendent à faire monter la sève en plus grande abondance et à en rendre la sortie plus difficile.

636. Il est deux genres d'excroissances qui se forment sur les arbres, et que nous classons également parmi les *champignons*: l'une, qui étoit connue chez les Latins sous le nom de *boletus* (*mousseron*), et qui passoit pour un mets délicat, se trouve ordinairement sur les racines du *chêne*: l'autre, connue aujourd'hui sous le nom d'*agaric*, et dont on fait usage en médecine, paroît ordinairement sur les parties hautes des arbres de cette espèce; on dit toutefois qu'on en trouve aussi sur les racines. On peut conjecturer que toutes ces excroissances naissent ordinairement sur les parties mortes ou languissantes des arbres ; car, lorsque la sève naturelle d'un arbre se putréfie ou se corrompt, elle doit alors

produire des substances toutes différentes de celles qu'elle produit ordinairement.

637. Dans la plupart des arbres, ce sont ordinairement les branches les plus basses qui rapportent le plus, et qui donnent les meilleurs fruits. De ce genre sont le *chêne*, le *figuier*, le *noyer*, le *poirier*, etc. Dans quelques autres, tels que le *pommier sauvageon*, ce sont les branches les plus élevées qui l'emportent par la quantité et la qualité des fruits. Or, ces arbres où les branches inférieures ont l'avantage à ces deux égards, sont ceux auxquels l'*ombre* est plus utile que nuisible ; car, généralement parlant, les fruits qui se trouvent le plus bas sont les meilleurs ; la sève étant moins épuisée, et son action étant moins affoiblie lorsqu'elle y parvient, vu qu'elle a moins de chemin à faire pour y arriver. Et c'est en vertu de cette même cause que, dans les *arbres d'espalier*, les plus gros fruits se trouvent sur les branches les plus basses, comme nous l'avons déja observé. Ainsi, dans les *arbres de plein vent*,

ce sont les branches supérieures qui offusquent les branches inférieures ; ce dont il faut toutefois excepter les arbres qui aiment l'ombre, ou qui du moins la supportent aisément. Ainsi, cette règle ne s'applique qu'aux arbres d'une grande force, tels que le *chêne;* ou à ceux qui ont de larges feuilles, comme le *noyer* et le *figuier;* ou enfin, à ceux qui ont une *forme pyramidale,* comme le *poirier.* Mais, dans les arbres qui demandent beaucoup de soleil, les branches les plus élevées sont celles qui rapportent le plus; et de ce genre sont le *pommier* (franc ou sauvageon), le *prunier,* etc.

638. Parmi les différentes espèces d'arbres, il en est qui, en commençant à vieillir, rapportent davantage ; tels sont entr'autres l'*amandier,* le *poirier,* la *vigne,* et en général tous les arbres qui donnent des *glands,* des *faines,* ou autres productions analogues ; ce qui peut s'expliquer ainsi : les arbres à *gland* et autres de ce genre, ont des fruits de nature *oléagineuse;* au lieu que les jeunes ar-

bres de cette classe ont des sucs de nature un peu trop aqueuse, et dont la concoction ou digestion n'est pas encore assez avancée. Il en faut dire autant de *l'amandier*. Et il en est de même du *poirier*; quoique son fruit ne soit pas *oléagineux*, cependant il demande une sève abondante et parfaitement digérée ; ce fruit ayant beaucoup plus de suc et de poids que ceux du *pommier*, du *prunier*, etc. Quant à la *vigne*, je lis dans certains auteurs qu'elle donne plus de raisin lorsqu'elle est jeune, mais de meilleur vin lorsqu'elle est vieille ; parce que, dans ce dernier cas, la concoction de ses sucs est plus parfaite. Mais, dans la plupart des espèces, ce sont les plus jeunes sujets qui rapportent le plus, et qui donnent les meilleurs fruits.

639. Certains végétaux, lorsqu'on les coupe transversalement ou longitudinalement, rendent une sorte de *lait*; de ce genre sont le *figuier*, les *vieilles laitues*, le *laiteron*, la *tithymale*, etc. ce qu'on peut attribuer à un commencement de

putréfaction, attendu que ces substances *laiteuses* qu'on seroit tenté de prendre pour des *lénitifs*, ont au contraire une *acrimonie* assez sensible; car si l'on s'en sert pour écrire sur du papier, les lettres ne paroissent pas d'abord, et ne deviennent visibles qu'au moment où on les approche du *feu*, parce qu'alors elles prennent une couleur *brune* (1); couleur qui décèle la nature *âcre et mordicante* de ce suc. On croit communément que la *laitue*, assez vieille pour rendre du *lait*, est un vrai *poison*. La *tithymale* est aussi un *poison* reconnu. Quant au *laiteron*, quoique les *lapins* le broutent, cependant le gros et le menu bétail le rebutent. Ajoutez que ces substances laiteuses, mises sur des *verrues*, les font disparoître peu à peu, ce qui décèle suffisamment leur nature *corrosive*. De plus,

---

(1) Qui vient, selon nos chymistes, de ce que l'acide concentré par la chaleur qui fait évaporer l'humeur aqueux où il est délayé, corrode, brûle même le papier.

si, après avoir semé du *froment* ou toute autre espèce de grains, on le déterre avant qu'il ait levé, on le trouve tout rempli d'une sorte de *lait*. Or, *le commencement de toute germination n'est, en quelque manière, que la putréfaction de la semence* (1). L'*euphorbe* contient aussi une substance *laiteuse*, qui est d'un blanc peu éclatant, et qui ne laisse pas d'avoir une *acrimonie* très marquée. Il en est de même de la *chélidoine*, dont le *lait* est jaune, et n'en est pas moins *âcre*, comme le prouve la propriété qu'elle a d'éclaircir la vue, et de

---

(1) La couleur, l'odeur, le gonflement, et beaucoup d'autres symptômes, annoncent que toute génération, soit de végétaux, soit d'animaux, est le produit, ou du moins, en partie, l'effet d'un genre de fermentation fort analogue à la fermentation putride : il paroît que cette putréfaction est nécessaire pour dégager le germe, en amollissant et dissolvant même son enveloppe ; je n'ose ajouter, et pour l'animer, pour lui donner un premier mouvement, et provoquer son développement.

provoquer l'évacuation des matières catharreuses.

640. On dit que les *champignons* ne croissent pas moins sur le *tronc* et les *branches* des arbres que sur leurs *racines* ou sur la *terre*, ce qu'il faut surtout appliquer au *chêne* ; car les arbres d'une certaine force sont pour les excroissances de ce genre une sorte de *terre*, de *sol*, et c'est en vertu de cette analogie qu'ils produisent de la *mousse*, des *champignons*, etc.

641. Il est peu de plantes qui contiennent un suc de *couleur rouge* dans leurs feuilles ou leurs épis, comme l'arbre dont on tire la gomme de *sandragon*, et qui croît principalement dans l'isle de *Socotra*. L'*amaranthe* est d'un rouge foncé dans toutes ses parties, sans exception ; il en est de même du *bois de bresil* et du *bois de sandal*. Quant à l'arbre qui donne le *sandragon*, il a la forme d'un pin de sucre. Il paroît que la concoction de la sève de cet arbre s'opère dans le tronc et les branches ; car, quoi-

que le suc de la *grenade* et d'une certaine espèce de raisin soit rouge, les larmes des arbrisseaux qui produisent ces deux espèces de fruits, ne laissent pas d'être vertes. On doit attribuer à cette même cause la forme pyramidale de l'arbre qui donne le *sandragon*, forme qui annonce que sa sève ne se porte pas en très grande quantité, ni avec beaucoup de vîtesse, dans les parties hautes, sans compter que cette gomme est astringente ; nouvel indice d'un mouvement assez lent.

642. Certaines relations nous apprennent qu'on trouve quelquefois sur le *peuplier*, ainsi que sur le *pommier sauvageon*, ce genre de *mousse* dont l'odeur est agréable : or, l'écorce du *peuplier*, qui est ordinairement fort lisse et fort unie, produit peu de mousse. Celle qu'on trouve sur le *larix* (ou *mélèse*) exhale aussi une odeur suave, et étincelle lorsqu'on la brûle. Pour se mettre en état de multiplier à volonté les mousses de ce genre, il faudroit tourner son atten-

tion vers les arbres dont le bois est odoriférant, tels que le *cèdre*, le *cyprès*, l'*aloës*.

643. Les anciens ont observé que la mort la plus douce est celle qui est l'effet du poison de la *ciguë*; et telle étoit la peine capitale chez les *Athéniens*, nation pleine d'humanité (1). La piquure d'un *aspic*, moyen qu'employa *Cléopâtre* pour se donner la mort, a des effets très analogues : la cause de cette mort si douce, dans les deux cas, est que ces tourmens qu'éprouvent quelquefois les mourans, sont l'effet de la lutte violente des esprits; au lieu que la vapeur de ces substances dont nous parlons, assoupissant par degrés ces esprits, procure ainsi un genre de mort fort semblable à celui d'un vieillard décrépit, en qui la vie s'éteint peu à peu. Celle qu'on se procure par le moyen de l'*opium*, est un peu plus dou-

---

(1) Ce n'étoit pas par humanité ; mais c'étoit parce que ceux qui décernoient la peine capitale, étoient eux-mêmes exposés à l'encourir.

loureuse, parce que cette substance contient des principes de nature chaude.

644. Certains fruits acquièrent une saveur douce, même avant leur maturité; de ce nombre est le *myrobolan :* il en est de même des *semences de fenouil,* qui sont également douces; il en est d'autres auxquels leur maturité même ne donne jamais une saveur douce ; tels sont le *tamarin,* l'*épine-vinette,* les *pommes sauvages,* les *prunelles,* etc. ce qu'on peut expliquer en supposant que les fruits ou semences de la première espèce contiennent des esprits très abondans et très atténués, qu'on doit regarder comme la véritable cause de cette saveur douce qu'ils acquièrent si-tôt ; au lieu que ceux de la dernière classe ont des sucs *froids* et *acides,* que l'action du soleil, quelle que soit sa force et sa durée, ne peut jamais convertir en substance douce. Quant au *myrobolan,* il contient des principes de nature opposée; car il est tout-à-la-fois *doux* et *astringent.*

645. Il est peu de végétaux dont la substance ait naturellement la saveur du *sel ;* au lieu que le *sang,* dans tous les animaux, a cette saveur ; et telle peut être la cause de cette différence. Quoique le *sel* soit un des *principes élémentaires de la vie,* même dans les *plantes,* cependant il ne leur est point assez essentiel pour que la saveur qui lui est propre, y devienne la saveur principale et dominante : on en trouve assez d'*amères,* d'*aigres,* de *sucrées,* d'*âcres,* etc. jamais de *salées.* Quant aux animaux, ces saveurs fortes dont nous venons de faire l'énumération, se trouvent aussi dans tels de leurs *liquides,* mais rarement dans leur *chair,* dans leurs *solides ;* et même cette *salure* du sang n'est qu'une *salure très légère* et très foible. Cependant on trouve, jusqu'à un certain point, cette saveur dans certaines plantes, telles que l'*algue,* le *fenouil marin,* ou *crête marine,* etc. On dit que dans certains parages de la mer des *Indes,* on voit une plante herbacée, à laquelle les *Indiens*

donnent le nom de *salgaz*, qui reste toujours à flot, et qui, en se répandant sur les eaux dans un fort grand espace, y forme une sorte de prairie. Au reste, il est certain qu'on extrait, des *cendres* de toutes les *plantes*, des *sels* dont on fait ou peut faire usage en médecine.

646. Un auteur ancien parle d'une plante toute hérissée d'épines, qui croît dans l'eau, et à laquelle il donne le nom de *lincostis :* il ajoute que sur les feuilles de cette plante naît une plante d'une autre espèce (1), ce qu'il attribue à une certaine quantité d'*humor aqueux*, qui se ramasse entre ces épines, et qui, putréfié par l'action du soleil, est susceptible de germer : mais je me souviens d'avoir vu une singularité du même genre ; savoir : une *rose naissant d'une au-*

―――――――――

(1) Le nom de cette plante est en *latin*, même dans l'original anglois ; et comme l'auteur n'indique jamais les sources où il puise toutes ses fables, on ne peut y puiser d'autres petits contes, pour éclaircir les siens.

tre rose, et assez semblable à cette espèce de *chèvre-feuille*, connu en *Angleterre* sous le nom de *hunier* ou de *perroquet* (1).

647. On sait que l'*orge*, destiné à faire de la *bière*, après qu'on l'a fait macérer pendant trois jours, puis séché, enfin, répandu sur un plancher sec, y germe, et lève de la longueur d'un demi-pouce; accroissement d'autant plus sensible, qu'on le retourne et le remue moins souvent, ce qui dure jusquà ce que toute sa force soit épuisée. Le *froment*, traité de la même manière, présente le même phénomène. Faites un essai de ce genre sur les *pois* et les *féves*. Il ne faut pas confondre cette expérience avec celle de l'*immortelle*, qui végète hors de terre, et dont nous avons parlé dans la pre-

---

(1) Parce que, sur ces chèvre-feuilles, on voit deux fleurs l'une sur l'autre, comme, dans les petits vaisseaux, l'on voit les huniers au-dessus des basses voiles ; et dans les grands, les perroquets au-dessus des huniers.

mière centurie ; car cette immortelle ne se nourrit que de ses propres sucs, et ne vit que de sa propre substance, sans aucune addition de substance *aqueuse* ou *terrestre;* au lieu que cet *orge* tire visiblement sa nourriture de l'*eau* où on l'a fait tremper. Ces expériences mériteroient d'être poussées plus loin ; car il suit évidemment de tout ce que nous venons de dire, que la *terre* n'est pas absolument nécessaire pour la *germination* et la première pousse des *plantes :* on sait, par exemple, que les boutons de rose, mis dans l'eau, s'y épanouissent. Ainsi, il faudroit faire quelques tentatives en ce genre, afin de voir si, à l'aide de l'eau seule, en y ajoutant tout au plus un peu de terre, on ne pourroit pas porter beaucoup plus loin la germination et l'accroissement de ces graines ; par exemple, jusqu'à la formation de l'herbe, et même jusqu'à la floraison. Si ces expériences avoient le succès que nous supposons, réunies avec celles dont nous venons de parler, je veux dire avec celle de la *drèche* et celle des *roses*, elles prouveroient que ces végétaux prennent un accroissement plus rapide dans l'eau seule que dans la terre seule, parce qu'elles tirent plus aisément leur nourriture de la première de ces deux substances que de la dernière; elles serviroient aussi à confirmer ce que nous avons avancé dans la même centurie; savoir: que la *bière* et la *viande*, combinées ensemble par cette espèce d'infusion dont nous avons indiqué le procédé dans cette centurie, nourrissent mieux que ces deux alimens séparés, et pris l'un après l'autre, comme on le fait ordinairement. Enfin, après avoir fait cette expérience sur des *grains* et des *semences* de toute espèce, faites-la aussi sur des *racines*. Par exemple: faites macérer un *navet* dans de l'*eau pure*, pendant un temps un peu long, puis essuyez-le, et voyez s'il germe.

648. Cet *orge* dont on fait la *drèche*, se gonfle dans cette opération; et son volume s'accroît à tel point, qu'après sa

germination et sa dessiccation, il augmente d'un boisseau sur huit; en supposant même qu'on ait déja enlevé les parties excédentes que la germination a fait sortir du grain ; et l'on aura, outre la drèche, un boisseau de poussière; ce qu'il ne faut pas attribuer uniquement au *gonflement* et à la *dilatation* du grain, mais en partie aussi à *l'addition* d'une certaine quantité de *substance* qu'il a tirée de *l'eau* où on l'a fait tremper.

649. La *drèche* a une *saveur plus douce que l'orge brut;* saveur qui est encore plus sensible dans la *bière,* avant qu'elle soit cuite. L'*édulcoration* des différentes substances est un sujet qui mérite d'être approfondi par des observations multipliées et variées; car cette *saveur douce est comme un premier pas vers l'état de substance alimentaire.* Or, convertir une substance non alimentaire en substance alimentaire, ce seroit travailler très efficacement à multiplier les subsistances, et rendre un vrai service à l'humanité.

650. La plupart des semences, lorsqu'elles lèvent, abandonnent leur enveloppe, et la laissent autour de leurs racines. Mais l'*oignon*, en montant, l'emporte avec lui; et alors elle forme une espèce de *bonnet* ou de *capuchon* sur la tête de la jeune plante : ce qui vient de ce que cette enveloppe est trop difficile à rompre, comme on l'éprouve en pelant un *oignon;* car on voit alors que cette pellicule si mince est une substance beaucoup plus tenace qu'elle ne le paroît à la première vue.

651. La *crispation* et le *froncement* des feuilles est l'indice d'un humor très abondant, et qui monte avec tant de vîtesse, que, n'ayant pas le temps de se distribuer uniformément dans toute la feuille, il se ramasse en plus grande quantité dans certaines parties que dans d'autres. *Le premier degré* de cette crispation est indiqué par les *aspérités* de la surface des feuilles, comme dans l'*orvale* et la *bardane*. Le *second degré* est celui des feuilles qui se *plissent*, se *froncent* et se *cour-*

bent par les bords seulement; comme celles d'une *laitue* ou d'un *jeune chou*. Le troisième est celui qui les fait *pommer;* degré qu'on observe aussi dans le *chou* et la *laitue*.

652. Si nous en croyons certaines relations, quoique le *pin* et le *sapin*, lorsqu'ils sont vieux et se putréfient, n'aient pas, comme certains bois pourris, la propriété de luire dans les ténèbres; cependant, si on en rompt brusquement quelque morceau, il jette des espèces d'étincelles semblables à celles que paroît jeter le *sucre*, lorsqu'on le râpe dans l'obscurité.

653. Parmi les différentes espèces d'arbres, il en est qui enfoncent leurs racines perpendiculairement et profondément dans la terre, comme le *chêne*, le *pin*, le *sapin*, etc. et d'autres qui rampent latéralement, et plus près de la surface du terrein, tels que le *frêne*, le *cyprès*, l'*olivier*, etc. La raison de cette différence est que les arbres de cette dernière classe aimant le soleil, ne descendent pas volontiers fort

avant dans la terre; aussi voit-on qu'ordinairement ils montent beaucoup : c'est cette envie de s'approcher du soleil qui fait que leur partie extérieure s'étend peu horizontalement; et la même cause agissant dans le sein de la terre, pour s'éloigner moins du soleil, ils s'étendent latéralement (1). On observe même que certains arbres qui ont été plantés trop profondément, déterminés ensuite par cette tendance à s'approcher du soleil, abandonnent leur première racine, et en poussent une autre plus près de la surface du terrein (2). On sait aussi que l'*olivier* est

---

(1) Je traduis ce passage mot à mot, et d'après l'original anglois qui est le véritable, afin que le lecteur sente la nécessité de m'accorder un peu de liberté dans cette traduction. On voit qu'il suppose aux végétaux, des *goûts*, des *désirs*, des *projets* et des mouvemens conformes à leurs penchans; mais il suffit, pour rentrer dans la *physique*, de substituer à ces mots, *désir*, *envie*, *volonté*, le mot *tendance*.

(2) Ils en poussent une autre, parce que cette racine pivotante rencontrant le tuf ou la pierre

rempli de sucs *oléagineux*; que le *frêne* est un excellent bois de *chauffage*, et que le *cyprès* est un arbre de nature *chaude*. Quant au *chêne*, qui est de la première classe, il se plaît dans la terre; et en conséquence il s'y enfonce très profondément. Le *pin* et le *sapin* ont tant de chaleur naturelle, qu'ils n'ont pas besoin de celle du soleil. Il est aussi des plantes herbacées entre lesquelles on observe la même différence. Par exemple, on peut ranger dans la classe des plantes à *racines pivotantes*, celle que le vulgaire appelle *mors du diable*, et qui enfonce ses racines si profondément, qu'il est impossible de l'arracher sans les rompre; ce qui a donné lieu à certain conte qu'on fait à ce sujet : comme cette plante est très salutaire aux hommes, lorsqu'ils

---

qui arrête sa pousse, leur sève qui ne peut plus alors se porter perpendiculairement de haut en bas, se détourne et se jette de côté, c'est-à-dire, se porte vers les points où elle éprouve moins de résistance.

veulent l'arracher, *le diable, par jalousie*, la mord et la retient tant qu'il peut avec ses dents; telle est l'idée que s'en forme le vulgaire. Un auteur ancien parle d'un très beau sapin qu'on voulut transplanter en entier, mais qui avoit enfoncé ses racines à la profondeur de huit coudées (douze pieds), ensorte qu'on ne put l'arracher qu'en rompant cette racine (1).

---

(1) Certains cultivateurs, persuadés que toute *racine coupée, rompue, ou pincée,* ne *s'alonge plus,* et qu'alors la sève se jetant de côté, produit des racines rampantes et horizontales, ont soin, lorsqu'ils transplantent un arbre à racines *pivotantes,* de rompre, de couper, de pincer, ou de couder cette racine, afin que la pousse ultérieure se porte latéralement, et que l'arbre ait plus d'*empatement.* D'autres blâment cette pratique, prétendant que la méthode qui imite le mieux la marche de la nature, est la meilleure; que le plus sûr est de la laisser faire; et qu'un arbre, par le moyen d'un seul suçoir fort gros, pompe plus de suc qu'à l'aide d'un grand nombre de petits. D'autres encore objectent à ces derniers, qu'on n'est pas toujours maître de laisser subsister cette racine pivo-

654. On dit encore qu'une branche d'arbre, totalement dépouillée à sa partie inférieure, sur la longueur de quelques pouces, et mise en terre, y reprend; et l'arbre dont on parle est de telle nature que, si l'on plantoit une de ses branches sans l'avoir ainsi dépouillée de son écorce, elle ne reprendroit pas. On sait, au contraire, qu'un arbre dont le tronc est dépouillé de toute son écorce sur toute sa circonférence, meurt bientôt. Il paroît que la partie dépouillée pompe

---

tante, et que, dans certain cas, on se trouve forcé de l'accourcir, ou de couder sa partie inférieure; par exemple, lorsqu'on veut transplanter un arbre de cette espèce dans un terrein dont la couche végétale n'est pas fort épaisse. Mais d'ailleurs, pour décider cette question, il faudroit comparer ensemble des arbres ou des arbrisseaux à peu près de même taille, dont les uns eussent beaucoup de sève, et les autres en eussent peu; et voir si les racines de ceux qui en ont beaucoup, sont *pivotantes*, ou *rampent* latéralement, et ont *beaucoup* de *chevelu*. Cette distinction une fois faite, la marche de la nature, à cet égard, seroit connue, et il ne resteroit plus qu'à l'imiter.

avec plus de force les sucs nourriciers que l'écorce ne fait que transmettre.

655. Des *raisins* conserveront toute leur fraîcheur et tout leur suc, durant tout l'hiver, pour peu qu'on ait l'attention de suspendre les grapes une à une au plancher d'une cuisine ou d'une chambre où l'on fasse continuellement du feu (1); sur-tout si l'on a soin, en

---

(1) Ils ne conserveront pas toute leur fraîcheur ni tout leur suc; au contraire, ils se flétriront de plus en plus, et n'en deviendront que plus sucrés. Voici un procédé à l'aide duquel j'ai, en différentes années, mangé du raisin jusqu'à la fin de *mai*. Prenez plusieurs cerceaux de grandeur un peu inégale; faites-les entrer les uns dans les autres en les croisant; et formez-en une espèce de *sphère armillaire;* passez-y des ficelles ou des fils dans tous les sens; suspendez à ces fils ou à ces ficelles les grappes une à une, et de manière qu'elles ne se touchent pas; enfin, suspendez cet appareil au plancher d'une cuisine, ou chambre à feu, un peu haute. Deux appareils de cette espèce suffisent pour une seule personne. Le raisin mangé en petite quantité deux fois par jour, entretient la liberté du ventre et du cerveau : ce procédé est donc précieux

cueillant ces grapes, d'y laisser une partie un peu longue du *pédicule* ou de la *queue* (1).

656. Le *roseau* est une *plante aquatique*, et ne croît jamais ailleurs. Voici quels sont ses caractères distinctifs. Sa *tige* est *creuse;* et cette tige, ainsi que la racine, est garnie de *nœuds,* qui en sont comme les *divisions*. Lorsqu'elle est sèche, son bois est plus compact et plus fragile que toute autre espèce de bois. Cet arbrisseau ne pousse jamais de branches ; mais il est composé d'un grand nombre de tiges qui naissent toutes immédiatement d'une seule racine. Ces tiges varient beaucoup pour la longueur et la grosseur. On emploie les plus courtes et les plus menues pour couvrir les édifices, ou pour calfater les vaisseaux;

---

pour les gens d'étude, et en général pour toutes les personnes sédentaires.

(1) Et de sceller l'extrémité de cette queue avec de la cire d'Espagne ou de la cire d'abeilles, comme il est dit dans le tableau.

à quoi elles sont plus propres que la *colle* et *la poix* (1). Celles de la seconde grosseur fournissent des perches ou des gaules pour la pêche, etc. On s'en sert aussi à la *Chine* pour châtier les malfaiteurs, en les frappant sur les cuisses (2). Les différentes espèces de ce genre sont le *roseau*, le *bambou*, la *canne à sucre*, etc. De tous les végétaux connus, c'est celui dont la tige se plie le plus aisément et se redresse le plus vîte; c'est aussi de tous les arbrisseaux qui se nour-

---

(1) On ne choisit point entre ces deux substances, mais on emploie l'une et l'autre; on fait entrer l'étoupe ou les feuilles de roseau dans les jointures à l'aide d'un ciseau dont le tranchant est cave, et d'un maillet; puis on met la poix ou le brai par dessus; l'un sans l'autre ne suffiroit pas.

(2) On les frappe sur la partie supérieure et postérieure des cuisses, avec une espèce de latte fort large et fort longue, composée d'un morceau de *bambou* applani des deux côtés; ce que nos marins appellent *donner la houppade*. A *Canton*, on voit fréquemment des espèces de soldats armés de ces lattes.

rissent en partie d'eau et en partie de terre, celui qui tire le plus de nourriture de ce fluide. Aussi n'en est-il aucun dont l'écorce soit aussi lisse, ou la tige aussi creuse.

657. Les sucs qui coulent des différentes espèces d'arbres, ne présentent pas moins de différences que les arbres mêmes. Les uns, comme ceux de la *vigne*, du *hêtre*, du *poirier*, etc. sont plus *aqueux* et plus *clairs;* les autres, tels que celui du *pommier*, sont plus *épais :* d'autres enfin sont *écumeux* et *mousseux*, comme celui de l'*orme;* ou *laiteux*, comme celui du *figuier*. Dans le *mûrier*, ce suc semble ne se ramasser que sur cette partie du bois qui est contiguë à l'écorce ; car, pour peu qu'on entame cette écorce, en la frappant avec une pierre, on le fait sortir; au lieu que, si l'on enfonce un peu avant dans l'arbre quelque outil de fer pointu ou tranchant, quand on le retire, il paroît sec. Les arbres dont les feuilles ont le plus de suc, sont ordinairement ceux qui contiennent

dans leur tronc la sève la plus fluide : la *vigne*, par exemple, et le *poirier*, ont beaucoup de sève ; le *pommier* en a un peu moins. La substance laiteuse du *figuier* a, comme la *présure*, la propriété de cailler le lait et de groupper ses parties caséeuses. Il est aussi des plantes acides où l'on trouve une substance également laiteuse, qu'on emploie de la même manière pour faire des fromages durant le carême.

658. On observe aussi dans les arbres de différentes espèces, des différences très marquées, par rapport au *bois* qu'ils fournissent. Dans les uns, ce bois est plus *franc*; dans d'autres, il est plus *noueux*. On peut connoître la qualité d'une pièce de bois, en parlant à l'une de ses extrémités, et appliquant son oreille contre l'autre (1) ; car, si le bois est plein de

---

(1) Je soupçonne que, pour faire cette expérience, il vaudroit mieux être deux ; car il me semble que, si l'on mettoit sa bouche à une extrémité d'une pièce de bois de trente pieds de long, et son oreille à l'autre bout, on n'entendroit pas bien.

nœuds, la voix ne passera que très difficilement d'une extrémité à l'autre. Il y a des bois qui ont beaucoup de *veines* et d'*ondes*; tels sont entr'autres le *chêne*, qu'on emploie ordinairement pour les *boiseries*, et l'*érable*, dont on fait les manches de plusieurs outils tranchans. Il en est de plus lisses et de plus unis, tels que le *sapin* et le *noyer*; d'autres encore où les vers et les *araignées* s'engendrent plus aisément; et d'autres enfin qui sont moins sujets à cet inconvénient; propriété qu'on attribue aux arbres d'Irlande (1). Ces différentes sortes de bois ne diffèrent pas moins, par l'emploi qu'on en fait ou qu'on en peut faire, que par leur nature. Par exemple, le *chêne*, le *cèdre* et le *châtaignier* sont les plus propres pour la *bâtisse*. D'autres, tels que le

---

(1) C'est peut-être parce qu'ils sont *plus sauvages*. Il en est des arbres comme des hommes: quand on les cultive trop, les vers s'y mettent; la *culture* rendant les uns et les autres *plus souples*, et moins forts.

frêne, valent mieux pour faire des *charrues* et autres instrumens d'*agriculture*. On choisit l'*orme* pour les *pilotis*, les *digues* et autres ouvrages, dont certaines parties doivent être exposées à une succession *alternative* et fréquente de *sécheresse* et d'*humidité*. Il en est d'autres, comme le *sapin*, qu'on débite en *planches*; et d'autres encore, comme le *noyer*, dont on fait des *tables*, des *armoires*, des *commodes*, des *buffets*, des *pupitres*, etc.

On préfère, pour la construction des vaisseaux, le *chêne*, qui croît dans un *sol humide*; parce qu'étant plus plein, plus solide et plus tenace, il ne se fend pas si aisément aux décharges d'artillerie : dans notre île, on regarde les bois d'*Angleterre* et d'*Irlande*, comme éminemment doués de cette dernière propriété. Le *pin* et le *sapin*, arbres d'une grande hauteur, fort droits et d'un bois fort léger, sont destinés à la *mâture*. D'autres espèces, comme le *chêne* commun, sont employées à faire des *pieux*, des *palissades*, etc. Tel autre, comme le *hêtre*, fournit d'excellent bois de *chauffage*. Il en est de même de beaucoup d'autres.

659. Que tel arbre, telle plante, etc. croisse dans tel pays plutôt que dans tel autre, c'est souvent l'effet du hazard ; car il en est qui ont été transplantés, et qui ont réussi dans le nouveau sol ; entr'autres les *roses de Damas*, qui étoient à peine connues en *Angleterre*, il y a cent ans ; et qui aujourd'hui y sont si communes. Mais si certains végétaux se plaisent plus dans telle espèce de sol que dans toute autre, c'est un effet de leur constitution naturelle et de leurs qualités spécifiques. Par exemple, le *pin* et le *sapin* se plaisent sur les *montagnes* ; le *peuplier*, le *saule* et l'*aune* végètent plus vigoureusement le long des *rivières* ou des *ruisseaux*, et en général dans les terreins *humides*. Le *hêtre* aime les *taillis;* mais alors il vaut mieux isoler un peu les arbres de cette espèce, et les mettre en *baliveaux*. Le *genévrier* réussit dans la *craie*, et il en est de même de la plupart des arbres à fruit. Le *fenouil marin* (ou

la *crête marine*), croît ordinairement sur les *rochers*. Le *roseau* et l'*osier* aiment le voisinage et même le contact de l'*eau*. Enfin, la *vigne* se plaît sur les *terres en pente* et exposées au *sud-est*.

660. On peut connoître la *nature du sol* par celle des *plantes* qui y *croissent spontanément :* par exemple, le *serpolet* et la *pimprenelle* annoncent une terre propre pour les *pâturages;* la *bétoine* et le *fraisier*, une terre propre pour les *bois*. La *camomille* indique un *sol gras,* une terre à *bled,* et il en est de même du *sénevé,* lorsqu'il paroît peu de temps après le labour; ce qui annonce la force du sol ; et ainsi des autres.

661. Outre le *gui* qui croît sur le *pommier sauvageon*, le *coudrier*, etc. on trouve en différentes contrées d'autres *superfétations végétales :* par exemple, on voit en *Syrie* une plante herbacée, appellée *cassytas,* qui croît sur les arbres de haute futaie, et qui monte en s'entortillant autour de l'arbre même sur lequel elle naît ; quelquefois même au-

tour des épines dont quelques-uns sont hérissés. Il est aussi une espèce de *polypode* qui croît sur certains arbres, mais qui ne s'entortille pas autour. Il en est de même de la plante herbacée, appellée *faunos*, qu'on trouve sur *l'olivier sauvage*; et de l'*hippophaeston* qui croît sur le chardon à foulon : cette dernière, dit-on, est un remède pour l'*épilepsie*.

662. Suivant une observation des anciens, quoiqu'en général le froid et les vents d'*est* (de *nord-est*) soient nuisibles aux arbres à fruit, cependant les vents de *sud* et de *sud-ouest*, sur-tout lorsqu'ils soufflent dans le temps de la floraison, et sont accompagnés ou suivis de grosses pluies, leur sont également préjudiciables. Il paroît que ces vents rendent le mouvement de la sève trop hâtive, et la déterminent trop tôt à se porter au-dehors (1). Le vent d'*orient*

---

(1) Ces vents violens de *sud* et de *sud-ouest*, accompagnés ou suivis de grosses pluies, ont cinq principaux inconvéniens. 1°. Ils abattent les fleurs;

est le plus favorable aux végétaux. On a observé aussi que les hivers très doux, et où l'on voit beaucoup de verdure, sont nuisibles aux arbres ; ensorte que, si deux ou trois hivers de cette nature se suivent immédiatement (1), ils font mourir les *amandiers* et les arbres de quelques autres espèces. On doit attribuer ce dernier effet à la même cause que le précédent ; je veux dire que, dans les deux cas, toute la chaleur et la force de la terre se portent au-dehors et se dissi-

---

2°. ou ils les lavent, et enlèvent les poussières fécondantes des étamines ; 3°. en avançant excessivement la pousse, ils exposent les végétaux à tous les inconvéniens des gelées tardives ; 4°. ils remplissent d'eau et ces végétaux et la surface du terrein ; ce qui rend ces gelées encore plus dangereuses ; 5°. ils rendent la terre pâteuse dans le temps où elle a le plus besoin d'être ameublie.

(1) Jamais trois hivers doux ne se suivent immédiatement, comme je suis en état de le prouver par un grand nombre d'observations en ce genre. Sur trois hivers, il y en a toujours un assez rude ; et sur quatre ou cinq, un très rude. On en verra la raison à la fin de la neuvième centurie.

pent, quoi qu'en puissent dire certains agronomes de l'antiquité, qui attribuent de bons effets à ces hivers si doux.

663. Les années où il tombe beaucoup de neige, et où elle séjourne long-temps sur la terre, sont ordinairement très bonnes; car, en premier lieu, elle fomente la chaleur naturelle de la terre et conserve toute sa force. En second lieu, elle l'humecte beaucoup mieux que ne pourroit le faire la pluie (1); car la terre, en se pénétrant de l'*humor* de la neige, le pompe doucement, et *comme si elle suçoit une mamelle*. En troisième lieu, ce genre d'*humor* est beaucoup plus atténué et plus délicat que celui des pluies; c'est, en quelque manière, l'*écume des nuages aqueux* (2).

---

(1) Elle l'humecte, sans la détremper excessivement, et sans la convertir en boue ou en pâte.

(2) Il paroît que la neige se forme par la congélation d'une eau qui ne s'est pas encore ramassée en gouttes, et qui se trouve alors disséminée entre les parties de l'air.

664. Les pluies douces, lorsqu'elles tombent un peu avant le temps de la maturité complette des fruits, sont avantageuses à tous ceux qui ont naturellement beaucoup de suc, comme le *raisin*, les *olives*, les *grenades*, etc. mais alors elles contribuent beaucoup plus à la *quantité* qu'à la *qualité*; car, lorsque le temps est serein et sec durant les vendanges, le vin est meilleur (1). Ces pluies douces, un peu avant la moisson, sont également avantageuses aux grains; pourvu toutefois qu'elles ne soient pas immédiatement suivies de chaleurs excessives. Généralement parlant, les pluies nocturnes sont plus favorables aux végétaux que les pluies de jour, parce que, dans le premier cas, l'action du soleil ne leur succède pas si promptement; succession immédiate qui est toujours dangereuse. Par la même raison, durant

---

(1) L'*eau* donne la *quantité*, et le *soleil*, la *qualité*.

l'été, il vaut mieux arroser le soir que le matin (1).

665. Les différentes qualités des terres et les observations ou les expériences qu'on peut faire pour les connoître, sont un sujet qui mérite également de fixer notre attention. Par exemple, une terre qui, après avoir été doucement imbibée par les pluies, s'amollit et s'ameublit, peut passer pour bonne, surtout si l'on suppose qu'elle étoit sèche et dure avant ces pluies. Toute terre qui forme de grosses mottes, lorsqu'on lui donne un labour, est inférieure à celle qui se divise alors en très petites mottes. Une terre qui produit beaucoup de mousse, et qu'on peut, en quelque manière, qualifier de *moisie*, est aussi de mauvaise

---

(1) *Arroser beaucoup le matin*, durant l'été, c'est *donner à déjeûner au soleil ;* par la même raison, pour humecter le ventre, durant les grandes chaleurs, il faut boire beaucoup plus le soir que le matin ; car boire beaucoup le matin dans une telle saison, c'est se préparer à suer.

qualité. On doit au contraire regarder comme bonne, une terre qui exhale une odeur agréable lorsqu'on l'ouvre avec le soc; cette odeur annonçant qu'elle contient des sucs suffisamment préparés pour les végétaux. On prétend que les extrémités de l'*arc-en-ciel* se portent plutôt sur telle espèce de terre que sur telle autre, et plutôt sur les bonnes que sur les mauvaises. Si le fait est vrai, on peut l'expliquer en supposant que l'*iris* s'appuie de préférence sur les terres qui ont de l'*onctuosité*; et alors ce seroit en effet un signe de leur bonté. Des herbages rares et clair-semés annoncent une terre maigre, pauvre et stérile, sur-tout si l'herbe est d'un verd sombre et triste. De même une herbe flétrie, de couleur de rouille, et comme brûlée à son extrémité supérieure, ou des arbres qui se couvrent de mousse, sont autant d'indices d'un sol très froid. Toute terre où l'herbe est promptement desséchée et grillée par le soleil, est une terre appauvrie et qui a besoin d'engrais. Les terres qui ne sont ni trop pâteuses, ni trop graveleuses, mais molles, douces, meubles, fines et légères, sont les meilleures; les bonnes devant tenir *le milieu entre le sable et l'argile*. Une terre qui, après des pluies, résiste un peu au soc, et qu'on a quelque peine à retourner, est ordinairement féconde; cette résistance même annonce qu'elle a de la force, et qu'elle est pleine de sucs.

666. Une opinion adoptée par les anciens, et qui, à la première vue, peut paroître étrange, est que, si *l'on jette de la poussière sur les arbrisseaux ou arbres à fruit*, ils poussent plus vigoureusement, et rapportent davantage; leur pratique, à cet égard, étoit conforme à leur opinion. Au fond, cette *aspersion de poussière*, après des pluies, est une sorte de *culture*; ces végétaux alors étant couverts d'une matière composée d'eau combinée avec une terre fine et légère. On a observé aussi que les cantons où il y a beaucoup de champs

et de chemins fort poudreux, sont ceux qui donnent les meilleurs vins.

667. Les anciens regardoient comme un très bon *engrais les tiges et les feuilles de lupin*, mises au pied des plantes, grandes ou petites, ou encore enterrées à l'aide de la charrue, dans un champ à grain, un peu avant les semailles : on attribue le même effet aux cendres des sarmens de vigne, répandues sur la terre. On pensoit assez généralement autrefois que l'attention de fumer les terres, lorsqu'il règne un vent d'ouest, et durant le décours de la lune, leur est également avantageuse; la terre étant alors plus affamée, plus poreuse, plus perméable et plus disposée à *happer* la substance fécondante du fumier.

668. La *greffe de vigne sur vigne*, dont nous avons parlé dans une des centuries précédentes, est tombée en désuétude : elle étoit en usage chez les anciens, et ils la faisoient de trois manières; 1°. par voie d'*incision*, méthode qu'on suit assez souvent pour la greffe

des arbres (1). 2°. En *perçant le cep par la milieu*, et insérant dans ce trou le scion adoptif. 3°. En entaillant jusqu'à la moëlle, des deux côtés qui se regardent, deux ceps plantés l'un près de l'autre, et en les liant ensuite très étroitement.

669. Les maladies et les différens accidens auxquels le bled est exposé, sont un sujet qui mérite aussi d'être approfondi par des observations et des expériences multipliées ; sujet qui seroit encore plus intéressant, s'il étoit toujours au pouvoir de l'homme de prévenir ces inconvéniens ou d'y remédier : malheureusement quelques-uns sont sans remède. La principale de ces maladies est la *nielle*, qui a visiblement pour cause un air trop resserré et trop stagnant ; aussi est-elle très rare sur les terreins élevés ou très découverts, comme ceux du comté d'*Yorck*. Le vrai remède à cette ma-

---

(1) Il veut sans doute parler de la *greffe en fente*.

ladie est d'élargir les clôtures, et de diviser les domaines par piéces plus grandes, comme on l'a fait avec succès dans certaines fermes que nous connoissons. Une autre maladie non moins fréquente, c'est celle qui, en faisant dégénérer excessivement certaines espèces de bled, sur-tout l'*orge*, les convertit en *folle avoine*; maladie qui a ordinairement pour cause le peu de force et d'activité des semences : lorsqu'elles sont trop vieilles, échauffées, moisies, etc. elles ne produisent que ce bled stérile. Une autre maladie encore, c'est la *satiété* de la *terre* (1); car, si vous ensemencez

---

(1) Les *qualités* et les *dispositions* des substances *composées des mêmes principes*, doivent nécessairement avoir entr'elles une certaine *analogie :* or, la *couche végétale* des terreins cultivés est *composée* de *terre*, d'*air*, d'*air*, de *feu* ou de *calor*, d'*huile*, etc. comme la *substance* des *animaux* qui se nourrissent de leurs productions. Il ne seroit donc pas étonnant que la substance de cette terre fût susceptible d'*appétit* et de *satiété*, comme ces animaux. Dans l'homme, par exem-

toujours un champ avec le même grain, vos récoltes iront toujours en décroissant. Or, par le *même grain*, nous n'entendons pas le grain produit par la même terre, mais la même espèce de grain : par exemple, toujours du *froment* ou toujours de l'*orge*, etc. ainsi il ne suffit pas de laisser reposer les terres, il faut de plus varier les semences qu'on y met. Les *vents violens* sont aussi nuisibles aux bleds, et dans deux circonstances; savoir : dans le temps de la *floraison*, en abattant les fleurs; et vers le temps de la *moisson*, en abattant les grains. Un autre fléau pour les champs à grain, c'est l'*excessive sécheresse* dans le temps où l'épi doit se former; elle empêche qu'il ne se développe et ne sorte du tuyau :

---

ple, ce n'est pas l'*ame* qui a faim ; car l'ame ne mange pas : c'est donc le *corps*. Or, si cette matière a faim dans l'homme, pourquoi n'auroit-elle pas faim hors de l'homme? et il en est de même de la *satiété*. On peut dire en général que *l'univers entier a faim de changement*; et la terre, comme tout le reste.

accident assez rare dans nos contrées, plus commun dans les pays chauds, et d'où l'on peut tirer l'étymologie du mot *calamité*; mot visiblement dérivé du mot latin *calamus* (*tuyau* ou *chalumeau*), et qui désigne ce genre de malheur qu'on éprouve, lorsque l'épi, ne pouvant se former, comme nous venons de le dire, le bled est réduit au tuyau (à la paille). Un autre accident non moins funeste, c'est l'*excessive humidité* dans le temps des *semailles*; accident qui occasionne une si grande disette dans nos contrées, et qui oblige souvent à semer dès *mars* dans les mêmes champs où l'on avoit semé du *froment* l'année précédente. Il en est de même des gelées très âpres et de très longue durée, sur-tout lorsqu'elles ont lieu au commencement de l'hiver, et peu de temps après les semailles. Un autre fléau des terres à bled, ce sont les *vers* qui s'engendrent quelquefois dans la racine, et qui ont ordinairement pour cause la *succession alternative, immédiate et fré-*

quente des pluies et d'un soleil ardent, peu de temps après les semailles. Il est une autre espèce de vers qui se forment dans la terre même, et qu'on attribue à l'action d'un soleil ardent, qui perce tout-à-coup et fréquemment, à travers des nuages. Un autre fléau pour le bled, ce sont les mauvaises herbes qui le suffoquent, l'empêchent de profiter de l'action du soleil, ou l'affament en suçant la terre qui l'environne. Il est une autre maladie qui a lieu lorsque le bled se jette trop en herbe; on y remédie ordinairement en le fauchant, ou en le faisant tondre par les moutons. On doit craindre aussi ces grosses pluies, qui couchent les bleds dans le temps même de la moisson, ou peu auparavant. Enfin, un mauvais effet qu'on peut prévenir, c'est celui qui a lieu lorsque le grain se trouve imbibé d'huile, ou enduit de quelque substance grasse; les substances de cette nature, en vertu de leur antipathie avec l'eau, empêchant que le grain ne puisse en tirer sa nourriture.

670. On peut prévenir les différentes maladies auxquelles le bled est sujet, ou y remédier par les moyens suivans, tous vérifiés par l'expérience. Par exemple : la méthode de le *faire macérer* dans le vin, *avant de le semer*, est regardée comme un préservatif. On peut, dans les mêmes vues, *mêler des cendres avec le grain, et les semer ensemble*, ou encore *ne semer ce grain que durant le décours de la lune*. Une autre méthode qui auroit, dit-on, son utilité, mais qui n'est pas encore adoptée, ce seroit de mêler avec les grains quelques autres semences : par exemple, de semer quelques féves avec le froment. On s'est assuré, par l'expérience, que la *joubarbe* semée avec le grain, ne lui fait que du bien. Quoiqu'en général le contact de l'huile, ou de toute autre substance grasse, soit nuisible aux grains, cependant on croit que l'attention de les faire macérer dans du *marc d'olives*, qui commence à se putréfier, contribue à les préserver des vers. Lorsque le bled a été fauché, nous

dit-on encore, les grains qui en proviennent, sont plus longs, mais en même temps plus vuides, et ont plus de peau (donnent plus de son et moins de farine).

671. Les agronomes prétendent que les meilleures semences sont celles d'un an; que celles de deux ou trois ans sont très inférieures; enfin, que les semences encore plus vieilles, sont tout-à-fait infécondes, et ont perdu toute leur force: cependant on observe, par rapport à la durée, quelques différences entre telle ou telle espèce de grains ou de semences. On regarde comme le meilleur grain celui qui reste le plus bas, lorsqu'on le vanne (1). On préfère aussi celui qui, étant broyé sous la dent, est jaune intérieurement, à celui qui paroît très blanc.

672. On a observé que de toutes les petites plantes, l'*oseille* est celle qui enfonce ses racines le plus avant dans la terre; elles y pénètrent même quelquefois jus-

---

(1) C'est le plus substantiel, le plus farineux et le plus pesant.

qu'à la profondeur de quatre pieds et demi : aussi est-ce de toutes les plantes potagères celle qu'on peut *repiquer* le plus souvent. Il paroît que cette plante, *froide* et *acide*, se plaît dans la terre, et évite le soleil.

673. On a observé aussi que les *arrosemens* avec de l'*eau salée*, sont avantageux à certaines plantes, telles que les *raves*, les *raiforts*, les *bettes*, la *rue*, et le *pouliot*. Ces expériences mériteroient d'être poussées plus loin, et d'être tentées spécialement sur les plantes qui ont beaucoup de force, comme l'*estragon*, le *sénevé*, la *roquette* et autres semblables.

674. Une opinion assez étrange, et cependant universellement reçue, c'est que les animaux vénéneux ont une prédilection marquée pour certains végétaux salubres et odoriférans : par exemple, le *serpent* aime le *fenouil*; le *crapaud* aime la *sauge*; et la *grenouille* se plaît près de la *quintefeuille*. Mais, selon toute apparence, ce que ces animaux cherchent en se tenant près de ces plan-

tes, c'est l'*ombre* ou l'*abri*, et non leurs propriétés spécifiques.

675. S'il existoit un observateur assez éclairé pour être en état de prévoir, dès le commencement d'une année, d'après l'inspection de certains signes ou pronostics, l'abondance ou la disette de telle espèce de grains, d'herbages, de fruits, etc. et assez hardi pour risquer toute sa fortune d'après de simples conjectures, il auroit un moyen fort prompt pour s'enrichir: par exemple, lorsqu'il auroit prévu l'abondance de quelques-unes de ces denrées, il pourroit en accaparer toute la récolte ; à l'exemple de *Thalès*, qui, au rapport de quelques historiens, voulant faire voir avec quelle facilité un philosophe pourroit s'enrichir, s'il daignoit s'occuper de sa fortune, et ayant prévu, au commencement d'une certaine année, une abondante récolte d'olives, accapara toute cette denrée, et tira de ce monopole des profits immenses (1). Et

---

(1) Puis il distribua tout l'argent de ces profits

lorsque les indications annonceroient une disette dans un an, dans deux ans, etc. on pourroit s'assurer les mêmes profits, en gardant tout le produit des années d'abondance (1). On dit que les neiges, lorsqu'elles sont de longue durée, annoncent une abondante récolte en grains ; et qu'au contraire un hiver très doux pronostique une mauvaise récolte, comme nous l'avons déja observé nous-mêmes. Au reste, il faut, à l'aide

---

aux pauvres familles de *Milet* sa patrie, et se remit à philosopher. Mais une physique qui prétend que la lune n'a aucune influence sur les végétaux, ne nous mettra pas en état de faire de telles prédictions. On verra à la fin de la neuvième centurie, qu'elles ne sont pas impossibles. Nous-mêmes, réunis avec *Bacon* et *Toaldo*, nous mettrons un peu sur la voie.

(1) Et l'on pourroit, après avoir fait ces profits, être pendu, comme on l'auroit mérité. Il est inutile de donner de tels conseils aux *monopoleurs*, *accapareurs* et autres brigands qui mangent le peuple en l'empêchant de manger : se mettre en état de prévenir les disettes, est pour un philosophe un gain suffisant.

d'observations plus multipliées et plus variées, se mettre en état de donner plus de certitude aux pronostics de ce genre.

676. Certains végétaux ont, dans leur *apparence* ou leurs *propriétés*, des caractères singuliers qui les distinguent de tous les autres : par exemple, la partie huileuse de l'olive se trouve à l'extérieur ; au lieu que, dans la plupart des autres fruits, elle se trouve à l'intérieur, comme dans la *noix*, la *noisette*, etc. dans les pepins, les noyaux, etc. *La pomme de pin* n'a ni pepin, ni noyau, ni noix, ni noisette, à moins qu'on ne veuille donner un de ces noms à ces petits grains qu'on trouve sous ses écailles. La *grenade* et la *pomme de pin* dont nous venons de parler, sont les deux seuls fruits dont les grains ou pepins soient ainsi logés un à un, ou deux à deux, dans autant de chatons distincts. Il n'est point de plante dont les feuilles se froncent, se crispent et se courbent autant que celles des *laitues* et des *choux* pommés. Il n'en est point qui aient, comme l'*artichaud*, deux

espèces de feuilles; les unes, appartenant à la *tige*; les autres, au *fruit*. Ces caractères si variés, et ces singularités ouvrent le plus vaste champ aux spéculations philosophiques: ils semblent prouver que, parmi les différentes matières qui se trouvent dans l'attelier de la nature, et qu'elle emploie pour former les différentes espèces de corps organisés, les unes étant susceptibles de combinaisons plus fréquentes et plus variées, les autres se combinent plus rarement, et varient moins dans leurs combinaisons : vérité dont on voit des exemples et des preuves; d'abord, parmi les *animaux terrestres*; le *chien* ayant beaucoup d'analogie avec le *loup* et le *renard*; l'*âne* avec le *cheval*, le *buffle* avec le *bœuf*, le *lièvre* avec le *lapin*, etc. et il en est de même des *oiseaux*. Par exemple, le *pigeon commun* a beaucoup d'analogie avec le *ramier* et la *tourterelle*; le *merle* avec la *grive* et le *mauvi*; l'*épervier* avec l'*autour*; le *corbeau* avec la *corneille*, le *choucas*, le *geai*, etc. au lieu que l'*éléphant* et le *porc* n'ont point ou presque point d'analogues parmi les animaux terrestres ; ni le *paon* ou l'oiseau de *paradis* (1), parmi les oiseaux : et il en est de même de quelques autres espèces.

Nous croyons devoir renvoyer pour la description détaillée des plantes et l'explication de leurs propriétés spécifiques, aux livres de *botanique* et autres ouvrages d'*histoire naturelle*. C'est un sujet que certains auteurs ont traité avec beaucoup de soin, et même avec une exactitude minutieuse. Pour nous, qui ne perdons jamais de vue le véritable but, au

---

(1) Cet oiseau de *paradis* dont parle notre auteur, n'est pas celui qu'on voit au cabinet national à Paris, mais celui qu'on trouve dans les bosquets aériens du paradis terrestre, et qui se perche ordinairement sur l'arbre de la science du bien et du mal, espèce de pommier sauvageon, dont le fruit est si difficile à digérer. Il pond ordinairement dans le nid du *roc* ou du *phénix* ; mais seulement deux œufs par couvée ; l'un blanc, et l'autre noir.

lieu de marcher toujours terre à terre, et de nous ensevelir dans cette immensité de détails, nous dirigeons toujours notre exposé de manière qu'il s'élève quelque peu vers ce but ; je veux dire, vers l'*invention des principes*, et *la découverte des causes*. Quelques écrivains, anciens ou modernes, je le sais, ont tenté de frayer cette route; mais ces causes qu'ils assignent sont purement chimériques ; et les prétendues règles qu'ils tirent de ces conjectures, sont également imaginaires. De telles explications et de tels préceptes, infectés de préjugés antiques, ne sont, à proprement parler, que des *philosophies indigestes*, et de *vraies déjections de l'expérience* (1).

---

(1) Cette impertinente phrase est une vraie *déjection d'un grand génie;* j'ai peine à me persuader qu'elle vaille mieux que toute l'histoire naturelle d'*Aristote* et toute celle de *Pline*. En quelque genre que ce puisse être, c'est toujours le plus foible qui a recours le premier aux invectives : *moins on digère, plus on rejette par bas.*

Expérience relative à la guérison des blessures.

677. Parmi les observations des anciens, je trouve celle-ci : des *peaux*, sur-tout celles des *brebis* récemment écorchées, étant appliquées sur les blessures ou les contusions, empêchent que la partie blessée ne s'enfle et ne s'ulcère, la consolident et la guérissent complettement. On dit que le *blanc d'œuf* a la même propriété ; ce qui vient sans doute de ce que ces deux substances visqueuses et tenaces recollent doucement les deux lèvres de la plaie, ou les petites parties séparées par le coup ; et, sans comprimer excessivement la partie malade, empêchent que les humeurs ne s'y portent en trop grande quantité.

Expérience relative à la substance grasse répandue dans la chair des animaux terrestres.

678. Il n'est presque point de *chair* qu'on ne puisse convertir en *graisse* ; il

suffit pour cela de la hacher fort menu, de mettre ces morceaux dans un vaisseau de verre qu'on couvre de parchemin, et de tenir ce vaisseau dans l'eau bouillante pendant six ou sept heures. Cette expérience seroit susceptible d'applications fructueuses; car on pourroit se procurer, par ce moyen, et à volonté, une grande quantité de graisse dont on tireroit parti de différentes manières; bien entendu qu'on choisiroit pour cette opération la chair de quelque animal qui ne fût point de nature à pouvoir servir d'aliment à l'homme; par exemple, de la chair de *cheval*, de *chien*, d'*ours*, de *renard*, de *castor*, etc. (1).

Expériences et observations relatives aux moyens d'accélérer la maturation des boissons.

679. Un écrivain de l'antiquité prétend que, si, après avoir rempli de vin

---

(1) Et d'âne.

nouveau de petites bouteilles, et bouché très exactement ces vaisseaux, on les plonge dans la mer, ce vin se fera beaucoup plus vîte, et deviendra potable en très peu de temps. On pourroit tenter la même expérience sur le moût de *bière.*

Observation relative aux poils des animaux terrestres, et au plumage des oiseaux.

680. Les *quadrupèdes* et autres *animaux terrestres* sont plus *velus* que les *hommes* pris en général ; les *sauvages* le sont plus que les *hommes civilisés* ; et le *plumage* des *oiseaux* l'emporte, par la quantité de matière, sur les *poils* des *animaux terrestres.* Mais, si la peau de l'homme est lisse et presque sans poils, ce phénomène ne doit pas être uniquement attribué au défaut de chaleur et d'humidité. Ces deux causes, il est vrai, lorsqu'elles se trouvent réunies, contribuent beaucoup à la quantité des poils ; mais, pour qu'elles puissent produire cet

effet, il faut que le *calor* (1) et l'*humor* où elles résident, soient de nature *excrémentitielle*; toute matière qui *s'assimile* ne pouvant plus se convertir en *poils*. Or, ces matières excrémentitielles se trouvent en beaucoup plus grande quantité dans les animaux terrestres, que dans l'homme; et dans l'homme sauvage, que dans l'homme civilisé. Il en est de même du plumage des oiseaux, comparé aux poils des animaux terrestres; différence qui doit être attribuée au concours de plusieurs causes. En premier lieu, les oiseaux assimilent beaucoup moins, et évacuent beaucoup plus que les animaux terrestres; leurs excrémens étant plus liquides, et leur chair, généralement parlant, étant plus sèche. En second lieu, ils n'ont point d'organes pour uriner; et en conséquence, la plus grande partie de leur humor excrémentitiel est employée à former les

---

(1) On voit dans ce passage pourquoi nous disons le *calor*, à l'exemple du systématique *Crawfierd*; et non le *calorique*, comme ses copistes.

plumes. Ainsi, quoique leur chair soit ordinairement plus délicate que celle des animaux terrestres, le grand volume de leur plumage doit paroître d'autant moins étonnant, que, dans la totalité de leur corps, les instrumens d'assimilation et les molécules assimilées, ainsi que les instrumens d'excrétion et les matières rejetées, sont plus subtils et plus déliés. De plus, pour revenir à notre espèce, on sait que la tête de l'enfant naissant est couverte de poils, et qu'on n'en voit point sur les autres parties de son corps; différence qui peut venir du défaut de perspiration au sommet de la tête; la plus grande portion de la matière propre pour former des poils dans les autres parties du corps, s'exhalant par la transpiration insensible (1). Car le crâne étant formé d'une matière très solide et très compacte, doit, par cela seul, se nour-

---

(1) Il y a, dans le corps humain, des parties qui transpirent beaucoup, et qui n'en sont pas moins velues.

rir et assimiler moins, mais évacuer davantage (1). Il en est de même de la substance du menton et de ses effets. On voit aussi qu'il ne croît jamais de poils sur la paume de la main, ni à la plante des pieds; ces parties étant celles qui transpirent le plus (2). Enfin, les enfans ont ordinairement peu de poils; toujours par la même raison ; savoir : parce qu'ils transpirent beaucoup.

---

(1) Il n'est pas conséquent; car il faut des trous et même des trous plus grands pour l'évacuation que pour l'assimilation: d'où il suit que la solidité du crâne doit être un obstacle à l'évacuation ainsi qu'à l'assimilation; d'ailleurs, cette phrase et la précédente paroissent contradictoires.

(2) On peut ajouter qu'il ne croît jamais de poils sur ces parties, par la même raison que l'herbe ne croît jamais dans les allées de jardins très fréquentés, ni sur le pavé; la dureté de ces parties, et les frottemens continuels qu'elles éprouvent, étant un obstacle à l'accroissement des poils; car l'herbe est le poil de la terre, et les poils sont l'herbe des terreins animés, des terres vivantes.

*Observation sur la célérité des mouve-
mens dans les oiseaux.*

681. Les oiseaux ont des mouvemens beaucoup plus vifs que les animaux terrestres ; par exemple : le vol des premiers est un mouvement beaucoup plus rapide que la course des derniers. La raison de cette différence est que la quantité des esprits, comparée à la masse totale du corps, est beaucoup plus grande dans les oiseaux que dans les animaux (1)

---

(1) Cette explication seroit d'autant plus mauvaise, que la portion du poids absolu d'un animal terrestre, soutenue par la terre, est beaucoup plus grande que la portion du poids absolu de l'oiseau, soutenue par l'air. Au reste, on peut dire qu'à certains égards, *un oiseau est un poisson qui nage dans l'air ; et qu'un poisson est un oiseau qui vole dans l'eau ;* et ce qui semble appuyer cette comparaison, c'est que les nageoires et la queue du poisson ont beaucoup d'analogie avec les ailes et la queue de l'oiseau. L'oiseau, ainsi que le *poisson*, est soutenu en partie par la résistance naturelle du fluide où il est plongé, et en partie par la réaction de ce fluide vivement frappé ; mais avec

terrestres. Il est inutile d'ajouter, comme certains auteurs, que les oiseaux sont en partie voiturés par le fluide même qu'ils frappent de leurs ailes; au lieu que les animaux terrestres, en marchant ou en courant, sont obligés de transporter tout le poids de leur corps; car alors, il faudroit dire aussi que le mouvement du poisson qui nage, est plus rapide que celui du quadrupède qui court; sans compter que l'oiseau agit, et que le mouvement de ses ailes l'aide beaucoup à se soutenir dans le fluide où il est plongé.

682. L'*eau* de la *mer* est ordinairement plus *claire* et plus *transparente*, lorsque le *vent* est au *nord*, que lorsqu'il est au *midi*. La raison de cette différence est que l'eau de la mer est un peu *oléagineuse* à sa surface, ce qui est sensible à l'œil durant les grandes chaleurs; à

---

cette différence, que le fluide où vole le poisson, est au moins huit cents fois plus dense que celui où nage l'oiseau; d'où il suit que le poisson a deux grandes facilités de plus.

quoi il faut ajouter que le vent de *sud* dilate l'eau jusqu'à un certain point ; et l'on sait d'ailleurs que l'eau bouillante est moins transparente que l'eau froide.

Considérations sur les différences qu'on observe entre la chaleur d'un feu sec, et celle de l'eau bouillante.

683. Lorsque le bois est exposé à l'action d'un feu sec, d'abord il s'enflamme et devient lumineux ; puis il noircit et devient fragile ; enfin, il se résout totalement, et se réduit en cendres. L'eau bouillante ne produit sur le bois aucun de ces effets. La vraie cause de cette différence est, que le premier effet du feu est d'atténuer les esprits renfermés dans le bois ; et le second, de les forcer à s'exhaler. Or, l'effet de cette *atténuation* des esprits est la *lumière ;* et celui de leur *émission* est d'abord la *fragilité,* puis la dissolution complette de l'assemblage, et l'*incinération ;* sans compter qu'aucune substance étrangère ne pénètre dans ce bois exposé à l'action d'un

feu sec : au lieu que l'eau bouillante atténuant beaucoup moins les esprits du bois sur lequel elle agit, pénètre en partie la substance de ce corps, et éteint, jusqu'à un certain point, ces esprits. De plus, on voit que l'eau bouillante produit à peu près les mêmes effets qu'un feu sec, sur les corps qu'elle ne peut pénétrer, et auxquels elle ne peut communiquer que sa chaleur. Par exemple : entre un œuf cuit dans les cendres chaudes, et un œuf cuit à l'eau, dans lequel ce fluide ne pénètre point, on observe très peu de différence ; mais il n'en est pas de même des fruits ou de la viande, substances dans lesquelles l'eau pénètre en partie.

Observations sur la manière dont l'eau modifie la chaleur.

684. On s'est assuré par l'expérience, que le fond d'un vaisseau rempli d'eau bouillante, n'est pas fort chaud. Ce degré de chaleur est même si foible, qu'on peut toucher ce fond avec la main sans

se brûler (1). La cause de ce phénomène est que l'humidité de l'eau éteignant, jusqu'à un certain point, le feu par-tout où elle s'insinue, doit en conséquence tempérer la chaleur dans toutes les parties du vaisseau avec lesquelles elle est en contact (2). Aussi, quoique l'humor aqueux ne puisse, comme le simple chaud ou le simple froid, pénétrer les corps sans leur communiquer un peu de sa substance, il ne laisse pas d'avoir certains effets propres et sensibles, en modifiant la chaleur ou le froid; comme nous en voyons une preuve dans cet exemple même. On sait de plus que les liqueurs extraites par la distillation au *bain-marie*, ne diffèrent point sensiblement des liqueurs extraites des mêmes substances

---

(1) J'ai fait moi-même plusieurs fois cette expérience sur une marmite de fer blanc remplie d'eau bouillante; et je soupçonne qu'elle ne réussiroit pas aussi-bien sur un vaisseau très épais.

(2) Mauvaise explication; car on ne peut toucher impunément les côtés du vaisseau, quoiqu'ils soient aussi en contact avec l'eau.

par la distillation *au feu sec*. On sait aussi que des assiettes d'étain, remplies d'eau et mises au feu, s'y fondent difficilement ; et qu'au contraire, elles se fondent aisément lorsqu'elles sont vides. Si, au lieu d'eau, on met dans ces assiettes du beurre ou de l'huile, on observe le même effet, qui, en conséquence, doit être attribué, non à leur *substance propre*, mais en général à leur *humor*, à leur qualité de *liquides*.

Observations sur le bâillement.

685. Les anciens ont observé qu'il est dangereux de se curer les oreilles tandis qu'on bâille (1). Comme alors on retire son haleine avec force, la membrane intérieure de l'oreille se tendant excessivement, elle est en conséquence plus facile à blesser. Car le *bâillement*, ainsi que le *soupir*, est toujours accompagné

---

(1) Le traducteur latin dit : de piquer l'oreille à une personne qui bâille.

d'une forte *aspiration* suivie d'une *expiration* d'une force proportionnelle.

Observation sur le hoquet et ses causes.

686. Un auteur ancien prétend que, pour faire cesser le *hoquet*, il suffit d'*éternuer;* ce qu'on peut expliquer ainsi : le *hoquet* est un *mouvement convulsif* occasionné par le *soulevement de l'estomac* : or, l'effet de l'*éternuement* est au contraire d'*abaisser* ce viscère ; sans compter qu'il détermine, en quelque manière, le mouvement à se porter dans une autre partie, et fait une sorte de *révulsion*. On sait d'ailleurs que le hoquet vient ordinairement d'avoir avalé des alimens en trop grande quantité ou avec trop d'avidité ; d'où résulte la distension et le soulevement de l'estomac : aussi, les enfans y sont-ils plus sujets que les adultes. On sait de plus qu'il a aussi quelquefois pour cause *l'acidité* d'un aliment, soit solide, soit liquide, qui picotte et agace l'estomac. Enfin, il est deux moyens pour le faire cesser : l'un,

est de détourner les esprits, effet que produit l'éternuement; l'autre, de les retenir, comme on le fait en retenant son haleine; ou encore, en tournant son attention vers quelque sujet sérieux, moyen qu'on emploie ordinairement dans cette vue; à quoi l'on peut joindre le vinaigre, employé comme gargarisme, ou mis simplement sous le nez; cette liqueur étant astringente, son effet doit être d'arrêter le mouvement des esprits.

Observations sur l'éternuement.

687. Pour exciter l'éternuement, il suffit de tourner les yeux vers le soleil. Cependant, si l'on éternue alors, ce n'est pas parce que les rayons du soleil échauffent les narines; car, si cette conjecture étoit fondée, il suffiroit, pour se faire éternuer, de tourner les narines vers cet astre (1), même en fermant les yeux. Ce

---

(1) Pour se faire éternuer par le moyen du soleil, il faut rabattre son chapeau sur ses yeux, ne regarder l'astre que de côté et en clignant l'œil :

mouvement convulsif doit être attribué aux humeurs qui tombent du cerveau, qui se répandent sur les yeux et les rendent humides. En effet, dès que les humeurs sont déterminées vers les yeux, elles le sont aussi vers les narines, par une corrélation de mouvement qui produira l'effet réciproque, si l'on se chatouille l'intérieur du nez ; car alors les humeurs étant déterminées vers les narines, elles se porteront aussi vers les yeux et ils deviendront humides. Cependant l'expérience prouve que, si une personne qui a envie d'éternuer, se frotte les yeux jusqu'à ce qu'elle les sente très humides, elle n'éternuera pas ; ce qui vient de ce que l'humor qui se portoit

---

mais, d'ailleurs, l'on sait que le passage rapide de l'air des maisons à l'air extérieur suffit pour exciter l'éternuement; par la même raison qu'on voit souvent un enfant venant au monde, éternuer. En général, l'éternuement est excité par tout corps, solide ou fluide, qui irrite et stimule légèrement la membrane pituitaire.

vers les narines, est alors détourné vers les yeux.

Observations sur la sensibilité des dents aux plus légères impressions.

688. Les dents sont plus vivement affectées que toute autre partie, par une boisson très froide, ou par toute autre cause semblable; ce qu'on peut attribuer à deux causes : l'une, est que la matière osseuse des dents résiste plus au froid que la chair, qui alors se contracte sensiblement ; résistance qui donne à ce froid plus d'intensité; l'autre, est que les dents sont des parties où il n'y a point de sang : aussi voit-on que le froid fait une forte impression sur les nerfs, parties également dépourvues de sang. On sait aussi qu'un froid âpre rend les os plus fragiles, et que les contusions dans les parties osseuses sont plus difficiles à guérir en hiver, que dans toute autre saison.

Observations sur la langue.

689. Des observations continuelles prouvent que la langue est de toutes les parties la plus sensiblement affectée par les maladies, et celle qui les indique le plus sûrement : par exemple, lorsqu'elle est noire, ce signe annonce un grand échauffement. De plus, on sait que le bétail couleur de pie, a la langue parsemée de taches, tous effets dont la raison est sensible ; car, cette partie étant très molle et très délicate, doit, par cela seul, être plus susceptible des moindres altérations, que toute autre partie charnue (1).

Observations sur le sens du goût.

690. Lorsqu'on a totalement perdu

---

(1) Les *lèvres* fournissent aussi des indications assez sûres. Par exemple, leur couleur indique, par son *espèce*, les *qualités* du *sang*; et par son *intensité*, la *quantité* de ce fluide, du moins dans cette partie. Or, dans la plupart des individus, *tel le sang, tel l'homme*. Ainsi, les lèvres parlent, même quand l'homme se tait.

l'appétit, les alimens, quelle que soit leur saveur naturelle, paroissent quelquefois salés, le plus souvent amers, souvent même insipides, jamais sucrés. La vraie cause de ces saveurs accidentelles est l'humeur corrompue dont la langue est alors imprégnée, et qui a tantôt l'une de ces saveurs, et tantôt l'autre, à l'exception toutefois de la saveur sucrée ; car toutes les autres sont des indices d'autant de degrés différens de corruption.

Observations relatives aux années et aux saisons pestilentielles.

691. Durant le cours de cette épidémie qui régnoit l'année dernière, on a vu, dans les fossés et les terreins bas autour de Londres, un grand nombre de crapauds ayant des queues de deux ou trois pouces au moins, quoiqu'ordinairement les animaux de cette espèce n'en aient point ; ce qui annonçoit une grande disposition à la putréfaction dans l'air ou la terre. On prétend aussi que, dans les années où l'air a des qualités pesti-

lentielles, les panais et les carottes sont d'une saveur plus douce, et même d'une douceur fastidieuse.

Observations sur les propriétés spécifiques des simples (1), dont on fait, ou peut faire usage en médecine.

692. Tout médecin attentif et prévoyant aura soin de multiplier les observations et les expériences, pour connoître les simples naturellement composées de parties très délicates et très atténuées, sans aucune teinte d'acrimonie et de qualité mordicante. Les substances de cette nature ont la propriété de miner, pour ainsi dire, les matières dures, de diviser et de détacher les humeurs visqueuses et tenaces, de dégager les vaisseaux obstrués, et, en général, de provoquer l'évacuation des matières nuisibles ou superflues; tous effets qu'elles produisent insensiblement, sans occa-

---

(1) Il qualifie de simples, certaines substances animales, employées comme médicamens.

sionner de violentes agitations, et sans fatiguer excessivement les organes. De ce genre sont les *fleurs* de l'*aune,* qui ont la propriété de *dissoudre* les *calculs;* l'*ive muscate,* qui guérit la *jaunisse;* la *corne de cerf,* remède éprouvé pour les *fièvres* et les maladies contagieuses ; la *pivoine,* qui dégage le cerveau ; la *fumeterre,* qu'on emploie pour *désopiler la rate;* et un grand nombre d'autres qui ont des effets analogues. Généralement parlant, les animaux nés de la putréfaction, tels que les *vers de terre,* les *cloportes,* les *limaçons,* etc. quoique les remèdes qu'on en tire aient quelque chose de rebutant, ne laissent pas d'être rangés dans cette classe. Je suis même porté à croire que les *trochisques de vipère,* remède si vanté, et la *chair de serpent,* corrigée et modifiée par les substances avec lesquelles on la combine, autre genre de médicament qui étoit aussi un peu en vogue dans ces derniers temps, sont à peu près de la même nature, et produisent des effets très analogues. Ainsi, ces substances, qui ne sont que des parties putréfiées d'animaux, et qui contiennent des principes très déliés, comme le *castoreum*, le *musc*, etc. se rapportent à la même classe. Il en est de même de celles qui ne sont que le produit de la putréfaction des plantes, comme l'*agaric*, le *champignon de sureau*, etc. substances éminemment douées de ces propriétés dont nous parlons. La raison de ces effets qui leur sont communs, est que, de tous les mouvemens dont les parties des plantes sont susceptibles, celui de la putréfaction est le plus subtil et le plus délicat : et comme il n'est pas permis de *faire usage de la substance des animaux vivans* (1), (genre d'aliment ou

---

(1) L'expression, dans le texte original, est très vague et très obscure : on voit qu'il n'ose s'expliquer ; mais il paroît qu'il veut parler de ce genre d'alimens ou de remèdes que certains législateurs, entr'autres Moyse, avoient défendu par une loi positive, et qui consistoit à *sucer le sang chaud d'un animal récemment tué, ou même encore vivant;* ou enfin de la *transfusion du sang*, opé-

de remède, à l'aide duquel, suivant *Paracelse*, on pourroit se procurer une sorte d'immortalité, si une loi expresse ne l'eût défendu), il faut en conséquence recourir à ce qui en approche le plus ; je veux dire, aux substances putréfiées, du moins à celles dont l'usage n'a rien de pernicieux.

Observations relatives au plaisir de la génération.

693. Quelques anciens prétendent que *le plaisir de la génération trop réitéré*, a l'inconvénient d'*affoiblir la vue*. Cependant on sait que les eunuques, qui sont inhabiles à la génération, ne laissent pas d'avoir la vue foible. La cause de cette foiblesse de la vue, dans les individus de la première espèce, c'est l'excessive dissipation des esprits ; et dans ceux de

---

ration qui consiste *à évacuer en partie le sang d'un vieillard ou d'un individu cacochyme, et à le remplacer en faisant couler dans ses veines le sang d'un animal jeune, sain et vigoureux.*

la dernière classe, l'excessive humidité du cerveau. Car la grande humidité du cerveau émousse, éteint les esprits visuels, et obstrue les conduits ou canaux par lesquels ils doivent se porter vers l'organe de la vision, comme on en voit un exemple dans cet affoiblissement de la vue, qui est le simple effet de l'âge, et qui a aussi pour cause la diminution de la quantité et de l'activité des esprits. On sait enfin, que la perte totale de la vue est souvent l'effet des *rhumes*, des *catarres*, etc. Quant aux eunuques, l'excessive humidité de leur constitution est indiquée par différens signes, tels que la grosseur des cuisses, le ventre lâche, la peau unie, etc.

694. De tous les plaisirs des sens, le plus vif c'est celui de la génération : celui qu'on ressent en grattant une partie où l'on éprouve des démangeaisons, plaisir très réel toutefois, n'est nullement comparable à celui-là (1), dont les causes

---

(1) C'est une allusion à une réponse un peu bur-

sont d'ailleurs très difficiles à découvrir. En premier lieu, les mouvemens des esprits étant modifiés par tous les organes des sens, se diversifient comme la structure même de ces organes; et à ces mouvemens ainsi modifiés, sont attachées autant d'espèces différentes de plaisir ou de douleur. Or, l'on voit que les organes de la *vue*, de l'*ouie*, du *tact*, et de l'*odorat*, sont d'une structure très différente. Et il en est de même des parties génitales : ainsi, ce n'étoit pas sans raison que Scaliger qualifioit de sixième sens le plaisir de la génération (1) ; et si

---

lesque de Socrate. Un sophiste prétendant que le bonheur consistoit à *désirer beaucoup et à jouir en proportion de ses désirs :* fi d'un tel bonheur, répondit le philosophe sévère ; *ce seroit un bonheur semblable à celui d'un galeux qui éprouve de continuelles démangeaisons, et qui se gratte sans cesse.*

(1) Suivant M. de Buffon et quelques autres philosophes, les *cinq sens* ne sont, à proprement parler, que *cinq différentes espèces de tact*; conjecture qu'il est facile de convertir en une vérité

notre espèce avoit encore d'autres organes, d'autres trous ou passages perméables aux exprits, et spécifiquement différens de ceux que nous connoissons, nous aurions un plus grand nombre de sens. Il se peut même que certains animaux terrestres, ou certains oiseaux, soient doués de sens tous différens des nôtres, et qui nous soient absolument inconnus. Par

---

certaine, par le moyen du raisonnement suivant : toute sensation est l'effet d'un ébranlement, ou, ce qui est la même chose, d'un mouvement; et ce mouvement venant nécessairement d'ailleurs, toute sensation est donc l'effet d'un mouvement communiqué. Or, sans un contact quelconque, nul mouvement ne peut être communiqué. Toute sensation est donc l'effet d'un contact, et n'est que la perception de ce contact même, ou du mouvement qui en est la conséquence. Ainsi, les différentes espèces de sensations ne sont que différentes espèces de tact; et rien n'empêche de qualifier de sixième sens ce genre de tact auquel est attaché le plaisir de la génération. Comme il est fort différent des autres, il mérite un nom particulier; car, au fond, il ne s'agit ici que de ce *nom*, et c'est une pure *dispute de mots*.

exemple, cet odorat si fin dont le *chien* est doué, semble être un sens d'une nature particulière, et tout différent de celui que nous désignons ordinairement par ce nom. Les plaisirs qui se rapportent au tact, sont en général plus vifs et plus intimes que ceux des autres sens, comme on en peut juger par celui qu'on éprouve, lorsqu'après avoir eu extrêmement froid, on commence à se réchauffer; ou lorsqu'après avoir eu extrêmement chaud, on commence à se rafraîchir. Car, les douleurs relatives à ce sens, étant beaucoup plus vives que celles qui se rapportent à tous les autres, il en doit être de même des plaisirs qui leur correspondent, et proportionnellement. Les plaisirs les plus vifs sont ceux qu'on éprouve lorsque les esprits sont affectés immédiatement, et, en quelque manière, sans l'entremise d'aucun organe : or, les deux seuls genres de plaisir qu'on puisse rapporter à cette classe, sont celui qui naît de l'impression d'une odeur suave, et celui qui est l'effet du vin ou de toute autre liqueur fermentée ; car l'on connoît assez les puissans effets des odeurs, et l'on sait qu'elles suffisent quelquefois pour ranimer des personnes tombées en syncope. Quant au vin, il n'est pas douteux que le plaisir que fait éprouver un commencement d'ivresse, approche fort de celui de la génération. Il en est de même des joies fort vives, leur impression sur les esprits n'étant pas moins agréable; et le plaisir de la génération semble avoir quelque analogie avec ce dernier.

695. On a observé aussi avec raison, que les hommes sont plus portés à l'acte de la génération durant l'hiver, et les femmes durant l'été. La raison de cette différence est que, dans un corps de constitution *plus chaude* et *plus sèche*, comme celui de l'*homme*, les *esprits s'exhalent* et se *dissipent* davantage durant l'*été*; au lieu que, durant l'*hiver*, ces esprits sont *plus condensés, plus concentrés*, et en *plus grande quantité*. Au contraire, dans des corps de constitution

froide et *humide*, tel que celui de *la femme*, la *chaleur agace* doucement les *esprits*, et les *rappelle* aux parties *extérieures*; au lieu que le *froid* les *émousse*, les *éteint* et les *amortit*. De plus, l'abstinence totale, ou la trop longue interruption de l'acte vénérien, expose les sujets de complexion humide, et d'ailleurs bien constitués, à différentes espèces de maladies ou d'incommodités, comme inflammations, aposthumes (1), etc. La cause de ces maladies est sensible: cette cause n'est autre que la suppression d'une évacuation absolument nécessaire, sur-tout d'une évacuation d'esprits; car il n'est presque point d'autre moyen pour évacuer les esprits, que l'acte de la génération et les exercices. Ainsi, la totale omission ou la trop longue interruption de ces deux genres de moyens, doit donner naissance à toutes ces maladies qui

---

(1) A des maladies quelquefois mortelles; mais la plus ordinaire est un certain genre de folie et d'affection hypocondriaque.

ne sont que des conséquences naturelles et diversifiées de la plénitude.

Observations relatives aux insectes.

La *nature* de la *vivification* est un sujet qui mérite d'être approfondi ; et comme, en général, la *nature* de chaque *chose* est *plus sensible en petit* qu'en *grand*, dans les *sujets imparfaits* que dans les *sujets parfaits*, dans les *parties* que dans le *tout*, la *nature* de la *vivification*, qui est l'objet actuel de nos recherches, sera aussi plus facile à découvrir dans les *animaux nés de la putréfaction*, que dans les animaux plus parfaits. Une recherche de ce genre a quatre principaux avantages : elle peut aider à découvrir, 1°. les causes de la vivification ; 2°. celle de la configuration des êtres organisés ; 3°. un grand nombre de vérités relatives à la nature des animaux parfaits, mais qui seroient plus difficiles à saisir dans ces derniers envisagés directement ; 4°. beaucoup de procédés utiles indiqués par ces observations purement spéculatives, et d'opérations applicables aux animaux plus parfaits. Mais il est bon d'observer que ce nom d'*insecte* ne répond nullement au but que nous nous proposons en traitant ce sujet, et que sa signification est trop limitée ; cependant nous en ferons usage pour *abréger l'expression*, et nous désignerons par *ce mot* généralement et sans exception, *tous les animaux qui sont le produit de la putréfaction.*

696. Les *insectes* se forment de différentes *matières :* il en est qui s'engendrent dans le *limon* (l'*argile*, la *terre grasse*, la *boue*, la *vase*), ou dans le fumier ; tels sont les *vers de terre*, les *anguilles*, les *serpens*, etc. *Ces deux genres d'animaux* tirent également leur *origine* de la *putréfaction ;* car l'*eau* se putréfie dans le limon, et n'y conserve pas la nature qui lui est propre. Quant au *fumier*, les excrémens d'animaux ne sont autre chose que le résidu des alimens, dont une partie qui n'a pu être digérée, s'est putréfiée et a été rejetée

par le corps. Il est d'autres insectes qui se forment dans le bois, soit sur pied, soit déja coupé. Il faut tourner ses observations vers cet objet, afin de savoir *dans quelles espèces de bois* ils se forment le plus souvent, et *dans quels temps de l'année.* Quant à ces vers qui ont un si grand nombre de pieds (en langue vulgaire, le *cent-pieds*, ou *la bête à mille pieds*), on les trouve ordinairement sous de vieux merrains, sous des piéces de bois qui n'ont pas été remuées depuis long-temps; jamais dans le bois même. On en trouve aussi quelquefois dans des jardins où l'on ne voit point de telles piéces de bois. Il paroît que la génération de ces animaux exige quelque matière d'un certain volume, qui puisse leur servir comme de couverture, et les mettre à l'abri du soleil, de la pluie, de la rosée, etc. aussi, n'ont-ils rien de *vénéneux*. Les médecins leur attribuent même la propriété de purifier le sang (1).

---

(1) Leur morsure ou piqûre occasionne une

On trouve les *punaises* dans les trous et les fentes, à côté des lits, dans les jointures des bois de lit, etc. Il est d'autres insectes qui se forment dans les cheveux, et, en général, dans les poils des animaux ; tels sont le *pou*, le *morpion* (1), etc. qui proviennent de la sueur renfermée, retenue, et quelque peu desséchée par ces poils. D'autres encore s'engendrent dans les excrémens des animaux, non-seulement après que ces matières ont été rejetées par les selles, mais même lorsqu'elles sont encore dans le corps. Ils se forment ordinairement dans les intestins, sur-tout dans ceux des enfans qui sont, comme l'on sait, fort sujets à ce genre d'incommodités. Les observa-

---

sorte de *pléthore* ou de *fièvre* de peu de durée, et dont l'effet peut être de purifier le sang ; mais nous ne parlons que de ceux des pays chauds.

(1) Le texte anglois dit les *tiques* (ou en langue vulgaire, les *chiques*) ; mais des expériences réitérées nous ont appris à nous-mêmes qu'elles se forment dans les parties exposées à la poussière. J'ai cru devoir y substituer l'*araignée de Cythère*.

tions de quelques médecins des derniers temps nous ont appris que, dans les années où règnent des maladies contagieuses, on voit une autre espèce de vers qui se forment dans les parties supérieures du corps où il n'y a point d'excrémens, mais seulement des humeurs putréfiées. Les *puces* se forment assez ordinairement dans la *paille*, dans les *nattes*, etc. un peu *humides;* ou encore, dans les *paillasses*, et, en général, dans les chambres auxquelles on n'a pas l'attention de donner fréquemment de l'air. On croit communément qu'il suffit, pour les détruire, de répandre de l'*absynthe* dans les lieux où elles se multiplient; en effet, on observe assez généralement que les substances amères sont plus contraires que favorables à la putréfaction. On trouve aussi dans les farines échauffées une espèce de ver assez semblable à ces vers blancs de la viande, et dont les rossignols sont très friands. Les *teignes* s'engendrent dans les vêtemens, et, en général, dans les étoffes de *laine* trop hu-

mides, ou *trop renfermées*. Ces insectes semblent aimer la lumière; et on les voit fréquemment se porter vers la flamme d'une chandelle (1). Il est une autre espèce de ver (le ver de hanneton), qui se forme dans le sein de la terre, et qui ronge certaines racines, telles que les *carottes*, les *panais*, etc. Il est d'autres insectes qui se forment dans l'*eau*, sur-tout dans celle qui est fort ombragée et stagnante; telle est entr'autres, l'*araignée d'eau*, qui a six pattes. L'insecte connu sous le nom de *taon* (ou de *ton*), se forme d'une substance qu'on trouve à la surface de certaines eaux dormantes, sur-tout dans les étangs, les lacs, etc. Enfin, la lie d'un vin qui a perdu presque toute sa force, produit un ver qui, ensuite, selon quelques anciens, se change en un insecte ailé. Quelques autres écrivains de l'antiquité parlent aussi d'un ver de couleur rougeâtre, qui se forme

---

(1) Après leur transformation en papillons.

dans la neige, dont les mouvemens sont extrêmement lents; et qui, en étant tiré, meurt aussi-tôt. Ce qui annonce que la neige recèle un certain degré de chaleur, très foible, à la vérité, mais sans lequel cette vivification ne pourroit avoir lieu. Et si cet insecte meurt dès qu'on le tire de la neige où il s'est formé, c'est sans doute parce que les esprits, peu actifs et en très petite quantité qui l'animent, s'exhalent dès qu'on les tire de la température froide qui les concentroit et les retenoit dans le corps de l'insecte. Car, si la chaleur peut ranimer des papillons engourdis par le froid, en éveillant, pour ainsi dire, leurs esprits, elle doit, au contraire, en déterminant l'émission de ces esprits, faire mourir ceux que le froid eût conservés, en retenant et concentrant cette substance pneumatique qui doit les animer. Quelques auteurs, soit anciens, soit modernes, prétendent que, dans les fourneaux de cuivre où l'on jette fréquemment du vitriol pour faciliter et perfectionner l'opération (1), on voit un insecte ailé, une espèce de mouche qui semble quelquefois s'attacher aux parois du fourneau, et quelquefois aussi sortir du feu même; mais qui, une fois sorti du fourneau, meurt aussi-tôt : ce fait extraordinaire mérite de fixer l'attention, et d'être observé de plus près ; car il semble prouver que le feu le plus violent peut, tout aussi-bien que cette chaleur douce et tranquille qui anime la plupart des êtres organisés, opérer la vivification, lorsqu'il agit sur une matière qui a les qualités et la disposition requises. Au reste, le grand principe relatif à la vivification, est qu'elle exige trois principales conditions ; savoir : 1°. une chaleur capable de dilater les esprits du corps à vivifier; 2°. un esprit actif et capable

---

(1) Quelle sorte d'opération? Il ne s'explique jamais: l'expression du texte original, soit anglois, soit latin, est si équivoque, qu'on ne peut deviner s'il s'agit d'une opération quelconque faite dans un vaisseau de cuivre, ou faite sur ce métal même.

de dilatation ; 3°. enfin, une matière visqueuse et tenace qui puisse renfermer et retenir cet esprit, s'étendre, se figurer, et conserver cette forme qu'elle aura prise. Cela posé, dès que l'esprit dilaté par un feu aussi actif que celui de ce fourneau dont nous venons de parler, ressent le plus foible degré de froid, il doit éprouver une sorte de *congélation* (1). Il n'est pas douteux que cette vivification ne soit provoquée et facilitée par le *vitriol*, substance très disposée à l'*expansion* et à la *germination*, comme le prouvent un grand nombre d'expériences chymiques. En un mot, la plupart des substances putréfiées engendrent des insectes de différentes espèces, dont il

---

(1) Ce doit être tout le contraire : plus l'esprit est *dilaté*, plus il est *loin du terme de la congélation*, qui est l'effet d'une *contraction*; et plus le *froid* capable de le faire parvenir à ce terme doit avoir *d'intensité*. Il vouloit et il devoit dire seulement que cet esprit est alors plus susceptible, non de *congélation*, mais de *contraction*.

seroit inutile de faire ici la complette énumération.

697. Les anciens s'imaginoient que les *insectes* prenoient fort peu d'alimens; ce qui prouve qu'ils n'avoient fait sur cette classe d'animaux que des observations très superficielles : car l'on sait que les *sauterelles* dévorent en peu de temps toute l'herbe d'une vaste contrée; que les *vers à soie* rongent fort vîte les feuilles de mûrier, et que les *fourmis* font d'amples provisions. Il est vrai cependant, que les animaux qui dorment ou demeurent immobiles durant une partie de l'année, tels que les *loirs*, les *chauve-souris*, etc. mangent fort peu dans cet état d'inertie. Tous les insectes sont dépourvus de sang; ce qui peut venir de ce que le suc dont leur corps est rempli, est tout homogène, tout d'une seule espèce, et non de nature à former des substances de différente espèce, telles que le *sang*, la *chair*, la *peau*, les *os*, etc. comme dans les animaux parfaits. Aussi voit-on beaucoup de diversité dans leurs

organes, et très peu dans leurs parties similaires. Cependant, il en est qui ont un *diaphragme*, des *intestins*, etc. tous ont une *peau*, et quelques-uns en changent plusieurs fois. Généralement parlant, les *insectes* sont *peu vivaces*. On s'est toutefois assuré que les *abeilles* vivent sept ans ; mais si l'on croit communément que les *serpens* vivent fort long-temps, c'est par la seule raison qu'ils changent de peau; cette opinion, d'ailleurs, n'étant fondée sur aucune observation directe. Les *anguilles*, qui sont aussi un produit de la *putréfaction*, vivent et croissent fort long-temps. Quant à ces insectes rampans qui se changent en insectes ailés durant l'été, et qui, durant l'hiver, reviennent de l'état d'insecte ailé à celui de ver, on s'est assuré, en en gardant de cette espèce dans des boîtes, qu'ils vivent au moins trois ou quatre ans (1). On connoît cependant

---

(1) Ce ne sont pas les mêmes individus; le ver se change en insecte ailé; par exemple, en papil-

un insecte ailé qui ne vit qu'un seul jour, et auquel, par cette raison, on a donné le nom d'*éphémère*. La cause de cette courte durée peut être la quantité extrêmement petite, et le peu de force de l'esprit qui anime cette sorte d'insectes; ou encore, la simple absence du soleil; et, selon toute apparence, si on les tenoit exposés aux rayons de cet astre, ou en général, très chaudement, ils vivroient davantage. Il est beaucoup d'insectes ailés, tels que les *papillons*, les *mouches*, etc. qu'on ranime aisément quoiqu'ils paroissent comme morts, en les exposant au soleil, ou en les approchant du feu; ce qu'on peut attribuer à la grande expansibilité de leurs esprits vitaux, et à la facilité avec laquelle le plus foible degré de chaleur peut les dilater. La plupart de ces insectes, après l'amputation de la tête, font encore différens mouvemens; et même lorsqu'on

---

lon, on mouche, etc. l'insecte ailé pond; de ces œufs naissent d'autres vers, etc.

les coupe par morceaux, ces morceaux frémissent et palpitent ; ce qu'on peut expliquer aisément, en supposant que leurs esprits vitaux sont distribués plus également dans toutes les parties, et moins confinés dans certains viscères ou siéges particuliers, que ceux des animaux parfaits.

698. Les *insectes* ont des *mouvemens volontaires*, et par conséquent *une imagination* : et si quelques anciens ont avancé que ces animaux n'ont que des mouvemens indéterminés, qu'une imagination vague et sans objet fixe, c'est faute de les avoir suffisamment observés ; car, les *fourmis*, par exemple, vont droit au lieu de leur retraite ; et les *abeilles* reconnoissent leur chemin avec une étonnante facilité, lorsqu'après avoir traversé des plaines fleuries, elles font deux ou trois milles pour retourner à leurs ruches. Il se peut toutefois que les *mouches*, les *moucherons*, les *papillons*, etc. aient une imagination beaucoup plus variable, et soient dans une sorte de vertige per-

pétuel, à peu près comme les oiseaux de la plus petite espèce (1). Mais, quelques anciens leur refusent *tout autre sens que celui du tact,* opinion évidemment fausse ; car ils ne pourroient *aller droit à leur objet,* s'ils n'avoient le *sens* de la *vue ;* ni *préférer telle fleur à telle autre,*

---

(1) Généralement parlant, même dans notre espèce, et au-delà de certaines limites, les petits individus ont moins de jugement que les grands. Ces petits corps, tout composés de *chanterelles* extrêmement courtes, ont des oscillations trop promptes, un pouls trop fréquent et des mouvemens trop vifs : cette extrême vivacité les rend inconstans; et l'effet naturel de cette inconstance est que, ne donnant pas à chaque objet le temps et l'attention nécessaires pour le connoître et l'analyser, ils ne peuvent avoir d'aucun de justes idées, ni saisir les vrais rapports de ces idées, ni les combiner avec justesse. *Le singe,* par exemple, peut être regardé comme *un petit homme muet, turbulent et habituellement fou.* Il faut pourtant excepter de cette règle, parmi les insectes, la *fourmi;* et dans notre espèce, *Monsieur Le Tourneur,* le plus *petit physiquement,* et le plus *grand moralement,* de tous les *traducteurs.*

s'ils n'avoient *celui du goût* : enfin, si l'on peut *rappeller les abeilles en frappant sur des vaisseaux d'airain*, elles ont donc aussi le *sens de l'ouie* : tous faits qui prouvent en même temps que ces *sens* ont dans leur *tête* certains *siéges particuliers*, quoique leurs esprits soient répandus plus également dans toutes les parties, que ceux des animaux terrestres.

Nous croyons devoir renvoyer les autres observations que nous aurions à faire sur les insectes et l'énumération de leurs différentes espèces, au chapitre où nous traiterons des *animaux en général*.

Observations relatives aux moyens de sauter et de lancer les corps avec plus de force.

699. Il est plus aisé *de sauter avec des poids dans ses mains*, que sans ce secours; l'effet de ces poids, lorsqu'ils ne sont pas trop grands, étant de contracter les *nerfs* (les *muscles*), et de les fortifier. Aussi, lorsque cette contraction n'est pas nécessaire, de tels poids ne

font-ils qu'embarrasser et gênent-ils les mouvemens, au lieu de les faciliter; comme on le voit par ces précautions qu'on prend ordinairement aux *courses de chevaux;* car on sait que les parieurs ont soin de faire peser, avec la *plus minutieuse exactitude,* ce que doivent porter les deux chevaux, afin que l'un ne soit pas plus chargé que l'autre, même d'une once. Quand on saute avec des poids dans les mains, on retire d'abord les deux bras en arrière, puis on les porte en avant, avec un élan qui va en croissant très sensiblement; les deux mains qui portent les poids, ne se portant elles-mêmes en avant, qu'après s'être retirées en arrière. Il seroit à propos de multiplier les observations de ce genre, afin de savoir si en effet, lorsqu'on fait d'abord le mouvement contraire à celui qu'on a en vue, les esprits, par ce moyen, prenant, pour ainsi dire, *un plus grand élan,* se portent ensuite avec plus de force dans les parties qu'on veut mouvoir; car, dans la respiration, par exemple, si l'on retient long-temps son haleine, elle sort ensuite avec plus de force ; de même lorsqu'on veut lancer une pierre, pour donner plus de force au jet, on retire d'abord le bras en arrière (1).

---

(1) Non-seulement pour lancer une pierre avec plus de force, il faut retirer le bras en arrière; mais si on ne retiroit point le bras en arrière, il seroit tout-à-fait impossible de lancer ce corps. Car, pour pouvoir porter cette pierre en avant, il faut nécessairement porter en avant la main qui doit la lancer : or, il est impossible de porter la main en avant, si elle y est déjà; et plus elle est en arrière, plus il reste d'espace pour porter en avant et cette main et cette pierre à lancer. A cette raison triviale, et à celles que nous avons exposées dans *la Balance naturelle* (chap. I), en expliquant le même fait, on peut joindre la suivante. *La main* qui lance un corps, considérée depuis l'instant où elle commence à se porter en avant jusqu'à celui où elle lâche ce corps, est une *force constante*, c'est-à-dire, une force qui, en donnant l'impulsion au mobile, suit son mouvement, et qui, dans chaque instant, lui communique un nouveau degré de vitesse qui se joint à tous

Observations sur les sensations agréables ou déplaisantes, et principalement sur celles qui se rapportent à l'ouie.

700. Nous avons traité assez amplement des *tons musicaux* et des *sons inégaux* (dans la seconde et la troisième centurie); mais en nous étendant un peu moins sur les *sons agréables* ou *déplaisans*, dont il est ici question. Les sons dé-

---

ceux qu'elle lui a donnés dans les instans précédens. Cela posé, plus la main se retirera en arrière, plus l'espace qu'elle aura à parcourir sera grand; plus cet espace sera grand, plus il lui faudra de temps pour le parcourir; plus elle en aura pour communiquer au mobile de nouveaux degrés de vitesse, plus ces degrés s'accumuleront, et plus leur somme sera grande. Or, la vitesse du mobile, au moment où il quitte la main, est égale à la somme de ces degrés. Ainsi, plus l'on retirera la main en arrière, plus la force du jet, ou la distance à laquelle le corps se portera, sera grande. Car ce mot d'*élan* n'est qu'une expression vague dont on se paie pour remplacer la véritable cause, avant de l'avoir apperçue.

plaisans, tels que ceux d'une scie qu'on aiguise, de deux pierres qu'on frotte avec force l'une contre l'autre, d'une voix aigre et glapissante, font, en quelque manière, frissonner tout le corps et agacent les dents. La cause de ce double phénomène est que les objets relatifs à l'ouïe, sont presque les seuls dont l'impression immédiate sur les esprits soit agréable ou déplaisante ; par exemple, il n'est point de couleur qui, par elle-même, blesse la vue autant que les sons, dont nous venons de parler, blessent l'oreille. Il est sans doute une infinité de choses, dont la *simple représentation* est effrayante ou rebutante ; mais ces images ne produisent de tels effets que par l'intervention de la mémoire, et parce qu'elles nous rappellent des objets de cette nature ; représentations qui n'affectent jamais aussi vivement que la présence des objets mêmes. Quant à ce qui regarde les odeurs, les saveurs et les différentes espèces de tacts, les impressions qui s'y rapportent sont toujours, en totalité ou en partie, occasionnées par l'impulsion du corps même de l'objet, ou par celle de quelque substance qui en est émanée. Ainsi, on doit regarder les sons comme le genre de sensations ou d'impressions qui affectent les esprits le plus immédiatement, et de la manière la plus incorporelle. C'est ce dont on voit une infinité d'exemples dans la *musique*, surtout dans les effets des *accords* et des *dissonances*. Car les *sons agréables*, soit clairs ou sourds, soit forts ou foibles, etc. ont, par cela seul qu'ils flattent l'oreille, une sorte de *rondeur* et d'*égalité*; au lieu que les *sons déplaisans* sont toujours *inégaux*; une *dissonance* en elle-même n'étant autre chose qu'une sorte d'*aspérité*, produite par le *concours* et le *choc de plusieurs sons différens*, qui ne sont pas de nature à être tempérés les uns par les autres. Il est vrai que cette inégalité, lorsqu'elle est de courte durée, et n'est, pour ainsi dire, qu'une passade, est agréable; de ce genre sont les *cadences* et les *tremblés* qu'on fait sur les instrumens à cordes, le son tremblottant de ce tuyau des orgues de Barbarie, auquel, en Angleterre, on donne le nom de *rossignol*, le son rauque d'une trompette, une dissonance qui se fait tout-à-coup entendre dans une symphonie ; mais si cette inégalité subsiste assez pour que son impression devienne dominante, alors elle blesse l'oreille. Ainsi, on peut distinguer dans les sons trois degrés ou espèces d'impressions, agréables ou déplaisantes ; savoir : celle des *sons agréables par eux-mêmes*, celle des *sons discordans*, et celle des *sons déplaisans par eux-mêmes*, que nous distinguons par différens noms, tels que ceux dont nous avons parlé plus haut. Quant à l'effet des sons qui agacent les dents, il est d'autant moins étonnant, qu'on voit un exemple frappant de la corrélation et de la correspondance qui existe entre cette partie et l'organe de l'ouie, dans ce qu'on éprouve lorsqu'ayant pris entre ses dents l'extrémité d'un arc, on donne un coup sec sur la corde.

Avertissement ; boussole ; méthode de renversement; fin de la cinquième Centurie.

Quand cette construction rencontreroit, dans la pratique, des difficultés beaucoup plus grandes que celles qu'on y entrevoit, à la première vue, il ne seroit peut-être pas impossible de remédier à ces inconvéniens, en appliquant, d'une autre manière, le principe qui en est la base; mais, dans le cas même où ce remède seroit impossible, elle ne laisseroit pas de remplir encore notre triple objet, qui étoit, 1°. de donner un moyen méchanique applicable à une infinité d'autres cas ; 2°. d'offrir un exemple de la manière de *rendre les erreurs et les déviations plus sensibles, en doublant leur effet par un renversement alternatif de position qui les fait agir en deux sens opposés tour à tour;* 3°. enfin, d'éclaircir, par un exemple quelconque, l'exposé de notre méthode de *renversement ;* éclaircissement qui étoit notre principal but.

Fin du huitième volume.

www.ingramcontent.com/pod-product-compliance
Lightning Source LLC
Chambersburg PA
CBHW051401230426
43669CB00011B/1726